集人文社科之思 刊专业学术之声

集 刊 名：传播创新研究
主办单位：武汉大学媒体发展研究中心（教育部人文社会科学重点研究基地）
主　　编：单　波
执行主编：吴世文　肖　珺

COMMUNICATION INNOVATION RESEARCH

2023年第1辑总第5辑

集刊序列号：PIJ-2021-428
集刊主页：www.jikan.com.cn/传播创新研究
集刊投约稿平台：www.iedol.cn

传播创新研究

2023年第1辑
总第5辑

单 波 主编
吴世文 肖 珺 执行主编

篇首语

传播创新研究的实践智慧与现实感

李红涛*

2020年10月15日，"'人民至上　生命至上'抗击新冠肺炎疫情专题展览"（以下简称"抗疫展"）在武汉客厅开幕。在展出的1000余件（套）实物展品中，有一条"红窗帘"格外引人注目。网上展馆的解说词介绍道：

> 这里展示了疫情期间在小区窗外飘了两个多月的"网红窗帘"。在病毒肆虐的至暗时刻，很多居民自发齐聚阳台，高唱国歌，高喊"武汉加油"。此情此景，感人至深。①

解说词并非针对单一展品，而是针对由一组展品构成的微型展览区域。该区域的展品包括悬挂于最上方的"红窗帘"、中间和右下角是市民在阳台上感谢逆行者的两幅照片、左下角橱窗内是"家庭健康关爱包"。其上印了世界卫生组织总干事高级顾问布鲁斯·艾尔沃德的一段话："我亲眼看到他们身上体现出一种巨大的责任感，要保护好自己的家庭、自己的社区，甚至让全世界远离疾病侵害。那些连续几周宅在家里的人，也是抗击疫情中的英雄。"

在"红窗帘"左下角还有两件（组）展品，左侧为一份捐款记录和两封请战书，右侧为武汉居民高唱国歌的视频。在它们上方是两行大字："每扇窗户背后的坚守，都是捍卫家园的战斗！"很明显，这些展品体现的正是这一单元的主题"舍弃小我　成就大我"，它是抗疫展第三部分"英雄城市　英雄人

---

* 李红涛，复旦大学信息与传播研究中心研究员，复旦大学新闻学院教授，研究领域为媒介社会学、数字记忆。

① "'人民至上　生命至上'抗击新冠肺炎疫情专题展览"网上展馆，http://wangzhan.cctv.com/kangyizhan/index.shtml#/。

民”的第四单元。

尽管关于“红窗帘”的解说词非常简略，我们还是能够从中窥见有关其“身世”的蛛丝马迹，而从某个“小区”到“武汉客厅”抗疫展的这趟“旅程”，也正是一系列“创造新媒介、新交往、新分享、新交流的传播创新”[①]的扩散之旅。举其要者。其一，最初这条“红窗帘”只不过是因为主人忘记关窗而在窗外飘着，它之所以变成“网红窗帘”，是因为对面邻居将其拍成短视频，并在抖音平台上持续更新。从冬到春，“网红窗帘”连同“寻人”故事多次登上热搜。其二，在这一部“飘了两个多月”的连续剧中，剧情从开始的戏谑转为盼望“失踪者”归来。在迎来圆满“大结局”后，它承载了更深的象征意义。正如央视主播海霞在《主播说联播》中所说：“一条‘风中凌乱’的窗帘，见证了武汉 76 天里所经历的寒风飘雪，也终于迎来了春暖花开、生机勃发。”[②] 其三，湖北省博物馆将该条“红窗帘”收藏，并将之与其他图片和视频放置在一起，用来展现武汉人民的坚韧与无私奉献精神。最初带有网络亚文化色彩的一段视频催生出官方展览的正式展品，这本身就是重要的传播创新。其四，抗疫展展期三个月，我们之所以在 2023 年中还能够看到当初的展陈，是因为由央视网架设的“网上展馆”将线下展览搬到线上，并运营至今。

当然，抗疫展只展示了干干净净的“红窗帘”——让它在光洁明亮的展厅里兀自飞舞。如果在它旁边设置屏幕播放让它“成名”的抖音视频，或许才是更完整的疫情记忆。就像解说词中提到的另一件展品，所配视频中就包含了大量来自网络的市民“高唱国歌”的片段。但无论如何，从这条“红窗帘”的旅行中，我们得以一窥“内部的与外部的、官方的与民间的、全国的与区域的、社会各群体的多元的对话状态与对话过程”[③]。

对研究者来说，我们的任务当然包括记录和重述这些动人的故事，参与建构“疫情故事讲述的公共文化”[④]。但我们也希望理解层出不穷的传播创新，

---

① 单波、吴世文：《中国传播创新的理路与进路》，《中国社会科学报》2020 年 7 月 23 日。

② 对该个案的详细分析，参见李红涛、刘于思、程萧潇《“永不消逝的电波”？——数字符像事件、短视频策展与武汉封城记忆》，“数字记忆：共同体想象与再造”工作坊，浙江杭州，2022 年 9 月 24 日。

③ 单波、吴世文：《中国传播创新的理路与进路》，《中国社会科学报》2020 年 7 月 23 日。

④ Yang, G., Moses, A., “Building a Public Culture of Pandemic Storytelling,” *Public Culture* 1 (2023): 9 – 19.

它们背后或隐或显的政经结构、平台文化，以及不同主体之间高亢的“对话”或者“执拗的低音”。跟传播创新一样，在新闻传播领域，新的议题和方法也层出不穷，以“创新”为名求新求变，背后透露出掩盖不住的焦灼。在此，我倒是想反其道而行之，通过一本“老书”的观点，来引申讨论“如何迈向实践指向的传播创新研究”这个新问题。

这本“老书”是傅以斌（Bent Flyvbjerg）于2001年出版的《让社会科学变得重要》，其副标题更直截了当，“社会研究缘何失败，又如何再度成功”。①傅以斌从彼时硝烟尚未散尽的“科学大战”（Science Wars）入手，试图为社会科学寻找到一条“出路”。他援引亚里士多德对技艺（*techne*）、理论或科学知识（*episteme*）、明智或实践智慧（*phronesis*）的区分，主张社会科学采取实践智慧取向（phronetic approach），以此叩问社会价值理性：“我们往何处去？这是可取的方向吗？该做些什么？”权力不应该被摈弃在这些大哉问之外，与之相对应的问题是：“谁得谁失？通过哪些权力机制？”② 在他看来，只有这样发问，我们才不是“把社会和政治研究当作社会的一面镜子，而是将之视为社会的鼻子、眼睛和耳朵”。③ 如此展开的社会科学，才能真正成为“一项实践的智识活动，旨在阐明我们作为人类、作为社会所面临的问题、风险和可能性，并为社会和政治行动（praxis）做出贡献”。④

傅以斌的上述主张似乎陈义过高。但在书中，他给出了典范性的研究案例——贝拉等合著的《心灵的习性：美国人生活中的个人主义和公共责任》（1985）。在这本书的开篇，研究者列举了向受访者抛出的问题，包括“我们应该怎样生活？我们对怎样生活的问题是怎么想的？我们美国人是些什么样的人？我们的国民性是什么？”⑤ 在傅以斌看来，这些问题正是实践智慧取向的社会科学关心的问题。更重要的是，这本书“聚焦价值观，研究者靠近所

① Flyvbjerg, B., *Making Social Science Matter: Why Social Inquiry Fails and How It Can Succeed Again*, trans. by Steven Sampson, Cambridge: Cambridge University Press, 2001.

② Flyvbjerg, B., *Making Social Science Matter: Why Social Inquiry Fails and How It Can Succeed Again*. Trans. by Steven Sampson. Cambridge: Cambridge University Press, 2001, p. 60.

③ Flyvbjerg, B., *Making Social Science Matter: Why Social Inquiry Fails and How It Can Succeed Again*. Trans. by Steven Sampson. Cambridge: Cambridge University Press, 2001, p. 60.

④ Flyvbjerg, B., *Making Social Science Matter: Why Social Inquiry Fails and How It Can Succeed Again*. Trans. by Steven Sampson. Cambridge: Cambridge University Press, 2001, p. 4.

⑤ 译文据中译本，参见〔美〕贝拉等《心灵的习性：美国人生活中的个人主义和公共责任》，翟宏彪、周穗明、翁寒松译，生活·读书·新知三联书店，1991。

研究的人和事，他们关注构成生活基本关切的细微之处和各类实践，广泛使用情境内的案例研究，运用叙事作为说明手段。最后，他们的作品是对话性的，也就是说，除了作者的声音，还有其他声音，无论是研究对象的声音，还是更普遍的社会的声音。研究的全部意义是与个体和社会的对话……其目标是让道德辩论成为公共生活的一部分”。[①]

对这本书的赞誉，其实已经隐约勾勒出实践智慧取向的社会科学的理想模样。不仅如此，在第九章中，傅以斌还提出了一系列革新社会科学的方法论建议，包括聚焦价值观，拥抱情境论或情境伦理；将权力放在分析的核心；通过诠释学意义上的“视域融合”来靠近现实；强调微小事物；先看实践，后看话语，并通过实践分析来节制话语分析；研究案例与情境；聚焦“如何”这一动态问题，凸显叙事的重要性；结合结构与能动性，与多元声音对话。

有趣的是，傅以斌在这本“老书”中的主张，与马茨·阿尔维森（Mats Alvesson）等人合著的“新书”《回归意义：有话可说的社会科学》[②] 存在颇多暗合之处。时隔 16 年，该书所面对的社会科学境况似乎并无改善。用作者们自己的话来说，社会科学产出激增，但却造成了“意义的真空”[③]，“噪音何其多，卓见何其少”[④]；围绕学术发表的竞争趋于白热化，让“以学术为志业”蜕变为“以学术为游戏”[⑤]；在学术界谋生存不再是“不发表，就完蛋”，而是“发表照样完蛋”[⑥]。而要找回失落的意义，不仅需要改革学术机构和制度、推动政策变化，还需要革新学术身份与实践。具体而言，他们建议研究者投入“多态研究”（polymorphic research），并以布尔迪厄、霍耐特和大卫·格雷伯等当代学者为典范。与模板化的研究不同，多态研究者展现出“游牧式的研究轨迹，在不同领域之间流动，以获

① 〔美〕贝拉等：《心灵的习性：美国人生活中的个人主义和公共责任》，翟宏彪、周穗明、翁寒松译，生活·读书·新知三联书店，1991，第 63 页。

② Alvesson, M. , Gabriel, Y. , Paulsen, R. , *Return to Meaning: A Social Science with Something to Say*, Oxford: Oxford University Press, 2017.

③ Alvesson, M. , Gabriel, Y. & Paulsen, R. , *Return to Meaning: A Social Science with Something to Say*, Oxford: Oxford University Press, 2017, p. 12.

④ Alvesson, M. , Gabriel, Y. & Paulsen, R. , *Return to Meaning: A Social Science with Something to Say*, Oxford: Oxford University Press, 2017, p. 3.

⑤ Alvesson, M. , Gabriel, Y. & Paulsen, R. , *Return to Meaning: A Social Science with Something to Say*, Oxford: Oxford University Press, 2017, p. 26.

⑥ Alvesson, M. , Gabriel, Y. & Paulsen, R. , *Return to Meaning: A Social Science with Something to Say*, Oxford: Oxford University Press, 2017, p. 4.

得交叉滋养和意外发现的乐趣”[①]，他们致力于“非标准化的文本生产”[②]，并与“非专业化公众展开互动”[③]。

无论是实践智慧取向的社会科学，还是多态研究，都与传播创新议题息息相关，也会对处在瞬息万变时代的新闻传播研究者有所启发。当然，我们不应该是简单地拿来主义。正如黄宗智先生所说，“采用‘实践’进路”，必须考虑现代中国的“双重文化性”，“即既带有深层的西方现代影响，也带有深层的本土文化的影响”。这意味着，研究者“必须考虑到不可避免的跨文化维度，以及随之而来的表达维度，并且照顾到两者在长时段历史中的演变”。[④]

如此，我们有望在理论和方法论之外，获得思想史家以赛亚·伯林所说的“现实感”[⑤]，走出“学术的悬浮化”倾向，让其不至于“跟真实的社会生活无关，沦为同行之间的一种符号游戏”[⑥]。现实感当然并非学者专属，无论是在杰出的政治家身上还是在世事洞明的普通人身上，都不乏这种“洞察力”。在《政治判断力》一文中，伯林将现实感具象化为“理解一次特定运动、一个特定人物、一种独特事态、一种独特气氛，以及经济、政治、个人因素的具体结合等的性质”的能力，并呼之为“实践智慧，或者实用理性”。在更一般的意义上，现实感指向对“实际的人与物之间关系”的洞察，对社会“上层”（外部的、能够公开考察的社会现实）和“下层”（“社会生活最不起眼的角落”）“之间关系的一种理解，对组成个人和社会生活的各种不可胜数的、极细微因素的一种近乎本能的整合”。在伯林看来，“现实感无可取代”。透过它，我们方能理解“人们在做什么？他们承受了什么？为什么？怎么做?”

---

① Alvesson, M., Gabriel, Y. & Paulsen, R., *Return to Meaning: A Social Science with Something to Say*, Oxford: Oxford University Press, 2017, p. 90.

② Alvesson, M., Gabriel, Y. & Paulsen, R., *Return to Meaning: A Social Science with Something to Say*, Oxford: Oxford University Press, 2017, p. 91.

③ Alvesson, M., Gabriel, Y. & Paulsen, R., *Return to Meaning: A Social Science with Something to Say*, Oxford: Oxford University Press, 2017, p. 91.

④ 黄宗智：《“实践社会科学”研究进路：一个总结性的介绍和论析》，《开放时代》2023 年第 4 期，第 196 ~ 206 页。

⑤ 〔英〕以赛亚·伯林：《现实感：观念及其历史研究》（第二版），潘荣荣、林茂、魏钊凌译，译林出版社，2021。

⑥ 成伯清：《学术的悬浮化及其克服》，《探索与争鸣》2019 年第 4 期，第 11 ~ 13 页。

目录

CONTENTS

前沿访谈

乡村传播

经济传播

健康传播

媒介记忆

智能传播

• 前沿访谈 •

网络平台治理全球趋势与中国实践

——访特里·弗卢教授

许　建　朱　明*

访谈对象：特里·弗卢（Terry Flew）是澳大利亚悉尼大学数字媒体与文化系教授，是世界知名互联网研究学者。弗卢教授曾担任国际传播学会（ICA）主席（2019～2020 年），目前为澳大利亚人文科学院院士，并担任中国传媒大学、宁波诺丁汉大学、伦敦城市大学等多所知名高校客座或荣誉教授，中国传媒大学联合 Sage 出版的英文期刊 *Global Media and China* 副主编。其研究领域涉及数字媒体、国际传播、媒介政策法规、传媒经济、文化创意产业及互联网治理。弗卢教授已出版相关领域专著 14 本，代表作包括《理解全球媒介》（*Understanding Global Media*，2018）、《媒介经济学》（*Media Economics*，2015）、《创意产业、文化与政策》（*The Creative Industries*，*Culture and Policy*，2012）和《全球创意产业》（*Global Creative Industries*，2013）等。其文章和著作被翻译成中文、阿拉伯语、波兰语和土耳其语等多种语言。

弗卢教授的新作《平台治理》（*Regulating Platforms*）于 2022 年由国际知名的 Polity 出版社出版。该书很快成为互联网和平台研究领域的必读书目。作为第一本聚焦平台治理的英文学术专著，弗卢教授用了七个篇章系统梳理和分析了全球自由互联网的衰落、传播媒介的平台化发展、数字平台与传播政策、平台的管理与规制、平台权力和未来互联网政策，以及中国互联网和全球互联网治理等问题。书中既有对历史的回溯，也有对当前热点问题的评判性解读，内容涉及当前平台治理研究的核心议题。弗卢教授认为，“治理”是数字平台的固有特性。最佳的治理模式存在于外部规制力量和平台自身治理实践的动态平衡中。平台治理政策框架的形成是媒介政策、信息政策和经济政策等多重政策融合互动的结果。随着全球大型平台企业经济、政治和文化

* 许建，博士，高级讲师，澳大利亚迪肯大学传播与创意艺术学院，研究领域为互联网治理、网络文化以及名人；朱明，硕士，哈尔滨学院党委宣传部，助理研究员。

影响力的日益增强，国家越来越多地参与平台治理，全球数字平台的权力角逐也越来越激烈。

问：您好，弗卢教授！非常感谢您百忙之中接受这次访谈的邀请。首先，祝贺您的新书《平台治理》出版。这次访谈想围绕您新书里的内容和观点，并结合中国互联网和平台治理的一些问题展开。其次，想请您谈一谈这本书的写作背景、这个题目的重要性以及书中关注的核心问题。

答：非常感谢对我的邀请。我从 20 世纪 90 年代开始研究互联网，并讲授相关的课程。20 世纪 90 年代和 21 世纪初，很多互联网研究者对互联网的发展持有比较乐观的态度甚至乌托邦式的幻想。我也有过类似的想法，因为当时的互联网公司和政府都比较推崇“不受管制的互联网”（unregulated internet），和我们现在看到的情况非常不同。经过了这段相对自由的发展期，全球范围内对网络空间管理的规范和法规越来越多，关于互联网治理的问题也得到了越来越多的关注。但是对于这个问题的研究，最初主要集中在行政管理和公共政策领域。这也在一定程度上说明了政府在互联网发展过程中起到了非常重要的作用。随着互联网的普及和发展，传媒领域的学者逐渐成为研究这个问题的主力军，形成了现在的互联网研究（internet studies）领域。在这一领域，“网络治理”已经成为重要的研究方向。

这本书主要探讨的是当前最受关注的平台治理问题。2016 年，欧盟委员会对谷歌公司提出新的指控，指责谷歌滥用自己在网络购物方面的控制权力，妨碍公平竞争。谷歌公司也因此面临巨额罚款。这个事件使我开始深入思考平台治理问题。2018 年的“脸书—剑桥分析数据丑闻”让我们看到了超级社交媒体对用户信息的控制力和数据滥用给个人隐私带来的风险。2021 年，美国社交媒体巨头集体“绞杀”特朗普，再次展现了平台权力和对政治、民主的影响。这一系列具有国际影响力的事件，让我感到有必要写一本关于平台治理的著作。这本书主要关注传播媒体的平台化（platformization）趋势、平台化带来的问题、平台权力，以及针对超级平台的规范和治理问题。

问：“平台研究”（platform studies）最近几年成为互联网研究领域的重要方向。您能否结合这本专著谈谈您对“平台研究”的理解以及您自己研究的关注点？

答： 当前，"平台研究"主要集中在两类。一类是关注具体平台的"物质性"（materiality）和"可供性"（affordance）。我的研究并不属于这一类。我更关注的是平台化作为一种商业模式在其形成的过程中出现的法律、伦理以及政策层面的问题。这和以 José van Dijck 为代表的阿姆斯特丹学派相似。我的书中并没有探讨像优步和滴滴这样具体的平台，而是关注谷歌、脸书和亚马逊这样的超级平台，因为它们是平台经济的巨头企业，可以为成千上万的平台提供关键基础设施。在中国，腾讯就是这样一个超级平台企业。

我把"平台化"看作一种"过程"、"经济模式"和"数据驱动的资本主义"（data-driven capitalism）。平台企业和非平台企业的界限变得越来越模糊。传媒企业目前都在逐步平台化或者已经完成了平台化，成为平台企业。越来越多的非传媒企业，比如麦当劳，也不可避免地参与平台化的过程。当你通过麦当劳的 App 点外卖的时候，麦当劳就会收集你的个人信息。它如何处理和使用你的个人信息，会涉及法律和伦理问题，因此平台治理问题就变得很重要。我对平台的研究更关注的是平台化过程中出现的垄断、法律和伦理等问题以及在政策层面的应对和调整。

问： 您在书中提到，"平台权力"（platform power）为平台治理提供了合法性。您能不能具体谈一谈平台具有哪些权力以及平台权力可能带来哪些问题？

答： 平台具有"经济权力"，尤其是全球规模最大的几个数字平台被几家全球超级企业控制，比如谷歌、苹果、亚马逊、脸书和微软。这种垄断的格局已经开始对公众利益造成损害。对信息的垄断强化了数字市场"赢者通吃"的逻辑，新的竞争者进入市场的门槛越来越高，同时公众的选择越来越单一，更换服务商的成本越来越高。用户无法掌控平台对其个人信息的获取，存在隐私泄露等一系列风险。平台对算法的操控，直接影响用户能看到什么样的信息，哪些数字广告、新闻信息和创意内容能够被推荐，从而直接影响到数字经济创业者的收入和市场价值。

同时，平台具有"把关人权力"，可以决定什么样的信息需要被屏蔽、什么样的内容能被看到和传播。近年来，谷歌、脸书、推特等企业都经历过一系列关于假新闻、仇恨言论、错误信息的争议事件。平台可以说是"后真相"时代真正的幕后推手，影响着公共领域的形成以及哪些议题可以进入公共领域进行讨论，尤其是全球疫情期间出现的“信息疫情”（infodemic）已经对公共健康产生了深刻的影响。平台在“信息疫情”的产生中起到了最主要的中介作用。

平台的“政治权力”也不容忽视。以美国为例，超级平台企业定期参与符合自身需要的政治活动，成为美国政治中具有相当大影响力的说客。这种影响力不仅可以通过捐款和成为美国国会代表来获得，还可以通过其宣扬的开放、自由、创新的意识形态来获得。大型科技公司并不是唯一重要的企业游说者。传统新闻、出版和娱乐集团依然具有较大的政治影响力，这些企业经常游说政府采取行动来规范数字媒体平台。同时，对平台采取的治理措施在一定程度上迎合了美国民粹主义反弹对平台权力和影响力进行限制的呼声。比如特朗普和一些政客提议拆分大型科技公司、加强对平台内容的管理，通过迎合民粹主义来获得竞选的政治资本。

在书中我总结了平台权力或者说平台垄断带来的七个迫切需要解决的问题，它们分别是隐私和安全、数字版权和保护、算法治理、错误信息和假新闻、仇恨言论和网络霸凌、信息垄断以及对其他类型媒体和创意产业的影响。平台权力或平台垄断带来的问题不仅包括我提到的这七个，还包括人工智能的伦理等。这些问题都是公众关切的，因为它们直接关系到公众利益。从这个角度来看，通过必要的平台治理手段来保障公众利益是十分必要的。

问：您能否具体谈一下，在平台治理的过程中，谁参与了治理？治理的模式有哪些？

答：按照学术界的一般观点，数字平台公司、政府和非政府组织是平台治理的主体，三者形成了平台治理的三角关系，这种三角关系体现了三种不同的治理模式。第一种模式是“自治”（self-governance），主要包括行业标准制定机构的成立以及平台自发地提高透明度、应对错误信息、制定政治广告标准等行为。脸书监督委员会（FOB）就是这样一个自治机构，为脸书的内容审核政策提供独立的意见。第二种模式是“外部治理”（external governance），主要指针对平台涉及个人隐私和数据保护、督促平台落实竞争和消费者保护法等制定的一系列法律规范。比如欧盟的《通用数据保护条例》（GDPR）和德国出台的旨在打击社交网络中仇恨言论和假新闻的《网络执行法》等。第三种模式是“共同治理”（co-governance），主要指在多方利益相关者治理（multi-stakeholder governance）模式下，非政府组织通过与平台和政策制定者的对话，增进对彼此的了解，共同制定政策，保证多方利益得到最大限度的满足。这三种治理模式在互联网和平台治理中通常被混合使用。

问：在您的书中，有一章专门讨论了中国互联网和全球网络治理未来。为什么您觉得中国互联网及其治理如此重要？

答：我觉得中国互联网是互联网研究中最重要的话题之一，因为中国的网络生态系统与众不同，具有自己鲜明的特点。中国的互联网和平台已经具有全球影响力，比如 TikTok 在中国以外的国家和地区的成功。同时中国的金融科技处于世界领先地位，比如在无现金支付方面，中国已经远远超过了世界其他国家和地区。在现有的英文文献中，对中国互联网的关注并不能很好地展现中国互联网产业以及互联网治理的动态性和复杂性。从网络治理的角度来看，我们需要更翔实的数据和更客观的角度来研究中国互联网的治理思路和路径，展现中国互联网治理机制和框架的复杂性。只有了解了中国互联网，才能更好地理解世界互联网体系的多样性和矛盾性。

问：您在书中提到，反平台经济垄断是当前的一个全球趋势。最近两年在中国我们也看到了这样的趋势，政府采取了一系列措施来限制平台巨头的垄断式发展。请问您如何看待这个全球趋势以及中国在平台经济领域的反垄断措施？

答：和 20 世纪 90 年代及 21 世纪初相比，互联网发展的制度框架和社会对互联网平台的期望已经发生了根本性的变化。当前的平台资本主义——少数几家跨国超级平台和科技巨头控制着网络空间的信息传播和数字经济市场的核心资源，已经史无前例地展现了这些垄断企业的经济和政治权力。正如美国众议院在 2020 年提交的反对数字平台垄断的报告中指出的那样，曾经生机勃勃并挑战权威的创业公司已经成为垄断公司，和从前的铁路、石油大亨并无差别。这份报告针对数字市场的反竞争行为、加强对合并与收购的规范管理、落实反垄断法提出了具体的建议。

不仅在美国，欧盟和英国最近两年也出台了反对数字平台和科技巨头垄断的法案和措施，比如欧盟出台《数字服务法》，来限制这些垄断企业的市场权力，试图避免一系列垄断带来的负面影响，比如创新能力的降低、数字广告费的增长、服务质量的下降、用户个人信息安全无法保障，以及新闻质量的下降。

中国作为平台和数字经济大国，近两年来也把反对平台经济垄断上升为互联网和平台治理的重要议题。2021年出台的《国务院反垄断委员会关于平台经济领域的反垄断指南》、美团等平台因涉嫌垄断被约谈或处罚，都释放了中国政府下决心推动平台规范、健康、持续发展的信号。和其他国家不同，中国的反对平台经济垄断和中国政府追求共同富裕的目标紧密联系在一起。政府希望以互联网行业为入口，规范财富积累，处理好财富分配问题，推动共同富裕的实现。可以看到，反垄断措施出台以后，中国互联网巨头越来越多地参与公益慈善，承担更多社会责任，助力解决贫富差距问题。可见，反对平台经济垄断已经成为全球主要经济体的共识。虽然不同的国家在反对平台经济垄断问题上有不同的经济和政治目的，但预防和制止平台经济领域的垄断已经成为所有互联网和平台经济大国不可回避的议题。

问： 字节跳动旗下的TikTok可以说是中国平台出海最成功的例子。但是最近两年，我们看到了不少关于TikTok的争议。TikTok在印度被强制下架，在美国也曾以威胁国家安全为由险被封杀。想请您谈谈对这个问题的看法？

答： TikTok作为“中国制造”的超级平台这几年被各国学者广泛关注。抵制TikTok的根本原因是，近年来“技术民族主义”（techno-nationalism）的日益高涨。斯诺登事件加速了“技术民族主义”在全球的蔓延，也让越来越多的国家意识到互联网信息安全和国家安全紧密相关，并采取相应的应对措施来保护网络安全。同时，TikTok事件说明了地缘政治对平台跨国发展的巨大影响。特朗普政府对中国的强硬态度，直接影响到中国互联网企业在美国以及其他国家和地区的发展。中美在数字技术领域的较量，形成了新的“数字冷战”（digital cold war）格局，同时加速了全球“分裂互联网”（splintered internet）的形成。

中国的超级平台为了跨国发展，会逐渐适应不同国家市场的政策环境，采用与其在中国本土不同的运营和监管模式。这也是大型跨国企业通用的模式，比如麦当劳在全球不同国家实行的差异化、本土化的策略。TikTok也在逐渐完善这种差异化市场模式。从 TikTok 的处境可以看出，未来随着全球“分裂互联网”的加剧，不只是“中国制造”的超级平台，跨国发展的超级平台都会面临前所未有的来自不同国家的规制的挑战。

问：中国政府历来主张推动构建网络空间命运共同体，为全球互联网发展治理贡献中国智慧、中国方案。您觉得构建网络空间命运共同体会面临哪些挑战？其能否解决当前全球互联网治理中的矛盾和冲突？

答：首先，全球互联网治理模式并不是单一的。中国、俄罗斯和沙特等国家提倡的是“多边治理模式”（multi-lateral approach），认为国家应该在互联网治理中起最主要的协调和决定作用。这种模式与美国、欧洲、澳大利亚等国家和西方互联网巨头提倡的“多方利益攸关方治理模式”（multi-stakeholder approach）相对立。他们认为“多边治理模式”会影响互联网行业的创新和民主价值，因此抵制和反对这种模式。其次，即使在同一阵营，互联网的治理实践以及相关的政策法规也会不同。比如德国对仇恨言论有严格的法律约束；澳大利亚要求谷歌和脸书向澳大利亚的新闻内容付费。这些具体的规范对全球互联网企业来说是一种挑战，在不同的国家需要面对不同的法律法规。所以，互联网治理并没有唯一的标准和模式，治理的模式可能越来越多样化。

“网络空间命运共同体”是中国基于“多边治理模式”提出的一种理想型的治理方案。中国作为网络超级大国，积极举办世界互联网大会并推广自己的网络治理理念。当前，互联网已经和地缘政治紧密地联系在一起，成为国家与国家关系中重要的组成部分。作为一种理想型的治理方案，“网络空间命运共同体”在实施中一定会面临各种挑战。这种方案能否被普遍接受，取决于国家与国家之间的权力博弈、国家与平台之间的博弈等诸多因素，是短期内无法预测的。互联网治理和全球气候治理一样，都不是单一国家可以完成的任务。各国都需要参与，并且在这个过程中互相博弈、协商和影响。全球互联网治理也需要不同治理方案和路径的碰撞与协商，并不是某一个单一方案能够解决所有的问题。

问：您在书中指出，当前互联网和平台治理在不同的国家和地区都有明显的“治理转向”（regulatory turn），而且国家在治理中扮演的角色越来越重要。在中国，国家和政府一直在互联网治理中发挥着最重要的作用。我们可不可以理解为全球的互联网和平台治理在向“中国模式”靠拢呢？

答：这个提法非常有意思。目前，从全球范围来看，“自由主义互联网”（libertarian internet）的理念日渐式微，“技术民族主义”日益高涨。我们确实看到国家越来越多地参与互联网治理。其实从互联网诞生开始，国家一直都扮演重要的角色。20 世纪 90 年代，国家的作用主要体现在宽带基础设施建设、解决数字鸿沟问题、推广网络素养教育等方面。2012 年的斯诺登事件是一个关键性的转折点。这一事件让很多国家重新审视国家和互联网巨头的关系并重新评估自身面临的网络安全风险。为了确保自身的网络安全，国家作为主体越来越多地参与互联网治理。

国家的积极参与和中国提倡的政府主导治理模式还是有一定差异的。如果我们比较国家的参与形式、参与程度，国家和平台以及其他参与治理的社会组织的关系，还是会发现其和中国当前的治理模式有很大不同。我们也可以看到，中国虽然是政府主导治理模式，但也在不断创新这种治理模式。比如越来越多地发挥平台、社会组织在治理中的作用。所以，在“治理转向”和国家作用日益凸显的大趋势下，如何协调政府、互联网企业和公众之间的利益，如何发挥不同治理机构的协同治理能力，是网络大国面对的共同问题。同时，不同的治理模式也可以相互借鉴，取长补短，尤其是国家在这个过程中应该扮演什么样的角色并如何更好地起作用。

问：在中国，关注互联网和平台治理问题的学者越来越多。您觉得这个方向的研究有哪些值得深入发掘的前沿问题？

答：我读过一些中国学者在互联网和平台治理方面非常优秀的英文文章，可能中文期刊的文章会更多一些。我认为平台如何跟本国政府以及全球其他国家的政府和监管部门进行互动是非常值得关注的问题，尤其是对于那些跨国发展的大型平台。在推动全球化战略的同时，这些平台需要适应不同国家市场的政策环境来维持可持续发展。

此外，互联网和平台治理涉及众多治理组织与机构之间的复杂的协调和互动。这种关系需要更详细的梳理和更细化的研究。比如在不同的国家和地区，政府在互联网和平台治理中起到的作用有明显的区别，政府和其他治理组织与机构的关系也有差异，这需要我们有比较的视野和翔实的数据来进行深入研究。

中国的互联网和平台治理有自己特殊的路径和模式，同时中国的数字平台的国际影响力越来越大。我相信中国学者一定会发掘新鲜的议题，为这个领域的研究提供新的案例和视角。

“卫星之眼”何以实现从“瞰”地球到“管”地球？

——关于卫星遥感技术与新闻业融合的学术对谈

苏俊斌　尹江滕*

嘉宾介绍（按文中出现顺序）

苏俊斌：厦门大学新闻传播学院副教授

李　艺：厦门大学环境与生态学院副教授

朱旭东：厦门大学近海海洋环境科学国家重点实验室副教授

王　程：福建省智慧城市感知与计算重点实验室主任、厦门大学信息学院教授、厦门大学教务处处长

张　过：武汉大学测绘遥感信息工程国家重点实验室教授、博士生导师

肖　珺：武汉大学媒体发展研究中心研究员、武汉大学新闻与传播学院教授

史安斌：清华大学伊斯雷尔·爱泼斯坦对外传播研究中心主任、教授

毛　伟：阿里巴巴集团高级专家、中信改革发展研究院研究员

从现代新闻业的诞生之初起，其范围就经常随着信息技术的发展而改变，有线电报、无线电报、广播电视、数字音像技术、信息技术，在现代新闻业的发展史上留下了一个个里程碑。人工智能、虚拟（增强）现实、卫星遥感等当代信息技术革命，被认为正在改变当代新闻业的范围。习近平主席在给2018世界人工智能大会致贺信时指出，“新一代人工智能正在全球范围内蓬勃兴起，为经济社会发展注入了新动能，正在深刻改变人们的生产生活方式”①。2019年，习近平总书记还提出“要探索将人工智能运用在新闻采集、生产、

* 苏俊斌，厦门大学新闻传播学院副教授，研究领域为新闻算法伦理、社会网络分析、国际传播等；尹江滕，厦门大学新闻传播学院硕士研究生，研究领域为媒介技术与社会。

① 《习近平致2018世界人工智能大会的贺信》，中国政府网，2018年9月17日，http://www.gov.cn/xinwen/2018-09/17/content_5322692.htm。

分发、接收、反馈中，全面提高舆论引导能力”[①]。当下的信息技术革命将怎样改变当代新闻业的范围?思考当代新闻业“地平线”上出现的空间新闻学、计算新闻学、传感器新闻学等新兴领域，无疑需要融合多学科方法和视角，以新文科范式来审视一系列问题：新技术是否可能、如何可能对当代新闻业赋能，其“新”的意义何在，等等。卫星遥感技术为人们提供了俯瞰地球的“卫星之眼”，那么将“卫星之眼”用在新闻业，如何实现从“瞰”地球到“管”地球呢?本文邀请来自新闻传播学、信息科学、海洋科学、生态科学的学者，通过跨学科的学术对谈探讨卫星遥感技术与新闻业的融合发展。

一　卫星遥感的技术赋能

苏俊斌：我比较好奇，卫星遥感技术除了用在测绘之外，还能用来做什么呢?

李　艺：我们主要利用遥感数据分析海岸带城市化导致的土地利用类型和景观格局动态变化及其生态环境效应。在研究过程中，我们通过卫星遥感的长时间序列数据获取中国海岸带甚至全球沿海区域的景观格局动态变化情况、探索海岸带主要人类活动对沿海生态环境造成的具体影响类型及其程度范围等。我们课题组曾利用遥感卫星影像获取1990年以来，中国和东南亚沿海养殖鱼塘空间分布情况，并进一步分析在30年中红树林变成养殖鱼塘的区域，以及未来滨海湿地生态修复的优先区。“海丝一号”“海丝二号”重点关注的就是海岸带以及近海区域，有了相关遥感数据的支持，未来能在滨海湿地及近海生态系统监测与生态修复方面做更多的特色研究。

朱旭东：在近海海洋的研究领域中，遥感数据可以应用于海洋的物理过程监测，比如浪高、海浪、台风等方面，也可以应用于海洋生态的研究，比如对赤潮的研究。除此之外，遥感数据也会作为一些基本参数应用于海洋化学的研究。遥感数据还可以为国家“双碳”战略的决策部署提供非常重要的支撑。“双碳”关心的是大气中二氧化碳浓度的变化，

---

① 《习近平主持中共中央政治局第十二次集体学习并发表重要讲话》，中国政府网，2019年1月25日，http：//www. gov. cn/xinwen/2019-01/25/content_ 5361197. htm。

我们希望用各种手段去减少二氧化碳的排放或者增加碳吸收。利用遥感，我们可以做到直接通过卫星观测空气当中温室气体浓度的变化，助力国家“双碳”目标的实现。

苏俊斌：从海岸带和近海区域的监测用途来看，卫星遥感技术的特点应该是长时序和大视野。其实具备这个特点的技术，固然可以用在生态环境保护，何尝不能用在新闻业呢？毕竟新闻报道不仅需要近在眼前的图片摄影，还需要长时序、大视野的数据。那么，卫星遥感技术有可能怎样赋能新闻业呢？

王　程：遥感本质上是为我们提供一种发现信息、获得信息的手段，这个特点和新闻的需求也非常契合。遥感其实就是一个站在天上无时不在拍摄的摄像机，我们只需要从这个大的摄像机网络里面获取信息以及新闻图片。遥感它本身也将形成一种智能体，因此“遥感 + 人工智能”获取信息就不再需要或者不完全需要人去确定时间、地点或事件，我们要观察的是具有新闻价值的事件。那么，如何把数据源变成我们的信息源并进一步筛选出最有价值的信息，如何用这些新闻中的中国话语、中国方式讲好中国的故事、讲好全球的故事，这些技术问题和社会问题都值得我们去探讨，我觉得这是一个非常有前景的方向。新闻也许会因为遥感的运用产生一些研究范式的变化，“遥感 + 新闻 + 人工智能”应该会给我们带来一个更加透明、更加有信任感的世界。

苏俊斌：确实，遥感就是一个无时不在拍摄，而且视角超大的新闻摄像机。如果卫星遥感本质上是“遥感 + 人工智能”，那么这些技术能给新闻业带来什么？

张　过：遥感在视觉的延伸、突破时间和空间分辨率限制以及新闻客观真实性等方面具有优势，能够在主题新闻、突发新闻、调查新闻、日常新闻中发挥作用。比如针对主题新闻，我们能从太空视角展现中国力量；针对突发新闻，我们能突破时空限制，第一时间还原现场；针对调查新闻，我们能进行风险取证、数据处理；等等。未来，希望能将卫星遥感当成一个与摄像机、话筒一样的采访工具，扩展遥感在新闻领域中更多的应用。但是，遥感新闻学也有它的学科问题，比如新闻主题的可实现性、遥感新闻的叙事机制以及遥感镜头语言体系等，遥感新闻学涉及卫星遥感技术与新闻业，是真正文理交叉的学科。实际来说，现在从航天遥感卫星拍摄传到用户手里需要两三个小时，我们的实时性还不是特别强。另外，遥感服务于新闻的真实性以及遥感数据对于不同新闻主题的表现也是我们面临的挑战。

卫星遥感技术对新闻业的赋能一方面在于"遥"的空间特性。从遥远的卫星上俯瞰地球，这样的超长距离和超大视角是前所未有的。毫无疑问，遥感卫星作为媒介，对人的延伸远超媒介史上的任何其他媒介物。通过缩短认知器官与认知对象的空间距离，卫星遥感可以作为中介帮助人到达之前到达不了的空间领域。另一方面在于"感"的时间特性。卫星遥感技术可以实现对特定区域（卫星信号覆盖区域）进行实时数据采集，定点卫星还可以对固定区域进行长时段的数据采集。新闻业讲究时效性，遥感卫星数据不仅能提供实时数据，还能提供长时段数据，这是地面摄影机所不具备的技术优势。正是卫星遥感的空间特性和时间特性，使其具有再次赋能新闻自动化生产的可能性。

当然，我们目前仍需批判地看待卫星遥感技术对新闻业的赋能。卫星遥感技术的确可以提高生产效能、拓宽行业领域，然而卫星遥感技术的发展现状是否能够支持卫星对地面绝大部分区域的观测以及对卫星信号覆盖区域进行实时长时段的数据传输？其数据是否可用于新闻叙事？可供应用的新闻类型是否有所局限？无论是"卫星遥感 + 新闻"还是"遥感 + 人工智能 + 新闻"，都涉及文理交叉，学科壁垒能否得以打通？这些技术困境、伦理问题以及学科交叉难点将是未来卫星遥感技术与新闻业融合发展中不可避免的挑战。

二　卫星遥感技术与新闻业融合

技术从来不是单向赋能，任何技术对社会行动主体的"赋能"，在本质上都离不开行动主体的能动性，不仅包括主体对技术在提供合目的性方面所具有可能性的识别，还包括技术可能性与主体目的性的匹配程度。这使得我们在考虑卫星遥感技术赋能的基础上走得更远：卫星遥感技术与新闻业的交叉融合对于新闻业有何重要意义？卫星遥感技术与新闻业的融合将会走向何处？

苏俊斌：第一次接触卫星遥感技术的时候，我认为它对于新闻业来讲，至少可以在三个方面带来新的意义：一是新闻线索的发现，任何大尺度的空间位移都逃不过俯瞰地面的“卫星之眼”；二是新闻事实的核查，分属不同国家的卫星提供实时长时段数据，使得在某些特定范围内捏造新闻事实变得非常困难；三是，“遥感＋人工智能”可以让我们更生动形象地对整个新闻事件的过程进行数据综合与情景再现。关于卫星遥感技术给新闻业可能带来的新意义，我们可以在近期的研究中结合具体案例再进一步深入探讨。

肖　珺：现在我们做的可能只是卫星遥感技术在新闻学中应用的研究，未来如果我们要去做一个学科，或者是要做一个理论和教学的设计，还需要更长时间的前期探索。所以我是把遥感新闻学描述为一个跨学科和交叉领域的新兴方向。目前，我们采用的是卫星遥感新闻的地理叙事视角。卫星遥感新闻其实是很重要的一种地理模式。在遥感学科的描述中，遥感科学与技术最开始是建立在测绘科学、空间科学、电子科学、地球科学、计算机科学等所有学科基础上的，因此遥感本身也是个融合学科。我们从空间地理、时间地理、文化地理等一些不同的视角，对当下卫星遥感新闻的地理叙事做了一个整体性的叙事分析。我们希望能够从新闻传播学的角度去构建这种地理叙事的新态势。如果这种地理叙事通过卫星遥感新闻真的能够整理出一种逻辑，或许可以对新闻传播业自身有一些新的探索。

苏俊斌：卫星遥感技术在新闻叙事“5W1H”六要素中的“Where”（何处）中确实有它特殊的优势，这种特殊的优势在处理一些跟地理概念直接相关的议题时，包括“一带一路”、国际传播，似乎有天然的应用潜质。我们也在思考，遥感技术引进来之后，它会多大程度地给新闻叙事带来新的东西。

朱旭东：作为普通受众，我们确实看到遥感技术带来了新的东西。现在各媒体在传统的图文新闻报道基础之上，也在用卫星遥感或者无人机遥感做新闻报道或一些非常漂亮的电视专题，比如《航拍中国》。我们也希望能够做科学家科普，就是如何把专业的东西以更通俗易懂的方式传播出去。从普通受众的角度来说，遥感可以提供一个比较新颖的视角，这应该就是它所能带来的传播优势。

李 艺：卫星遥感新闻可以让大家以一种更接地气的方式理解卫星遥感的工作。比如微信公众号“中科院之声”对“可持续发展科学卫星1号”的科普，就是以一种轻松新颖的方式介绍卫星的基本信息和功能。我们学院正在建设海岸带可持续发展遥感数据库平台，要想吸引更多的人使用平台上提供的遥感数据和算法，扩大学院和学校在海岸带遥感领域的综合影响力，就需要借助新闻传播的专业力量。在卫星遥感方面，以前中国在国际上属于“跟跑”，但是现在，我们国家在这方面的贡献是远远超过其他国家的。因此，未来我国的卫星遥感技术应该更好地发挥技术优势和国家优势，在国际上展现更大的影响力。

苏俊斌：在新闻传播学科中，生态议题至少在两个方面扮演着非常重要的角色。第一，生态问题是跨国界的，因而它天然就是国际传播的、跨文化的、跨意识形态的。我们要跟其他国家的人讲中国特色社会主义制度的故事和中国共产党的故事，可能不太容易引起对方的共鸣，但如果讲“双碳”、海洋、生态的故事，是比较容易引起对方的共情反应的。第二，如朱老师所说的“科学家科普”，向非专业人士讲清楚专业的事情，这是科学共同体应该承担的社会责任。生态议题显然是需要生态科学家做科普的，因为生态问题需要借助传播的力量动员社会公众参与，同时教育影响社会公众，从而使可持续发展理念深入人心。

史安斌：我认为我们探讨卫星遥感、传感器、人工智能等这些前沿的技术应用都是很有意义的。互联网的大势所趋是从Web2.0到Web3.0的过渡，各国正在抢占这一赛道的主导权。从技术与国际传播融合的方面来看，卫星遥感新闻是“元软实力”争夺的一个主要方向。现在大国的地缘政治格局因为“元宇宙”的出现，特别是Web3.0技术的出现变成了“网缘政治”，因此“元软实力”领域是一个新的增长点。技术将会是国际传播中一个非常好的角度，比如，以区块链为底层技术的NFT能够为传统媒体机构提供内容版权保护，以及像“双碳”、卫星遥感等多重信息技术驱动的视角，都是未来国际传播中很重要的方向，因为这些都深受公众关注，都是自带流量的。目前，国际传播关注比较多的其实是国际政治传播，我们在讲政治的同时怎么把技术的视角融入国际传播并且取得效果，也是值得我们深入思考的问题。

苏俊斌：史老师谈到了多重信息技术驱动的视角。我们大概可以联想到除了“元软实力”之外，信息技术与新闻业的融合还会出现更多的可能。但是我们反过来，站在社会科学的角度看，无论是社会还是个体，对这些新技术提供的可能性是可以有所选择、有所取舍的，识别技术提供的可能性并且对可能性进行选择、取舍是我们作为行动主体具有能动性的体现。

毛　伟：长期以来，新闻媒体行业都在发挥其能动性，尝试利用新技术来调整乃至重塑产业链，引入卫星遥感技术其实更多的是为新闻产业带来新的驱动力。在这方面，有几个关键问题是需要不断探索的。第一，如何将遥感数据转化为可靠、有用和有价值的信息；第二，如何把专业的遥感监测和分析结果进行简化，将遥感数据转化为可供社会经济发展决策的依据；第三，我们不是为了把数据简单地呈现出来，而是为了用成熟的遥感技术反映真正的社会热点和公共利益。在未来，借助更高的分辨率、更快的传输速度和分析速度，新闻的自动化生产领域可望出现一些新的发展。随之而来的是可能出现一些转变，媒体的事后追踪、被动报道可能转变为全球全时监测、主动报道，从带着问题寻找数据支持转变为从实时动态的数据中发现问题，以此拓展新闻业务的边界。

三　从“瞰”地球走向“管”地球

在这场学术对谈中，来自新闻传播学、信息科学、海洋科学、生态科学的学者分别从卫星遥感新闻的叙事方式、生态传播、国际传播、产业发展等多个角度各抒己见，探讨了卫星遥感技术可能的应用、卫星遥感技术为新闻传播带来的地理叙事、卫星遥感技术融入国际传播、卫星遥感技术对新闻产业的重塑等议题。从微观层面来看，对当下卫星遥感新闻的地理叙事进行系统的分析，有助于发现卫星遥感新闻所预示的一种新地理叙事，在此基础上或可揭示新的新闻叙事逻辑并由此拓展新闻传播实践的领域；从中观层面来看，遥感卫星、新闻工作者、算法工程师等多元行动者构建行动者网络，以有效地整合实时长时段遥感数据、自动化内容生产、可视化沉浸式呈现以及专家型记者的职业素养，仍需一番流程再造的努力；从宏观层面来看，诸如卫星遥感新闻之类的信息技术与新闻业融合发展的新应用或将成为各国展示“元软实力”的新场域，这个场域不仅涉及新闻传播学和信息科学，而且涉及生态科学、海洋科学、国际关系等多个学科。2021 年，习近平总书记在清华大学考察时指出，“要用好学科交叉融合的‘催化剂’，加强基础学科培养能力，打破学科专业壁垒，对现有学科专业体系进行调整升级，瞄准科技前沿和关键领域，推进新工科、新医科、新农科、新文科建设，加快培养紧缺人才”①。卫星遥感新闻从新应用到新方向，再从新方向到新学科，还有较长的路要走，问题在于学科壁垒如何打破、文理学科怎样交叉融合。

目前，卫星遥感新闻广受关注的主要是在应用的层面。无论是《航拍中国》《500 公里高空瞰火神山》《60 万米高空看中国》等国内优秀卫星遥感新闻作品，抑或是《来自奴隶之手的海鲜》《燃烧的缅甸》等获普利策新闻奖的作品，其鲜明特色和报道优势主要源自遥感卫星的高空俯瞰。麦克卢汉认为："任何媒介对个人和社会的影响，都是由于新的尺度产生的；我们的任何一种延伸，都要在我们的事务中引进一种新的尺度。"② 卫星遥感影像作为媒介无疑是引入了一种新的尺度。“卫星之眼”从天空“瞰”地球，其观察不受国界的限制，这是对记者“眼力”的极大延伸。这种延伸使得传统手段无法涉足的某些报道成为可能：俯瞰大尺度壮阔景观的变化，俯瞰危险、灾难、敏感的事件现场，等等。

超越应用层面思考信息技术与新闻业融合的新方向和新学科，除了目前从技术赋能、技术驱动视角针对诸如“遥感 + 新闻”“遥感 + 人工智能 + 新闻”等方向的探讨之外，有没有可能从新闻传播学科出发，以新闻传播学为主体去整合其他学科资源的思考进路呢？无论是技术赋能的进路还是技术驱动的进路，都缺少新闻业处于消极被动地位的假设，只能靠外来技术革命来“点石成金”或推动进步。这种进路尽管对思考技术的社会影响方面富有启发意义，却不是技术与社会演化故事的全部。“把地球管起来”提出于 1955 年，而人类第一颗人造地球卫星却在两年之后（1957 年）才上天。技术史呈现在世人面前的还有另一个面向，就是社会需求，卫星遥感新闻就是新闻业源自

① 《习近平在清华大学考察：坚持中国特色世界一流大学建设目标方向　为服务国家富强民族复兴人民幸福贡献力量》，中国政府网，2021 年 4 月 19 日，http：//www.gov.cn/xinwen/2021－04/19/content_5600661.htm。

② McLuhan, M., *Understanding Media: The Extensions of Man*, NewYork: McGraw-Hill, 1964.

内在逻辑的业务需求。这说明从新闻业的主体地位出发、从自身的业务逻辑和学科逻辑出发，主动拥抱“新闻 + X”的进路不仅是可能的，而且是现实的。从这个进路出发，以什么方式“瞰”地球的问题重要性，就要让步于新闻传播怎样服务于“管”地球的最终目的了。

• 乡村传播 •

主持人语：中国转型期的乡村传播研究探索

朱战辉*

当前，中国正处于百年未有之大变局的社会转型期，作为中国基层的乡村社会，则成为观察中国巨变的整体性社会经验的重要窗口。乡村社会转型，一方面意味着发展，另一方面在乡村发展情境中逐渐出现了一些新的不确定性因素的挑战。中国社会的现代化进程呈现出城市化快速发展和网络社会崛起叠加的特点，使得中国社会转型发展环境变得更加复杂。现阶段乡村社会处于转型发展的关键时期，城市化、数字化等因素在推动乡村发展的同时，全面重塑乡村社会形态、农民生产生活方式乃至深层次的农民价值观念。乡村社会的巨变对于全面实现中国式现代化既是机遇也是挑战，展现了中国社会现代化进程的丰富本土实践经验。中国转型期的乡村社会丰富且复杂的本土实践经验，为跨学科的、面向实践的传播创新研究提供了肥沃土壤。

费孝通先生曾说，在乡土性的基层社会，农民守着“向土里去讨生活传统”，靠土地谋生的人才明白泥土的可贵，“土”是他们的命根。[①] 这形成了中国农民对土地的复杂情感。城市化的快速发展，加速了乡村社会向城乡社会转型，农民的城市化实践直接改变了农民与土地的关系，促进了新的土地观念的形成和传播。值得注意的是，当前中国农民的城市化实践过程呈现“半城半乡”的特征：一方面，越来越多的农民进入城市就业和生活，促进了农村土地流转市场的“发育”；另一方面，进城农民的部分家庭成员还继续在农村生活，土地继续发挥着农民家庭生计保障和农村退路的功能，这也增加了转型期农民土地观念的复杂性。孙冰清、王迪从农村土地制度改革的背景出发，基于浙江乡村民宿这一新的土地利用形式和乡村新业态发展的实践经验，探讨了农民土地资本化观念变迁、传播中的创新—决策过程和创新推广路径。其中蕴含的转型期农民的土地观念和行为逻辑值得细细品味，也为新时期乡村振兴实践和农村创新传播研究提供了启发。

---

* 朱战辉，武汉大学新闻与传播学院讲师。

① 费孝通：《乡土中国　生育制度》，北京大学出版社，1998，第6~7页。

数字化是推动农村转型的重要因素，数字乡村不仅意味着农村数字基础设施建设以及数字化媒介进入农民日常生活，而且意味着在更深层次改变农村地区的知识生产和传播方式。在传统的乡村熟人社会中，农村知识生产系统主要依托生活经验的世代积累和传承构建，社会交往主要依托熟人社会中面对面的人际交往实现，而对于文字并没有现实的迫切需求，因此传统时期的知识传播路径面临社会阻力。当前，农民流动和城市化正在加速乡村熟人社会的解体，数字化和媒介信息技术的快速发展，正在推动农村和农民生活方式的变革，乡村知识生产和传播的路径与机制被重塑，这为数字下乡和农民文化生活方式的变化提供了基础。在国家大力推进农村文化建设背景下，我们在农村调研中发现大量的农家书屋等文化基础设施闲置，难以与农民现实的文化需求形成有效连接，不仅造成了公共资源浪费，也无法满足农民日益丰富的文化生活需求。邓元兵、刘鑫探讨了乡村熟人社会解体和移动互联网、社会化媒体发展背景下，移动终端的社会化阅读逐渐取代农村居民的传统阅读模式，指出社会化阅读正在转型期农村阅读和知识交流新场域和新模式，为新时期的乡村文化建设提供了有益借鉴。

中国家庭本位的文化传统，赋予家庭在中国社会转型实践经验中特殊的地位。家庭是社会的细胞，是农民生产生活的基本单元，也是未成年人社会化的重要主体。农民以家庭为行动单位参与城市化过程，面对城市化对家庭发展带来的压力，农民家庭通过“半工半耕”的劳动力分工模式来应对城市化过程中的风险与挑战。家庭中的老年人等辅助劳动力，更多地承担起未成年家庭成员的照料和教育责任，而年轻的家庭成员则需要继续外出务工来满足家庭生计和发展的经济需求，形成了独具中国特色的陪读、留守等社会现象。作为“网络原住民”，农村青少年的成长和生活环境与他们的父辈和祖辈截然不同，网络社会的崛起对农村的影响，直接体现为对农村青少年群体的影响。孙敏、夏柱智从农村未成年人手机网络游戏沉迷现象出发，探讨了农民家庭现代化转型期所遭遇的家庭监管、陪伴和教育责任挑战。面对家庭生计发展和家庭责任之间的张力，农民家庭的有限监管、形式化陪伴和低质量教育，给农村未成年人适应网络化社会环境带来巨大挑战。在社会转型、家庭转型和网络社会不断发展的背景下，如何重塑农村青少年健康成长的社会环境，成为值得深思的社会问题。

当前，中国乡村社会正在经历剧烈且复杂的变化，为传播创新研究提供了时代化、本土化的丰富实践经验。本栏目的三篇文章分别基于具体的社会现象，从小切口着手来探索中国社会现代化进程中的大问题。当然，中国乡村社会的现代化是一个系统性和长期的过程，基于本土丰富实践经验的乡村传播创新研究，为中国式现代化发展道路贡献传播学思考，是值得持续挖掘的议题。

农民家庭现代化转型中未成年人手机网络游戏沉迷现象分析

孙　敏　夏柱智*

摘　要： 家庭是防止未成年人沉迷手机网络游戏的第一道防线，但正处于家庭现代化转型期的农民家庭所建构的家庭防线无法匹配游戏数字化转型对家庭监管、陪伴和教育提出的高要求。手机网络游戏空前的便捷性、社交的高效性及其致瘾性、隐蔽性要求家庭进行全方位监管、实质性陪伴和科学化教育。而农民家庭的有限监管、形式化陪伴和低质量教育与之形成巨大差距并产生"三重困境"，其实质是游戏数字化与发展性家庭在农民家庭劳动力和家庭资源配置方面存在巨大张力。面对结构性的现实压力，数字化传播品的生产者、接收者和管理者需同步激活各自的主体责任，以自律为基础、以他律为支撑，通过"重构伦理—提升素养—构建共同体"三位一体的方式来摆脱智媒时代未成年人的成长困境。

关键词： 未成年人　手游沉迷　家庭防线　家庭变迁　游戏数字化

一　问题提出

《2020年全国未成年人互联网使用情况研究报告》显示，2020年未成年人网民达到1.83亿人，互联网普及率为94.9%。互联网的普及在未成年人学习、娱乐和社交等方面发挥了重要作用，但不良网络环境给未成年人带来了巨大的负面影响。2020年8月，《教育部等六部门关于联合开展未成年人网络环境专项治理行动的通知》印发，以全面净化未成年人网络空间。2021年7月，中共中央办公厅、国务院办公厅印发的《关于进一步减轻义务教育阶段学生作业负担和校外培训负

* 孙敏，博士，湖南师范大学历史文化学院讲师，研究领域为教育信息化与家庭教育；夏柱智，博士，武汉大学社会学院副教授，研究领域为基层社会治理与教育治理。

担的意见》在“科学利用课余时间”条目中进一步明确指出要“引导学生合理使用电子产品，控制使用时长、保护视力健康、防止网络沉迷”。为进一步了解农村地区中小学生沉迷网络游戏的情况，课题组于2021年8月在湖北H镇针对在校生的农村家长发布《中小学生使用手机情况调查问卷》，该问卷采取线上发布、线上填写的方式，由处于义务教育阶段的学生的家长匿名填写，发布时间为2021年8月11日，截至2021年8月16日共收回有效问卷2055份。根据统计数据，可大致了解湖北省H镇义务教育阶段在校生使用手机的基本情况（见表1）。

表1　湖北H镇义务教育阶段在校生使用手机的基本情况

单位：人，%

<table>
<tr><th>问题</th><th>选项</th><th>小计</th><th>占比</th></tr>
<tr><td rowspan="6">第10题　您孩子周末和节假日每天使用手机的时长大约是（　）［单选题］</td><td>1小时以下</td><td>353</td><td>17.18</td></tr>
<tr><td>1～2小时</td><td>491</td><td>23.89</td></tr>
<tr><td>2～4小时</td><td>298</td><td>14.50</td></tr>
<tr><td>4小时以上</td><td>239</td><td>11.63</td></tr>
<tr><td>不清楚时长</td><td>367</td><td>17.86</td></tr>
<tr><td>不玩手机</td><td>307</td><td>14.94</td></tr>
<tr><td colspan="2">本题有效填写人次</td><td>2055</td><td>—</td></tr>
<tr><td rowspan="7">第14题　您孩子使用手机主要用于（　）［多选题］</td><td>玩游戏</td><td>765</td><td>43.76</td></tr>
<tr><td>看（短）视频、听音乐</td><td>1212</td><td>69.34</td></tr>
<tr><td>看小说、新闻</td><td>160</td><td>9.15</td></tr>
<tr><td>联系亲人、朋友</td><td>354</td><td>20.25</td></tr>
<tr><td>网上购物</td><td>108</td><td>6.18</td></tr>
<tr><td>网上学习</td><td>457</td><td>26.14</td></tr>
<tr><td>其他</td><td>190</td><td>10.87</td></tr>
<tr><td colspan="2">本题有效填写人次</td><td>1748</td><td>—</td></tr>
<tr><td rowspan="4">第15题　请问孩子玩网络游戏的年限（　）（注意：如果您孩子玩游戏，则填写，否则不填写）［单选题］</td><td>不足1年</td><td>245</td><td>32.03</td></tr>
<tr><td>1～3年</td><td>361</td><td>47.19</td></tr>
<tr><td>超过3年</td><td>100</td><td>13.07</td></tr>
<tr><td>（空）</td><td>59</td><td>7.71</td></tr>
<tr><td colspan="2">本题有效填写人次</td><td>765</td><td>—</td></tr>
<tr><td rowspan="5">第16题　您孩子过去1个月每天玩游戏的时间（　）（注意：如果您孩子玩游戏，则填写，否则不填写）［单选题］</td><td>时间很短，半小时之内</td><td>104</td><td>13.59</td></tr>
<tr><td>时间不长，1小时左右</td><td>194</td><td>25.36</td></tr>
<tr><td>时间有点长，1～2小时</td><td>209</td><td>27.32</td></tr>
<tr><td>时间长了，2小时以上</td><td>207</td><td>27.06</td></tr>
<tr><td>（空）</td><td>51</td><td>6.67</td></tr>
<tr><td colspan="2">本题有效填写人次</td><td>765</td><td>—</td></tr>
</table>

在 2055 份有效问卷中，在周末和节假日不玩手机的学生 307 人，使用手机的学生 1748 人，占 85.1%。在使用手机的学生中，家长反映其子女在手机上进行的活动排名前三的是：看（短）视频、听音乐，占 69.34%（1212 人）；玩游戏，占 43.76%（765 人）；网上学习，占 26.14%（457 人）。在玩游戏的 765 名学生中，玩网络游戏的年限超过 3 年的占 13.07%，年限在 1～3 年的占 47.19%，不足 1 年的占 32.03%。而他们在过去 1 个月内（指 7 月中旬到 8 月中旬，正值暑假期间）玩游戏的日均时间为 2 小时以上的占 27.06%、1～2 小时的占 27.32%。作为“网络原住民”的中小学生利用手机玩游戏非常普遍，这已然成为事实。但“有节制地玩游戏”和“无节制地玩游戏”需要进行区分。于是，课题组在湖北 H 镇的问卷中设计了与之相关的 4 道问题，以更加精准地测量未成年人使用手机玩游戏的基本情况（见表 2）。

表 2　湖北 H 镇义务教育阶段在校生使用手机玩游戏的基本情况

单位：人，%

问题	选项	小计	占比
第 19 题　您孩子周边同学、朋友中有沉迷手机游戏的例子吗？（　）［单选题］	较多	685	39.19
	较少	421	24.08
	没有	72	4.12
	不清楚	570	32.61
本题有效填写人次		1748	—
第 20 题　在目前的社会环境中，您担心孩子未来沉迷游戏吗？（　）［单选题］	不担心	138	7.89
	有一些担心	758	43.36
	十分担心	852	48.74
本题有效填写人次		1748	—
第 21 题　您认为有些孩子沉迷游戏的主要原因是（　）［多选题］	家长疏于管理	1108	63.39
	学校老师管理不严格	202	11.56
	孩子同伴或朋友的负面影响	837	47.88
	游戏本身比较容易沉迷	923	52.86
	游戏公司要赚孩子的钱	192	10.98
	政府、监管部门重视不够	385	22.03
本题有效填写人次		1748	—
第 26 题　您认为家长（监护人）监督孩子使用手机的难点有（　）［多选题］	大人自身的管理意识不强、自觉性不足	905	44.04
	大人没有时间、精力进行监督	1122	54.59
	手机泛滥了，到处都是	473	23.02
	手机使用容易沉迷，不易监督	628	30.56
	孩子自身性格、习惯、脾气不好	450	21.90
	其他原因	403	19.61
本题有效填写人次		2055	—

有39.19%的家长认为其子女周边有“较多”的同学、朋友沉迷手机游戏，24.08%的家长认为有这种现象但“较少”，且超过90%的家长担心自己的孩子未来沉迷游戏。问卷第21题旨在从监护人的角度了解中小学生沉迷游戏的主要原因，数据显示，湖北H镇家长认为中小学生沉迷游戏排名前三的主要原因分别是“家长疏于管理”（63.39%）、“游戏本身比较容易沉迷”（52.86%）、“孩子同伴或朋友的负面影响”（47.88%）。可见，在现实生活中，家长普遍地将子女沉迷游戏归因于家长自身，这与学术界和教育界均认为青少年沉迷游戏的关键责任在家庭的判断高度一致。同时，家长认为“游戏本身比较容易沉迷”也是非常重要的原因，这说明这些家长在认识到自身管教方面存在问题的同时，深刻感受到“客体”——游戏本身存在一定的问题。在问卷中，第21题的提问方式为“反向提问”，为了更精准地测量“家长管理”的情况，课题组在问卷中进行了关联设问，即第26题“您认为家长（监护人）监督孩子使用手机的难点有（　　）”，从“正面提问”了解家长平时是如何监督孩子使用手机的。该问题的回答显示，“大人没有时间、精力进行监督”（54.59%）、“大人自身的管理意识不强、自觉性不足”（44.04%）以及“手机使用容易沉迷，不易监督”（30.56%）是家长监督孩子使用手机所面临的三大难点。

课题组的问卷统计和个案访谈显示，当前中小学生课外长时间玩手机网络游戏（以下简称“手游”）的现象相当普遍，且一旦沉迷便难以自拔。学生的课余时间主要在家庭和校外公共场所度过，其核心监护人——家长自然成为防止学生沉迷手游的第一道关卡。家长们虽承认“疏于管理”，但并不意味着“完全或基本不管教”，只是他们发现自己所采取的管教方式不能发挥积极有效的作用。现实中“家庭防线”的低效甚至失效或者说部分家长在“沉迷少年”面前不知所措，充分说明家长实际上很难有效调控子女与手游的关系。到底是什么因素导致家长在手游“防沉迷”方面的失败？调查统计数据显示的排名前三的主要原因——“家长疏于管理”、“游戏本身比较容易沉迷”和“孩子同伴或朋友的负面影响”分别指向三大主体：未成年人的监护群体、游戏开发群体、作为游戏客户的未成年人的同辈群体。这三大主体之间在游戏数字化的智媒时代是否存在深层次的逻辑关系，成为本文试图讨论的核心议题。

二　文献综述

手游是指玩家依托移动智能手机和互联网在虚拟空间开展的网络游戏。

根据用户渗透率的差异，手游主要分为四大类型：休闲游戏、棋牌游戏、射击游戏和 MOBA 游戏。未成年人沉迷手游指未成年人以娱乐为目的过度地、持续地参与手游，并导致不同程度的学业、身心和社会功能冲动失控的行为。学界关于未成年人沉迷手游的研究主要涉及以下几个方面。

一是未成年人沉迷网络游戏的成因研究。随着游戏产业的发展和游戏研究的深入，部分学者着重从网络游戏的特点入手分析其对未成年人沉迷网络游戏的影响。从主观原因看，参与具备社交功能的网络游戏过程不仅给未成年人带来积极的沉浸式心理体验，①而且通过虚拟角色分工、权力流动、团队归属等方式提高了玩家的使用黏度，②未成年人从而长时间沉迷其中。另外，亲子之间的“数字代沟”、③行政监督不力及执法不严、④青少年网络保护的法律规定模糊⑤以及现实中传统童年的消逝⑥等因素，成为未成年人沉迷网络游戏的客观原因。

二是未成年人沉迷网络游戏的危害研究。在手游所建构的角色场景、社交场景和商品交易场景中，虚拟融合效应、沉浸效应和转导效应加剧了儿童话语、行为和价值观等成人化的风险。⑦而在网络游戏、手机游戏对文化和意识形态的强力渗透下，未成年人容易陷入文化语境、道德盲点、盲目从众的道德文化困境。⑧未成年人沉迷网络游戏不仅对其身心健康造成负面影响，严

① 参见魏华等《网络游戏成瘾：沉浸的影响及其作用机制》，《心理发展与教育》2012 年第 6 期；文佳杨《媒介情境论视阈下移动网络游戏的虚拟交往研究——以〈和平精英〉手游为例》，《新媒体研究》2021 年第 5 期；张莹莹《传播游戏理论视域下的手机网络游戏爆红现象研究——以〈王者荣耀〉为例》，《新闻传播》2017 年第 18 期。

② 参见陶建明《网络游戏话语分析——以手游“王者荣耀”ADC 系列英雄为例》，《文化创新比较研究》2020 年第 24 期；胡南夫《网瘾形成的内生因素探析——以网络手游为例》，《红河学院学报》2020 年第 4 期；乔羽茜《手机网络游戏中创新性营销策略及改进途径——以〈王者荣耀〉为例》，《传播与版权》2018 年第 1 期。

③ 胡玉宁：《信息不对称视角下青少年移动游戏沉迷与亲职教育》，《中国青年研究》2019 年第 3 期。

④ 康亚通：《青少年网络沉迷研究综述》，《中国青年社会科学》2019 年第 6 期。

⑤ 余雅风：《确立义务与法律责任：预防青少年网络社会问题》，《北京青年政治学院学报》2008 年第 1 期。

⑥ 刘爽、杨淑萍：《童年的消逝与回归——基于游戏的视角》，《中小学德育》2014 年第 9 期。

⑦ 常启云、张路凯：《媒介融合视域下手游场景中的儿童成人化现象研究》，《现代出版》2020 年第 6 期。

⑧ 峻冰、李欣：《网络游戏、手机游戏的文化反思与道德审视》，《天府新论》2018 年第 3 期。

重者犹如吸食“精神鸦片”,[①] 甚至诱发青少年犯罪,[②] 还对其家庭造成负面影响，包括亲子关系畸形、家庭经济紧张，极端情况甚至会因此发生肢体冲突或产生自杀式威胁。[③]

三是未成年人沉迷网络游戏的治理研究。在信息时代如何有效治理未成年人网络沉迷成为世界性难题。有学者提出应加强未成年人的网络素养教育[④]以提升其免疫力来预防沉迷，如通过训练高中生的时间管理倾向和合理管理游戏动机可有效预防其沉迷[⑤]。同时，通过技术赋能加强监控、实行游戏分层管理等方式防止未成年人沉迷网络游戏。[⑥] 总之，网络游戏产业的治理需依靠家庭、学校和网络游戏企业等社会多元主体通过多种渠道协同进行。[⑦]

综上，学界从心理学、教育学、传播学和游戏学等不同研究视角探讨了未成年人沉迷网络游戏的成因、危害和治理等，这些研究足以说明未成年人沉迷网络游戏的严重性及其治理的难度。然而，作为防止未成年人沉迷手游的第一道防线——家庭在现实中所呈现的脆弱性、无力感，学界鲜有深刻的解读。基于此，文章运用个案分析和机制分析的研究方法，结合湖北 H 镇、湖南 Q 县、贵阳 S 县三地的调研，从传播社会学视角分析手游属性特征与农民家庭防线的张力，将家庭防线置于游戏数字化转型和农民家庭现代化转型同步进行的背景下来理解“家庭破防”的结构性原因。

三 “三重困境”：手游属性特征与农民家庭防线的张力

随着互联网快速发展、智能手机迅速普及以及游戏产业蓬勃发展，未成

① 张晶、胡晓建：《沉迷网络游戏对青少年犯罪的影响及对策研究》，《湖北文理学院学报》2021 年第 7 期。

② 王恒涛、汪子旭：《“精神鸦片”竟长成数千亿产业》，《经济参考报》2021 年 8 月 3 日。

③ 参见中国青少年研究中心课题组《关于未成年人网络成瘾状况及对策的调查研究》，《中国青年研究》2010 年第 6 期；北京青少年法律援助与研究中心于 2021 年 8 月 9 日发布的《未成年人沉迷手机网络游戏现象调研报告》。

④ 王国珍：《青少年的网瘾问题与网络素养教育》，《现代传播》（中国传媒大学学报）2015 年第 2 期。

⑤ 王逸、贾磊：《高中生时间管理倾向与手游成瘾：一个有调节的中介模型》，《人类工效学》2020 年第 5 期。

⑥ 吴翠薇、陈青文：《手机网络游戏玩家的身份认同——以〈王者荣耀〉为例》，《东南传播》2019 年第 12 期。

⑦ 刘亚娜、高英彤：《青少年保护视角下我国网络游戏产业治理模式研究》，《河南大学学报》（社会科学版）2016 年第 3 期。

年人的游戏世界正发生巨变：手游成为当前游戏数字化的重要载体。与传统的现实活动性游戏相比，手游对家庭劳动力的配置、亲子关系的调整以及家庭教育的功能均提出新要求。但正处在家庭现代化转型期的农民家庭难以符合这种新要求。

（一）监管困境：手游的便捷性与有限监管的张力

1. 手游场景的去边界化及未成年人参与的便捷性

传统的现实性儿童游戏一般是在一个相对开放且有边界的时空中进行的，它往往是一群熟悉的同伴在某个特定的物理空间依托某种物质载体进行的集体行动。与之形成鲜明对比，手游的场景，本质上是由数字技术和网络技术编码生成的非实体性空间。在手机移动端普遍化的加持下，现实中的未成年人可以突破现实时间、现实物理空间的限制，以成本极低的“线上角色”参与熟人与陌生人、未成年人与成年人混合的游戏。现实时空边界的突破直接引发社会关系地域的突破。如此，传统现实游戏的“同伴、场地、玩具”三大具有时空边界的要素便消失了。以《王者荣耀》《和平精英》等 MOBA 游戏为例，游戏过程中的“队友、地图、装备”分别巧妙地替代了“同伴、场地、玩具”三大要素，手游场景的去边界化由此完成。

手游场景的去边界化，极大地提高了未成年人参与手游的便捷性，这种便捷性表现在以下两个方面。一是手游所需的物质载体，即智能手机的获得相当便利。湖北 H 镇的统计数据显示，“临时用父母或老人的手机”的未成年人占 45.3%，“使用家里多余的手机”的占 43.99%，使用“长辈给孩子买的手机（即自己本人手机）”的仅占 8.7%。这足以说明，当家庭成员手机持有量相对过剩时，未成年人使用一部手机玩游戏几乎没有经济成本。而且，校园周边的一些商家甚至为中小学生提供手机保管、租借、代购服务。二是部分手游单局完成时间较短，这与未成年人碎片化休闲时间高度契合。《中国移动游戏行业研究报告（2020 年）》显示，MOBA 游戏平均单次打开使用时长达 13.8 分钟，基本等同于《王者荣耀》中一局游戏的时长。这意味着只要未成年人有短暂的空闲时间，比如课间休息、上下学的路上、写作业的间隙等，就可使用手机开启一局游戏。正如玩家 1 所言：“现在网络这么发达，随时随地都可以玩游戏！”

2. 有限的家庭监管难以匹配全方位监管

当前，参与手游的空前便捷性意味着子女可以“随时随地地玩手游”，同时就要求家长能够“随时随地地看着孩子”，即全方位监管，才有可能及时发现孩子使用手机的不良行为以及网络沉迷的苗头。将问卷中第 7 题“您孩子就读年级”作为考察变量，与第 10 题、第 14 题和第 15 题的数据进行交叉分析发现：1 ~ 3 年级的小学生在周末和节假日每天使用手机的时长在2 ~ 4小时的占比达 11. 28%，超过 4 小时的占比达 6. 18%。而这些低段小学生使用手机玩游戏的占 42. 77%，看（短）视频、听音乐的占 74. 06%，网上学习的占 16. 24%，联系亲人、朋友的占 12. 28%。其中，玩网络游戏的年限为 1 ~ 3 年的占 37. 5%，超过 3 年的占 3. 7%。这组数据充分说明：其一，未成年人首次接触手游出现低龄化趋势；其二，周末和节假日是中小学生沉迷手游的高发时段；其三，中小学生使用手机参与的活动繁多，容易被手游广告吸引。

依据该组数据呈现的结果，从监护人的应对措施来看，家庭监管至少包括以下三个层面：一是未成年人首次接触手游的低龄化意味着监护人得“从娃娃抓起”；二是在未成年人易沉迷手游的高风险时段，监护人需加大监管力度；三是针对未成年人经常使用的智能手机，家长需要及时了解其使用痕迹以尽早发现不良网络内容对子女的影响。这意味着围绕未成年人手机使用的家庭监管呈现三个特征：一是监管时间前移，二是监管过程精准，三是监管方式精细。能够具备上述家庭监管三个特征的家长，打一个不恰当的比喻，俨然得成为一个“移动监控活体”或者“活成子女的影子”，方能在未成年人与便捷性的手游之间实现这种全方位监管。从家庭劳动力的配置来讲，这意味着家庭必须配置一个专门的劳动力以备随时随地“贴着在家的孩子”来实施这种监管。

然而，全方位监管恰恰与当前农民家庭劳动力的配置方式相冲突。现阶段，为了最大限度地积累进城资源以实现进城买房、进城结婚、进城上学的目的，以代际分工为基础的“半工半耕”成为当前广大中西部农村地区农民家计的主要模式。当前，为应对中小学教育投入日益增加的情况，“年轻妈妈回归家庭”的现象越来越普遍，由此构成了“60 后、70 后的中老年人和 80 后、90 后的年轻父亲以务工为主，80 后、90 后的年轻母亲则在家陪读 00 后、10 后的未成年人”的家庭劳动力配置格局。尽管如此，回归家庭的青年女性也并非成为一个“全职妈妈”，她们在陪伴子女的同时通过灵活就业来适度减轻家庭负担。可见，在平衡家庭发展目标、现实生活水平和子女养育需求的过程中，“阶段性回归”“兼业性回归”成为青年女性的普遍性选择。故家庭劳动力市场优化配置的彻底性与家庭监护人全方位监管之间的张力，最终导致核心监护人在子女与手游的时空关系调节方面大概率以失败收场。

（二）陪伴困境：手游的社交性与形式化陪伴的张力

1. 手游社交的高效性及其身份重构

社会交往的高效性和强获得感决定了参与者对不同社交方式的不同偏好。手游社交因具有以下三大特点而具备高效性和强获得感，进而成为绝大多数未成年人优先选择的社交方式。

一是社交对象的扩大化。电子游戏与社交平台的绑定，以及在“邀请好友”“同城模式”“附近的人”等联络方式的辅助下，彻底打破了现实交往的地域限制，玩家的社交范围从亲密朋友可以无限扩展到半熟人、陌生人。

二是社交身份的可选择性。在 MOBA 游戏中玩家可以根据自身气质或性格偏好选择具有不同功能的角色，如《王者荣耀》共分坦克、战士、刺客、法师、射手、辅助六大类角色，在不同角色中又可以选择下属不同的英雄。而《和平精英》中的英雄角色在创造性方面更胜一筹，它是由玩家根据自己的兴趣、实力和欲望自我搭配生成的。在虚拟游戏中，社交身份的多元化及可选择性有效地打破了现实交往身份标签化的限制。

三是社交组织的社区化。滕尼斯指出：“社区是由一群具有共同习俗和价值观的人口组成的、社区成员彼此间关系密切且一般对外具有排他性质的社会关系群体。”① 目前流行的手游均建立自己独立的社区互动板块，如官方微博、微信、手 Q 部落等社交平台，玩家在游戏互动过程中实现群体实时交流互动，由此形成共同语言、共享信息和价值荣誉，让素不相识的玩家会聚成一个开放且充满认同的社群，手游社交组织的社区化得以实现。

与传统的单人单机电子游戏相比，多人联机的电子游戏在“人机互动”的基础场域中融入了“人人互动”，即在参与游戏的过程中不同的玩家以虚拟身份参与集体行动，并通过语音、直播、文字等方式形成互动、实现交往。手游玩家依托虚拟社交不仅可以尽情地发泄其在现实生活学习中积累的负面情绪，而且可以通过“玩家个性化操作、匿名化状态和无限加冕的光环”重

① 〔德〕斐迪南·滕尼斯：《共同体与社会——纯粹社会学的基本概念》，张巍卓译，商务印书馆，2019，第 95～102 页。

构自我认同和群体认同。[①] 而这些恰好是未成年人在现实社交中难以获得的。正如有的学者所言，以《王者荣耀》为代表的手游，既是原有“朋友圈”的延伸，也是当下一种新的社交方式。[②]

2. 形式化家庭陪伴难以带来沉浸式体验

当前这种具有高效性和强获得感的手游虚拟社交场景，让未成年人可以获得一种沉浸式体验，从而极大地满足他们各方面的心理需求。以《王者荣耀》为例，熟悉该游戏的几位未成年玩家表示：“这个游戏的魅力在于竞技类的游戏，（对手）都是真实玩家，（自己可以享受）在游戏中击败真实玩家后的乐趣、冲击高段位后获得的成就感。”“自己玩这个游戏玩得很高级，能轻松带给你所谓的自豪感、成就感。”“游戏装备就好比名牌衣服，有了装备，就感觉与别人不一样了，有一种兴奋感，满足虚荣心的感觉。”这种精准高效且能建构认同、产生价值的手游社交，其强大的吸引力与渗透性对未成年人的现实社交产生前所未有的挑战。

未成年人的现实社交集中在两个方面：一是以学业关系为基础的同辈陪伴，二是以血缘关系为基础的家长陪伴。关于监护主体的统计数据显示，在湖北H镇校外时间平常由父母陪伴子女的占50.67%，由祖辈陪伴的占47.74%，寄养在亲友家中的占1.59%。这表明，以80后、90后的青年为主体的“亲子陪伴”和以60后、70后的中老年人为主体的“隔代陪伴”构成了当前农民家庭陪伴的两大类型。其中，隔代陪伴在一定程度上意味着这是一个留守儿童的家庭。然而，结合个案访谈和教育观察，课题组发现在农村不论是亲子陪伴还是隔代陪伴，均存在形式化陪伴的倾向，进而影响家庭陪伴的效益，具体表现在以下几个方面。

其一，从陪伴程度来看，家庭陪伴主体重视身体在场而忽视情感投入。在监护人陪伴未成年人的有限时间里，监护人并非全情专心地投入，大部分家长在陪伴子女的同时在做其他事情。年轻母亲常做的事情集中在“线上事务”，如刷朋友圈、刷短视频、刷微博、网购等。年老祖辈则以“线下事务”为主，他们或在镇域范围内打临工补贴家用，或以种口粮田、做家务等为主。从物理空间来看，这种监护人与子女同时在场的情形构成了家庭陪伴的基本

① 吴翠薇、陈青文：《手机网络游戏玩家的身份认同——以〈王者荣耀〉为例》，《东南传播》2019年第12期。

② 田智辉、迟海燕：《爆红手游“王者荣耀”社交属性研究》，《新闻论坛》2018年第3期。

形式，但陪伴主体“一心二用”的陪伴策略导致“有身无心”的后果，即一种仅停留在“看着、陪着”而缺乏情感深度互动的状态。家庭生活中的情感互动能够使孩子感受到亲人之间的关心与疼爱，从而发展出爱人之心。[①]

其二，从陪伴内容来看，家庭陪伴活动重视以日常照料等传统内容为主的单向性的活动，忽视以亲子多元感官互动为内核的双向性的活动。在家庭陪伴活动中，陪子女吃饭、监督子女睡觉、陪孩子上培训班等日常照料性的活动占据主导。随着未成年人自理能力提升，这类围绕未成年人基本生活需求的陪伴活动的效益逐渐递减，但能够满足未成年人更高水平心理体验的、以亲子互动为内核的陪伴活动则较少，如与子女一起锻炼身体、带着子女外出旅游、亲子共同阅读或看电影等。这类陪伴活动大多在户外进行且以休闲娱乐为目标，彼此在活动中因共享情境、分享所思所感而发现对方不一样的地方。这些非日常化的甚至带有一定仪式感的陪伴活动，对打破父母在日常生活中建构的“孩子形象”以实现“再认识”具有重要意义。

其三，从陪伴目的来看，家庭陪伴的期待是提升孩子的学业而非促进其品行的养成。在与家长的访谈中，多位家长表示：“孩子马上要小升初了，我就回来了！”“小孩明年马上高三了，我们夫妻就在校外租房子陪孩子这一年，让他吃好睡好学习好！”还有部分家长则表示：“孩子正处在青春期，担心他学坏，我们就回来了！”可见，当前大部分家长是为了“陪读”才暂时终止打工回到老家，辅助子女升学成为家长陪伴子女的核心目标。事实上，个体学业状态与个体学习、生活行为习惯密切相关。以行为习惯养成为目标的家庭陪伴重在捕捉学习生活细节、及时矫正不良行为以及长期坚持家庭规则。当下，多以特殊节点的“短期陪读”替代家庭陪伴，家庭陪伴目的的功利化倾向往往给未成年人造成更多的成绩焦虑和更大的心理压力。

有学者研究发现，不同类型的家庭陪伴对其子女的影响有较大差异，其中亲子陪伴时间对儿童认知能力的提升效果最明显，娱乐时间对促进儿童非认知能力的发展具有最重要作用。[②] 但当前这种“弱情感投入”“弱亲子互动”“弱成长体验”的形式化家庭陪伴，与能够给未成年人带来沉浸式体验的手游虚拟社交相比，事实上难以满足“网生代”未成年人在情感、价值和认

① 杨静慧：《缺失与补偿：转型期未成年人家庭德育的资源难题》，《江苏师范大学学报》（哲学社会科学版）2018 年第 3 期。

② 王春超、林俊杰：《父母陪伴与儿童的人力资本发展》，《教育研究》2021 年第 1 期。

同方面的需求。

（三）教育困境：手游的致瘾性与低质量教育的张力

1. 手游的致瘾性及其隐蔽性

"致瘾性"是指让个体对某种物质或行为产生强烈的依赖心理，主要表现为缺乏自我控制力，使用手机时被别人打扰会发脾气，下线后若有所失，一旦不能使用手机便焦躁不安等。[①] 访谈中玩家 S 便直言："从资本家的角度来看，投资开发游戏的初衷，就是让玩家上瘾，总想时时刻刻玩。"另一个玩家 Q 则说："一款游戏从开发到上架运行，这个过程需要人力，以及大量的成本。为了尽快回收成本和最大化盈利，前期会专门有团队进行分析调研，他们相当了解玩家的心态！"从这个意义来说，高度商业化的游戏内含了"成瘾"因素。调研发现，以《王者荣耀》为代表的手游，就游戏设计本身而言，导致未成年人沉迷的关键环节集中在三个方面。

一是游戏上线的"实名注册和防沉迷系统"存在技术漏洞，导致未成年人有机会利用成年人账户参与无时间限制、无内容限制的游戏。多名未成年人表示虽然用自己的身份证注册游戏账户会受到时间限制，但"玩完自己的账号后，可以接着用家长的账号来玩，想点办法用父母的、爷爷奶奶的身份证注册没有任何问题，实在没办法，到淘宝上买一个账户也很方便"。这种低水平的防沉迷系统形同虚设，让未成年人有机可乘。基于前文分析可知，在未成年人无限投入时间和精力的过程中，"游戏即社交"的特征意味着玩家同时赋予其情感和价值。情感性投入越多，价值性期待越高，原本玩家与游戏本身物化的关系被赋予了人格化色彩，由此形成"时间投入—情感投入—意义回馈"的封闭式循环。对于自控能力薄弱的未成年人来说，这种精神控制和心理依赖隐匿在"玩家与手游"的物化关系中。

二是游戏玩法的"组团竞技对战模式"蕴含着隐性的不可退出性，提高了未成年人中途退出游戏的心理与社交成本。在每局游戏战斗过程中，不同英雄角色承担了特定的责任。正如玩家 1 所言："大家正打得火热，你突然退出，对队友来说，你这人太不讲信用了，如果输了，大家肯定会在平台留言骂你的！这太没有面子了！"因而，不论是主观因素还是客观因素导致玩家出

① 李勇：《基于服务设计思维的互联网沉迷干预设计研究》，《设计》2019 年第 19 期。

现挂机或逃跑行为，带来的不仅是游戏的惩罚，还会使团队整体综合实力大打折扣，进而遭受同场中队友的谴责和敌方的讥讽。可见，“角色差异—功能互补—协作竞技”的团队竞技对战模式具有较强的玩家黏着性，这种黏着性的本质是，现实中个体性的玩家被虚拟游戏中的集体性战队所裹挟，其单局游戏过程中隐藏的不可退出性扩大了手游沉迷的覆盖面。

三是游戏过程中某些防脱离环节的设计，让未成年人不自觉地持续投入，致使其产生心理依赖。比如推出性感炫酷的画面满足未成年人追求的视觉刺激、通过打怪升级获得限量版装备奖赏、在游戏消费环节从免费低门槛进入付费服务的过渡期设置、通过网络直播展演实力玩家的赛季设置、依托社交平台通过召回机制邀请长时间不在线的玩家等。正如玩家 2 所说：“（《王者荣耀》）这个游戏会让你的胜率保持在 50% 左右，游戏总有输赢，输了之后就会想着接着打，把输的赢回来，陷入一种恶性循环，以致于上瘾。”玩家 3 则说：“一般游戏开始玩，系统都会诱导你充钱，开始很便宜，饥饿营销。充着充着，就控制不住，放弃又不甘心。”总之，类似设计目的是让玩家在持续投入中获得“多巴胺”奖励，进而深陷其中难以自拔。

2. 低质量家庭教育难以践行科学化教育路径

手游较强的致瘾性及其致瘾手段的隐蔽性，大大提高了未成年游戏玩家抵制其吸引力的难度。这种抵制难度从未成年人的心智层面来讲集中在两个方面：一是玩家的自我控制力，二是玩家的自我判断力。自我控制力，即自己对外界诱惑及自身行为习惯的一种控制；自我判断力，即个体面对是非问题时能够做出合理判断的能力。自我判断力是自我控制力的基础。需要注意的是，这两大基础能力并非先天拥有，而是后天习得的。未成年人基础能力的培养过程重在潜移默化，其方法重在科学训练。这两点要在家庭教育层面落实，就意味着监护人在教育子女过程中结合科学的教育方法，通过言传身教践行科学化而非经验性的教育路径。科学化教育生成的核心基础是具备权威和学习能力的家庭教育主体。

而这恰恰是当前农民家庭教育最大的短板，事实上，这一问题在城市家庭中同样存在，具体表现在两个方面。一是当前农村中“家长权威”的衰弱无法产生具有权威的家庭教育主体。调研发现，在家庭少子化的情况下，隔代教育的祖辈常因溺爱而忽视未成年人犯错后应受的教育惩戒，而亲代教育的父母，则因自身素质不足或心存愧疚而无原则地满足幼年子女在物质方面的需求。如玩家1说："我爷爷奶奶对我太好了！我在楼上玩游戏，他们就把饭端到我嘴边来！他们根本就管不到我！"贵州S县的家长W则说："平时在外打工很少陪孩子，有时候心存愧疚，孩子嚷着要什么就给什么！"正是在这种"有爱无教""有养无教"的失衡性互动中，家长权威普遍地减弱。

二是当前农村难以产生学习型家庭教育主体。学习型家庭教育主体在教育过程中，可以针对具体问题具体分析，尤其是在面对新环境出现新问题的时候，通过观察、参与、沟通、引导等方式来解决问题。新问题的解决不可能是一帆风顺或一劳永逸的，对学习型家庭教育主体来说，关键是通过不断试错来找到最适合自身亲子关系特点的解决方案。而在现实中，当前仍然留在农村的家庭，往往是农村社会中经济相对较弱的家庭，并不完全具备科学化教育所需的基本素质，更难有自我学习的动力和习惯。因而，必须依靠外界力量"亲职教育"来督促他们学习如何科学地教育子女。但遗憾的是，这些家长往往只是在家长会上偶得班主任的一些意见，或者是在浏览短视频中偶遇相似经历的家庭进而学到一些碎片化的教育经验，他们很难获得系统化的亲职教育来帮助自己成长为"学习型家庭教育者"。

总之，弱权威性和去学习性的家庭教育主体成为当前家庭教育低质量的核心表现。在面对强大的、具有内在致瘾性的网络游戏时，低质量的家庭教育显得捉襟见肘、不堪一击："打也打了、骂也骂了，就是没用！""不让他玩，他就以自身威胁，真的没办法！""我都不知道他是什么时候开始玩游戏的，真的管不住！"与科学化教育所需的教育主体、资源与方法相比，当前农民家庭教育主体的不稳定性、家庭教育资源的有限性、家庭教育规则的不完整性难以与之匹配。

四　重构·提升·共建："三位一体"应对转型之困

综上，当未成年人的成长伴随游戏数字化发展时，家庭防线在手游防沉迷方面，实际上面临前所未有的压力和难以摆脱的困境。故简单地强调家庭责任甚至指责家庭的失职并不能解决问题，在农民家庭应对这种结构性困境时，必然要求游戏公司、政府、社区和学校等多方力量支持农民家庭建立稳固的防线，建构"以源头治理为关键、以系统治理为基础"治理共同体的思路，在学界和政界已达成共识。但源自外部力量或制度的约束多属于"治标不治本”的策略，若从激发不同主体深层的、内源性的力量的角度考量，则需要各主体基于智媒传播的特征进行深刻反思并采取相应的行动。

（一）数字化传播品的生产者：重构游戏的“设计—传播”伦理

从手游开发主体来看，科技公司、游戏公司在高度资本化和商业化进程中亟须重构游戏的“设计—传播”伦理。亚当·奥尔特指出，网络行为上瘾由六种要素构成：可望而不可即的诱人目标；无法抵挡、无法预知的积极反馈；渐进式进步和改善的感觉；随着时间的推移越来越困难的任务；需要解决却暂未解决的紧张感；强大的社会联系。[①] 而将这些要素能有机整合在某款游戏中往往是一个庞大的游戏设计团队精心设计的结果，正如“设计伦理学家”特里斯坦·哈里斯所言，问题并不在于人缺乏意志力上，而在于屏幕那边有数千人在努力工作，通过精巧的技术设计打破我们的自律、打破我们担负的任何责任。[②] 可见，在网络游戏设计方面，在资本力量和数字技术力量的加持下，游戏开发者的设计动机便存在伦理失范的可能性，即某款游戏表面上看似促进了社会联系，但实际上是出于破坏用户自律、诱使用户上瘾的目的来设计的。手游开发主体的这一价值取向需要高度警惕并及时纠偏。

由专业团队设计的高度商业化的网络游戏本身就是数字媒体时代一个重要的传播媒介，同时面临传播伦理困境。大量未成年人能够参与手游且可以通过各种技术漏洞长时间在线的事实本身就说明，手游产业中存在忽视或无视传播过程中理应侧重“保护谁”的伦理的问题。根据“正义决策法”和“公共利益决策法”确定的伦理标准，14 岁（含）以下儿童属于最高级别的保护对象，因为“儿童的认知与成长过程非常关键，却会遭遇许多潜在的风险”，“儿童的自我保护能力弱，更容易受到营销者的引诱或误导”。[③] 手游在传播过程中忽视未成年人与成年人在心智、情感和行为等方面的巨大差异，其内涵的价值倾向、方式的暴力程度、细节的色情挑逗等均可能对未成年的游戏玩家产生负面影响。正如学者所言，运用人工智能技术进行智能传播给

---

① 〔美〕亚当·奥尔特：《欲罢不能，刷屏时代如何摆脱行为上瘾》，闾佳译，机械工业出版社，2018，第 7 页。

② 《技术的成瘾设计丨重新思考数字化之十五》，“经济观察报”百家号，2022 年 6 月 17 日，https：//baijiahao. baidu. com/s? id = 1735880082747654474&wfr = spider&for = pc。

③ 王敏：《大数据时代如何有效保护个人隐私？——一种基于传播伦理的分级路径》，《新闻与传播研究》2018 年第 11 期。

传播领域带来了颠覆性的变革，但表面的客观数据背后隐藏着偏见和歧视，大数据优化的背后隐藏着数据利益的驱使和人文关怀的缺失。这迫切需要我们从智能传播体、智能传播平台开发者、智能传播的信息内容提供者三个方面明确智能传播的伦理主体。① 因此，网络游戏行业急需站在社会长远发展的高度重构游戏的"设计—传播"伦理，形成符合公共利益的行业自律。

（二）数字化传播品的接收者：提升"网络原住民"的媒介素养

从手游消费主体来看，作为数字化传播品的被动接收者——未成年人，在数字媒体时代成长的过程中亟须提升网络媒介素养、养成良好的"刷屏习惯"。在一个人与人、人与物、物与物普遍交互的智能时代，智能化的传播形态正在改变着我们的生存方式。② 作为智媒时代的原住民不可避免地与网络发生各种联系，如何预防或矫正手游等各种网络行为上瘾，是未成年人及其监护人必须面对的新命题。亚当·奥尔特明确指出，使用抑制手段和意志力来"拒绝"网络行为会最先失败，他建议采用家长为幼儿设定健康的屏幕使用时间、让青少年"可持续"地使用数字技术、亲子通过面对面沟通共同提升对网络游戏的认知水平等方式来养成健康的"刷屏习惯"。③ 这些行动最终能否实施关键在于行为主体是否具备一定的网络媒介素养。所谓"网络媒介素养"是指，在对网络媒介理性认识的基础上能够采取合适的网络行为以助力现实生活向善发展的基本能力。因而，提升未成年人网络媒介素养至少需要"双管齐下"：一是通过学校教育途径增强在校生对网络媒介的理性认知；二是通过家庭教育让未成年人养成和巩固健康的网络行为。在数字媒体时代，"家长与老师的双重组合式家教因手机的智能化成为可能"，"学校和教师成为家教中不可或缺的重要角色"。④

① 文远竹：《智能传播的伦理问题：失范现象、伦理主体及其规制》，《中国编辑》2021 年第 9 期。

② 顾理平、俞立根：《具体困境与整体困境：智媒时代的传播伦理变革与研究转向》，《传媒观察》2022 年第 2 期。

③ 〔美〕亚当·奥尔特：《欲罢不能，刷屏时代如何摆脱行为上瘾》，闾佳译，机械工业出版社，2018，第 168 ~ 182 页。

④ 王文权、于凤静：《手机在留守儿童家教中的作用研究——基于武陵山片区的调查》，载单波主编《传播创新蓝皮书：中国传播创新研究报告（2020）》，社会科学文献出版社，2020，第 64 ~ 79 页。

（三）数字化传播品的管理者：引导构建“网络治理共同体”

从手游治理主体来看，行政部门则需积极利用数字技术与其他相关参与者开展深度合作构建“网络治理共同体”。事实上，手游开发主体“设计—传播”伦理的重构和手游消费主体包括未成年人在内的网络媒介素养的提升均非短期内能够完成的“工程”。因而，面对当前较为严峻且紧急的形势，相关行政部门通过行政手段进行及时精准的直接干预或间接引导显得尤为重要。比如，在政府与游戏公司之间，政府应进一步压实游戏公司的社会责任，严格履行审批与监督职责，对不良游戏企业及其行为进行顶格处理等，通过源头治理降低家庭监管的难度。再比如，在政府与社区之间，政府可加大对留守儿童占比较高的农村社区的财政支持，通过专项资源输入激活社区责任，重点依托社区组织为未成年人提供“线下+线上”混合式的文体活动，在线上将未成年人课外休闲活动游戏化的同时推动线下的社区内部同辈群体参与，以增强同辈陪伴的吸引力来弥合家庭陪伴的不足。此外，通过教育行政部门整合相关资源为农民家庭提供适应性、系统化的亲职教育，具体包括：通过顶层设计将亲职教育纳入国民教育体系，为亲职教育提供制度支撑；通过建立科学亲职教育线上课程体系，为家庭提供便捷、权威且实用的学习资源；等等。总之，作为手游治理主体的行政部门，其关键任务是运用各种治理资源和行政手段引导相关方构建“网络治理共同体”。

五　结语

当游戏数字化转型和农民家庭现代化转型同步推进时，未成年人手游沉迷的家庭防线薄弱并不能简单地解读为“家庭缺位”或“家长不负责”，从社会变迁的视角讲，正是这两大结构性力量导致家庭防线脆弱不堪。

一方面，以手游为典型代表的数字化游戏大大提高了家庭防控的标准。手游参与的空前便捷性，要求家庭展开全方位的监管；手游社交的高效性及其渗透性，要求家庭践行实质性陪伴；手游的致瘾性及其隐蔽性，要求家庭注重科学化教育。然而，在全方位家庭监管、实质性家庭陪伴和科学化家庭教育的背后隐含的是一种区别于传统松散式的亲子关系，它不仅要求主要的监护人提供高质量的情感劳动，而且要求其他家庭成员积极配合完成辅助性的工作，这种家庭内部的教育关系可概括为“亲代嵌入式教育”。这种亲子关系对农民家庭在劳动力投入、资源投入和监护人教育素养等方面均提出了更高的要求。

另一方面，以家庭城市化为目标的农民家庭无力提供高标准的家庭防控。发展性家庭再生产方式是农民家庭现代化转型的核心内容，发展性家庭再生产要求所有劳动力尽可能参与市场以获得最大化的现金收入，同时要求农民家庭主要围绕进城居住和进城上学进行资源分配。由此产生的隔代经验式教育和亲代陪读式教育无法匹配游戏数字化转型对监护人提出的高要求。隔代经验式教育和亲代陪读式教育的实质是在家庭城市化的核心目标下兼顾子女教育，这与游戏数字化背景下要求农民家庭建立以亲代嵌入式教育为中心的配置原则存在巨大的张力。亲代嵌入式教育需要在此基础之上进行专项教育资源的投入，其实质是在教育城市化的核心目标下兼顾家庭发展。故而，当监护人为防止未成年人沉迷手游投入更多家庭劳动力和家庭资源时，正处在现实巨变中的农民家庭显得捉襟见肘，若尚未完全及时反应过来，其子女便可能沦陷于此。

农村土地制度改革中农民观点的关联创新扩散研究

——以浙江乡村民宿模式推广为例

孙冰清　王　迪*

摘　要：农村土地制度改革的推进，带动了宅基地房屋使用权和农用地经营权的流转，也影响了乡村社会的面貌。本研究以创新扩散理论中的创新—决策过程为起点，将民宿模式视为一种新的土地观念创新，通过考察浙江喜岙村村民的创新—决策过程，探讨农村土地新观念的创新—决策过程模型。研究采用文献收集法、深度访谈法和参与式观察法收集资料，采用编码分析法归纳、组织材料内容。研究发现，浙江乡村民宿模式是一种土地资本化观念的创新，即"可将宅基地房屋使用权及农用地经营权作为资本经营，从而获取符合其市场价值预期的经济报酬"。该定义不仅指土地权利可流转，还指土地权利以适当的市场价格流转。在此基础上，本研究提出农村土地资本化观念传播中的创新—决策过程模型：村民决策个体会依次经历承续阶段、形成阶段和外化阶段，逐步形成并确定宅基地房屋使用权和农用地经营权的市场价值。

关键词：创新—决策　农村土地制度改革　民宿模式

一　引言

家庭联产承包责任制实施以来，农村土地的所有权与使用权就产生了分离。[①] 农村土地包括农用地、建设用地与未利用地[②]的所有权，都归集体所有，

---

* 孙冰清，复旦大学新闻学院 2017 级复旦 - LSE 项目双学位硕士，研究领域为健康传播、科学传播；王迪，博士，复旦大学新闻学院副教授，研究领域为健康传播、科学传播。

① 杨江潮：《中国农村土地改革的产权分析》，《广东农业科学》2010 年第 2 期，第 265 ~ 277 页。

② 根据《中华人民共和国土地管理法》第四条，国家将土地分为农用地、建设用地和未利用地。农用地指直接用于农业生产的土地，包括耕地、林地、草地、农田水利用地、养殖水面等；建设用地主要指宅基地、公共设施用地、交通水利设施用地等；未利用地指除前两者以外的土地。

农民只拥有对所分配到的农用地的承包经营权、宅基地使用权和农村房屋所有权。这三项基本权利是农民的基本保障和社会保险，也是农民维持底线生存的基本资料。[①] 为保护农民基本权利，我国对农村土地的流转一直施行极为谨慎的政策，农民也无法将这些权利转化为财产性收入[②]。

十七届三中全会首次提出农民可以以转包、出租、互换、转让、股份合作等形式流转承包农用地的经营权，但此时流转只在农户间进行，直到 2014 年才明确了农用地所有权、承包权、经营权“三权分置”，将经营权流转给从事农业生产以外的单位或个人。宅基地的制度改革也有类似的轨迹，从十八届三中全会首次提出到 2015 年农村土地政策改革试点工作正式实施，再到 2018 年中央一号文件正式提出探索宅基地所有权、资格权、使用权“三权分置”的改革。这些流转的土地权利可以支持乡村旅游、养老休闲等产业的发展，资本的进入和地权的整合使得土地制度改革被视为乡村振兴的重要策略。[③]

2018 年 1 月，作为浙江省农业农村改革的一部分，绍兴市政府出台《关于实施“闲置农房激活计划”的指导意见》，通过“回购”、“返租”、“入股”及其他多种流转方式，探索闲置农房收储和利用的可能性，发展乡村旅游、文化创意、养生养老等产业。民宿模式通过将闲置农房改建为乡村民宿，为游客提供乡间生活的住所，是发展乡村旅游的有机组成部分。

在此背景下，绍兴市喜岙村实施了整村性的民宿改建，目前 88 户农户中已经有 27 户以村委会为中间方，间接与工商经营者签订了协议，由工商经营者统一开发“乐野山居”民宿项目。民宿改建对村民们来说是个崭新的事物，村民们对它有一个从陌生到了解的过程。喜岙村采用了整村改建与村民留居并存的形式，随着民宿模式的进入，不同的角色集中于原本沉寂的小山村，村民们因此在与村干部、开发商、子女、其他村民及外来人员的日常互动中逐渐了解了民宿模式，形成了观念，做出了决策。这些人际互动围绕着民宿模式推广发生，也反过来影响了民宿模式在喜岙村的应用。

---

① 贺雪峰：《谁是农民：三农政策重点与中国现代农业发展道路选择》，中信出版社，2016。

② 财产性收入指不动产（房屋、土地、车辆等）和动产（存款、债券、金银制品等）所带来的收入。

③ 王海娟、胡守庚：《土地制度改革与乡村振兴的关联机制研究》，《思想战线》2019 年第 2 期，第 114～120 页。

在本案例里，民宿模式可以被视为外生于村庄系统的新观念，本研究以创新扩散理论为框架，增加创新决策的变量，以浙江绍兴喜岙村民宿模式的推广为研究对象，探索观念创新推广的路径，为创新扩散理论提供本土化、时代化的新经验。

二　理论背景

（一）中国农村创新扩散实证研究

中国农村创新扩散的实证研究可按创新的种类分为三种：新技术、新产品与新观念。早期创新扩散研究多以新技术为对象，多从农民素质提升、推广渠道疏通、农业技术展示、社会技术发展等角度，讨论如何更好地推广农业技术创新，使其在农村社会中得到有效扩散，秦文利、王慧军①，胡虹文②，胡志丹等③，王健等④，郑继兴⑤，邓正华等⑥学者都做过类似的研究。

新产品的扩散研究则集中于创新扩散理论的效果研究，主要在既有框架下从多方面解读创新扩散成功的要素，为创新扩散的实践提供了具体语境下的分析。刘超等从两个角度分别研究了农村居民消费者对家电下乡、汽车下乡产品的购买决策过程模型。⑦ 在农村互联网推广过程中，叶明睿以创新扩散理论中创新客体的五个“可感知属性”为分析框架，考察它们在农村居民主

---

① 秦文利、王慧军：《农民素质对农业技术扩散的影响》，《河北农业科学》2004 年第 8 期，第 54～57 页。

② 胡虹文：《农业技术创新与农业技术扩散研究》，《科技进步与对策》2003 年第 5 期，第 73～75 页。

③ 胡志丹等：《社会技术对农业技术创新与扩散的影响分析》，《科技进步与对策》2011 年第 8 期，第 55～59 页。

④ 王健、袁世权、齐亚春：《谈谈农业创新扩散的影响因素》，《农业与技术》2014 年第 5 期，第 219 页。

⑤ 郑继兴：《不同情境社会网络对农业技术创新扩散绩效影响的比较研究——基于两个村屯整体社会网络分析》，《科技管理研究》2015 年第 2 期，第 171～176 页。

⑥ 邓正华、杨新荣、张俊飚：《政府主导下环境导向型农业技术扩散研究》，《中国农业科技导报》2012 年第 6 期，第 6～11 页。

⑦ 刘超、张婷、文勇智：《家电下乡背景下农村居民创新性产品购买的影响因素与作用机制——创新意识、政策认知的影响与感知价值的中介》，《广东外语外贸大学学报》2014 年第 2 期，第 22～26 页；刘超、张婷、文勇智：《农村消费者汽车下乡产品购买行为研究——以创新扩散理论为基础》，《西南交通大学学报》（社会科学版）2014 年第 3 期，第 1～10 页。

观认知中的反映，以此理解互联网在中国农村地区的发展过程。[①] 谭天等选择中西部农村两个典型村庄进行实地调查，搭建了一个农村地区移动互联网影响因子模型，分析农民使用移动互联网的原因。[②] 这些研究都将创新的采纳视为最终的成功，结论往往服务于政策实施效果的提升，是针对农村消费力开发或农村信息化的对策建议，其现实意义具有局限性。

新观念可能会伴随某些新产品而来，为了与新产品区分，这里所说的新观念是指那些没有具体产品依附的新政策、新模式、新方法。新观念在中国农村创新扩散实证研究的数量相较前两种少。张尔升借分析安徽的农村税费改革、海南的文明生态村建设过程，证实了当制度创新处于地方政府主导下时具有的扩散效应，并可能带来全国农村改革政策的调整。[③] 章洁及林羽丰通过研究碗窑村与碗东村柑橘滞销情况下出现的“学费橘”事件，分析了依托媒介信息进行销售的创新模式在该区域未能成功扩散的原因。这种颠覆以往橘农销售手段的新模式，虽然取得了很好的销售效果，却没有发挥示范效应。研究者从创新观点的属性、决策过程中的不确定性以及大众传播渠道的有限效果解释了此次创新扩散的阻碍因素，并提出了改进农村信息传播的对策。[④] 研究者在对“围屋旅游”案例的分析中考察了传播渠道和社会系统要素对村民态度改变的互动机制。该研究把创新界定为产生于乡村社会系统之外的新观念，即以开发乡村旅游为代表的现代化观念，发现居民在创新—决策过程中的许多特征都与罗杰斯理论的论断吻合，但也存在部分无法解释的特征，需要从社会结构和人际关系格局中寻找答案。[⑤] 新观念往往意味着对旧观念的改变或替换，因此，与顺应农业生产逻辑的新技术和个体采纳的新产品相比，观念的创新扩散更可能带来乡村社区维度下生产逻辑等的改变。遗憾的是，当前研究停留在对影响效果的因素和扩散特征的描述中，很少对新观念对乡

① 叶明睿：《用户主观感知视点下的农村地区互联网创新扩散研究》，《现代传播》（中国传媒大学学报）2013 年第 4 期，第 116 ~ 120 页。

② 谭天、王颖、李玲：《农村移动互联网的应用、动因与发展——以中西部农村扩散调研为例》，《新闻与写作》2015 年第 10 期，第 33 ~ 36 页。

③ 张尔升：《地方政府创新的区域性扩散——基于皖琼农村改革政策的分析》，《探索与争鸣》2007 年第 2 期，第 39 ~ 41 页。

④ 章洁、林羽丰：《依托媒介信息的农产品销售模式创新与扩散——大众媒介对农产品销售手段的影响》，《新闻界》2011 年第 8 期，第 121 ~ 124 页。

⑤ 王婷婷：《创新扩散的要素与农民个体态度改变：对“围屋旅游”案例的考察》，博士学位论文，复旦大学，2009。

村社会的影响展开论述。

不难发现，上述对农村创新扩散的研究多数是对理论的运用型研究：在创新扩散理论的框架下找出可能影响创新扩散结果的有关变量并加以分析，而后验证该变量的确促进或阻碍了创新的扩散，从而得出为成功推广创新所应采取的行动与所需注意的问题。

除此之外，部分研究将政府及其他组织机构对创新扩散过程的影响纳入了考量。有研究针对农村创新中农民与正式部门的互动进行案例分析，发现农村创新中农民与正式部门间的互动较多地发生在创新成果推广阶段，这种互动是有助于创新推广的。① 王锡苓等在运用创新扩散理论分析甘肃金寨农业信息化的过程时，引入了社会组织这一视角。用“金塔模式”这一特例讨论了组织对创新的重新定义和调整，组织在创新扩散中的实施、保障和监督，以及组织实施的效果。② 何振波也从宣传、政策扶持、示范、技术指导、组织保证等方面论证了政府在农业技术推广中的影响，虽然随着社会制度的变迁，“强制性扩散”已渐渐被“半强制性扩散”所替代，但政府依然在乡村新技术的扩散中扮演了重要角色。③

（二）从创新扩散理论到创新—决策过程

根据罗杰斯的定义，“扩散就是创新经过一段时间后，经由特定的渠道，在某一社会团体的成员中传播的过程”，扩散过程具备四个要素：创新、传播渠道、时间、社会系统。④ 其中，时间要素就包括了本研究所关注的创新—决策过程。

创新—决策过程是个人或决策单位经历的、关于创新决策采纳的五个阶段，包括对某项创新有初次认识、对创新形成赞同或反对的态度，对创新做出采纳或拒绝的选择、将创新付诸使用和对已完成的决策寻求进一步的证实或改变，即认知、说服、决策、实施和确认五个阶段。

---

① 张立艳、刘芮含：《农村创新中农民与正式部门的互动案例分析》，《河南农业大学学报》2011 年第 5 期，第 595～599 页。

② 王锡苓、段京肃、李惠民：《“创新扩散”中的组织结构分析：以“金塔模式”为个案》，《新闻大学》2007 年第 4 期，第 54～57 页。

③ 何振波：《农业新技术扩散之研究——以何官庄村温室蔬菜种植新技术为例》，中国传播学论坛，上海，2004 年 8 月，第 18～27 页。

④ 〔美〕埃弗雷特·M. 罗杰斯：《创新的扩散》，辛欣译，中央编译出版社，2002。

由此可以归纳出三个研究重点。第一，关注个体或决策单位在创新—决策过程中的行为实施。拉西亚纳等在研究创新扩散时把研究分为微观和宏观两个层面，分别关注个体决策模型及群体扩散模型。① 他们认为，个体采纳创新的决策是决策个体对采纳创新的益处感知与来自社会网络中他人的意见共同作用的，会外显于决策个体的行为。创新—决策过程可参与创新扩散在微观层面的研究，为描述个体决策过程的机制提供基本框架。

第二，关注传播渠道推进创新—决策过程的作用。罗杰斯曾指出，创新—决策的过程是决策者不断搜寻更多的信息以减少创新带来的不确定性的过程。决策者难以判断解决问题的新方案在多大程度上优于传统方案，需要向外部渠道寻求帮助。这种外部渠道可以按人际关系或大众传媒划分，也可以按地域性或广泛性划分，而不同渠道在创新—决策的不同阶段发挥的作用不同。有学者研究了传播渠道对创新—决策的推进作用，发现大众传播有利于决策者获知一项创新，组织传播具有信源权威性的特点，在很大程度上可以降低信息的不确定性，而人际传播有更强的说服效果，在决策阶段发挥更大的作用。②

第三，关注过程顺序模式的描述与解释。对创新—决策过程的研究本质上是一种过程研究，是以确定一系列事件的时间顺序为目的而做的资料收集和分析，这就要求研究者用动态的观点去解释创新—决策各阶段发生的原因和顺序。罗杰斯提供了一般状况下创新—决策的顺序，但社会文化背景中强大的团体压力可能改变五个阶段的顺序。王婷婷在乡村旅游模式的创新扩散研究中发现，行政压力和团体压力会产生“先决策、后说服”“先实施、后说服”的顺序模式，提供了一个“强制性实施”的扩散案例。③

（三）综合评述与路径提出

综合上述回顾，未来研究的路径可以从以下三点展开。

---

① Laciana, C. E. , Rovere, S. L. , Podestá, G. P. , “Exploring Associations between Micro-level Models of Innovation Diffusion and Emerging Macro-level Adoption Patterns, ”*Physica A Statistical Mechanics & Its Applications* 8(2013): 1873.

② 赵亿：《创新扩散中三种传播渠道的比较功能研究——基于阳新县现代农业技术传播的实地调查》，《湖北师范大学学报》（哲学社会科学版）2013 年第 2 期，第 69 ~ 72 页。

③ 王婷婷：《创新扩散的要素与农民个体态度改变：对“围屋旅游”案例的考察》，博士学位论文，复旦大学，2009。

第一，关注新观念在农村社会中的扩散。过往对新技术及新产品扩散的研究回应了创新扩散理论对创新采纳个体和创新本身特征的分类，发现了各自研究语境中较为突出的影响因素。也有小部分研究引入了政府等正式组织对创新扩散模式及结果的影响。但这部分研究已趋于饱和，做重复性研究价值不大。相较而言，新观念的扩散也许是研究者需要关注的重点。基于实证案例，找到新观念与新技术、新产品的差异点，提出在中国农村现代化语境下新观念创新扩散的新框架。

第二，从注重创新扩散的群体结果，转向研究创新—决策的个体过程。过往研究大多将创新扩散的群体结果视为研究核心，将研究的意义局限在创新采纳“是”或“否”的问题上。有关新观念的扩散研究可以提供一个新的切入点：跳出“影响因素——采纳成功与否”的效果研究路径，更专注于创新—决策过程本身，把个体的创新—决策过程和这种过程产生的意义作为研究重点。事实上，个体的创新—决策过程就是新观念嵌入乡村社会体系的过程，无论创新采纳成功与否，都可能在嵌入的过程中产生影响。

第三，对创新本身秉持一种审慎的态度，考察创新的社会意义。过往研究多数采纳了创新扩散的一个重要假设，即所有的新事物都是好的，都会给采纳者带来便利或好处，由此忽视了新事物可能带来的负面影响。这正对应了创新扩散模式一直为学者所批判的原因之一：对新事物过分迷信。王婷婷对围屋旅游的研究已经涵盖对社会结构和人际关系格局的关照①，但是它们只作为解释性变量，去解释罗杰斯原理论覆盖的特征，而没有被当作一个应答性变量，描述其在创新扩散进程中发生的变化。尽管从时间上来说，一个社会的结构是历久的，而创新是新近的。但是，创新作为一种外生于社会系统的新事物，完全有可能在其嵌入乡土社会的过程中引发积极或消极的变化。因此，研究人员应该审慎地看待创新，客观描述创新带来的社会影响。

三　研究问题和研究方法

（一）研究问题

本研究以创新扩散理论为基础，结合对本土实证研究成果的分析，将创

① 王婷婷：《创新扩散的要素与农民个体态度改变：对“围屋旅游”案例的考察》，博士学位论文，复旦大学，2009。

新一决策过程视为研究主体，建立具有本土性、时代性的乡村民宿模式创新一决策过程模型。本研究提出的研究问题如下。

在浙江绍兴喜畲村民宿模式的推广中，村民的创新一决策过程是如何进行的？

基于文献梳理，本研究进一步将研究问题拆分为以下两个问题。

第一，乡村民宿模式的创新扩散为村民带来了怎样的新观念？

第二，在此案例中，个体的创新一决策过程[①]是如何进行的？

（二）研究方法

围绕乡村民宿模式创新一决策的过程发展，本研究用三种方法收集资料。

1. 文献收集法

收集喜畲村基层民主章程、人口档案、住房普查、流转合同、告村民书等文本信息，分析与本研究相关的内容，作为后续访谈设计和结果阐释的基础。

2. 深度访谈法

通过与喜畲村村民面对面的深度交谈，理解“访问对象用自己的语言表达出来的，有关生活、经历或情境的种种观点”[②]。访谈前，虽然对民宿模式的本质有所猜测，但为避免主观想象的误差，本研究依然参考罗杰斯创新一决策过程的五个阶段框架设计访谈提纲，实施时采用半结构式的访谈方法，多采用询问事实而非观点的提问方式，对有关人际互动的细节进行追问，并注意运用倾听、自我开放等多种技巧，了解被访问者的内心体验，以达到理想的“共情”状态。[③] 随着访谈的进行，村民新观念形成的过程逐渐清晰，访谈问题也及时调整，更关注观念形成前后的关键事件及是否实施的主观考虑。对于某些提供了关键信息或在后续整理中产生疑问的访谈个体或信息点，采用了重复接触的办法，进行二次、三次访谈。

3. 参与式观察法

参与式观察法与深度访谈法穿插进行。访谈间隙，有机会直接观察常住

① 创新一决策过程指决策个体创新采纳的过程，本研究将基于材料界定民宿模式观念创新的传播，梳理村民个体从知晓创新到实施创新的过程模式。

② Taylor, S. J., Bogdan, R., *Introduction to Qualitative Research Methods: The Search of Meanings*, New York: John Wiley & Sons, 1984.

③ 王硕：《“共情”对质性研究效度的影响》，《教育学术月刊》2011 年第 7 期，第 15 ~ 18 页。

村民之间、村民与子女、村民与外来人员的人际互动行为和他们对民宿模式的讨论，甚至参与村民的讨论。这些参与式观察不仅与访谈所得在话题方向和事实基础上都能互为依照，还有助于研究者的身份从“局外人”转变为“局内人”。[①] 在初进喜岙村时，虽然说着同种方言，在沟通上没有障碍，但是由于代际成长环境存在差异性，研究者无法透彻地理解村民的思维习惯、行为意义以及情感表达方式。随着时间的推移，研究者渐渐“放下”原有的文化背景，熟悉了村庄的环境和村民的表达方式，无论在编码上还是在解码上都更自然、接近、顺畅。

（三）资料分析方法

在所有访谈和观察所获材料的基础上，本研究采用逐步编码的方法，将分散的材料归纳、组织成为具有结构性的资料。本研究的编码过程分以下三步。

1. 开放式编码

对所收集的资料进行第一次审查，注意到乡村民宿模式创新—决策过程中村民的信息交换和态度交流，逐渐定位“信息获取方式”“流转方案协商”“土地权利价值感知”等关键项目，并标记这些项目中人际互动的类型、提供的信息内容、影响的决策进程和采取的互动模式。

2. 主线编码

将第一步得到的项目按以下两条主轴分别组织起来：创新观念的本质内容、决策个体对创新观念的采纳过程。围绕两条主轴对资料进行仔细的分析，寻找项目与轴线之间的互动关系，不断比较和提炼共性。

3. 选择性编码

按照两条主轴再次审查资料，寻找与观念采纳和个体决策相关的片段，通过反复的阅读完善主轴内容。

（四）样本选择

从 2017 年 7 月起，喜岙村施行政府引入工商资本、农户出租自有农房、集体开发“乐野山居”民宿项目的创新发展模式。截至 2018 年 11 月 26 日，

① 陈向明：《质的研究中的“局内人”与“局外人”》，《社会学研究》1997 年第 6 期，第 82 ~ 91 页。

项目第一期共计 12 户农房已向外开放，第二期约 11 户仍在开发中，第三期 4 户则尚未动工。在未采纳此创新发展模式的村民中，有 20 余户持观望态度。作为一个进程中的创新扩散项目，喜岙村提供了一个研究创新—决策过程各阶段人际互动及村庄人际关系变迁进程的绝佳样本。研究共收集 22 个样本，其中常住村民 11 人，回乡务工村民 2 人，离乡村民 2 人，村民子女 1 人，村干部 2 人，开发商代表 2 人，外来务工者 2 人；有 1 人访谈了三次，有 3 人访谈了两次，有 18 人访谈了一次。

四　研究发现

（一）村民个体对土地权利价值的发现

与民宿模式有关的决策有三个阶段：一是村民参与集体表决决定是否为村庄引入民宿模式；二是村民个体决定是否出租自家闲置农房（流转宅基地使用权）；三是村民个体决定是否流转农用地经营权，配合民宿改建工作及满足配套设施建设的需要。

村民的行为模式在一次次的决策中发生了极大的变化，对土地权利价值的敏感已经在宅基地使用权和农用地经营权的流转中初见端倪。

1. 随大流的初次决策

2017 年 8 月，喜岙村举办的全体户代表大会有 98% 的户代表到场，其中 90% 以上的户代表同意引入民宿模式。这是村民们参与的第一次决策，集体表决是否同意引入民宿模式，也间接让渡了村民个体对非个人承包的集体所有土地向本集体经济组织以外的单位流转的话语权。之所以需要村集体做出决策，是因为《中华人民共和国土地管理法》第六十三条规定必须有三分之二以上成员的同意，方可施行集体所有土地经营权的外流。

> 开大会的时候……其他人多数说好么那就好了。（A04）

村民对此不太关心，他们不过问具体的操作办法，不关心村干部与开发商会签订怎样的流转合同，不曾想产生的收益是否与自己有关。他们只知道“有个老板要搞民宿，要租村里的空房”，却不知道这个决定意味着土地流转和市场化运营的开始。这一方面是因为村民缺少相关知识储备和生活经验，另一方面是因为不涉及自家宅基地使用权和承包农用地经营权，其他土地本来就和自己没太多关系，再怎么折腾也是公家的。于是，集体决策免不了出现一边倒、随大流式的表态。

2. 接受条件的再次决策

2017 年 9 月起，村民个体陆续与村委会签订宅基地农房流转合同，半年内共计 27 户户主将宅基地住房或附房的使用权以每年每平方米 15 ~ 25 元的价格租给村委会，村委会再转租给开发商。几乎所有村民都能脱口而出 20、5、5% 这三个数字：租期 20 年，租金 5 年一付，每轮上调 5%。这是开发商给出的租赁条件。虽然即便按最高的估价租出一间 140 平方米的住房，村民一年的收益仅有 3500 元，比不上同期城市住房的单月租金，但村民并不计较。他们算的是一笔旧宅换新房的好生意：把无用、破旧的住房出租，不仅有租金可拿，20 年后还能白得一栋修缮得当的房子——这样的交换条件颇具吸引力。

> 对租出去的人家肯定（是）好的，原本要倒掉的（房子）给你修好了。（A10）

此时，宅基地与房屋的使用权租赁交织在一起，合同以房屋面积计算租金，宅基地被视为房屋的默认附庸，一并租出。宅基地的价值在这样的租赁方式下被掩盖。当然，即便村民意识到租出农房的同时，宅基地被开发商占用，也不认为会找到比出租更好的选择。

3. 主动与被动共存的第 n 次决策

随着民宿设施建设的推进，村民面临越来越多的土地流转决策。这里的土地有两种类型：一是宅基地房屋出租合同中未明确的房前屋后土地，二是用作民宿周边配套开发、个体承包的农用地。在这个阶段，个体村民与开发商的条件协商形成主动与被动共存的局面。有一部分村民和以往一样，被动接受开发商的条件，一般以每亩 2.8 万元的价格出租农用地 20 年的经营权和一次性买断现有面花①。还有一部分村民开始尝试议价，在每亩 2.8 万元的基础上增加 5000 ~ 10000 元，甚至出现了所谓的“寸金地”——村民喊出了远高于平均水平的流转价格。

> 我们想把山包下来开发，有进一步租田的需求，村民就要涨价，比

① 面花指土地上现有的作物、毛竹、树木等。

如从每亩600元涨到每亩2000元。(S04)

这一方面是因为村民对土地的价值感知远高于农房，农房所在的宅基地难以有它用，出租总比闲置更划算，而农用地或多或少种着瓜果蔬菜、茶树毛竹、林木果木，有一定的经济价值；另一方面则是因为民宿开发初见雏形，建设格局基本框定，村民想争取更多利益。当作为村民重要权利之一的土地经营权有机会在市场中流转时，土地就成为一根杠杆，撬动着流转价格。

我不要钱，只要赔我地。(A05)

到后期，有村民开始坚持要地不要钱。当民宿开发商希望租用村民自家土地时，对土地天然的依赖和对村内土地权利价值的积极预期使得这些村民选择直接与村委会置换土地，保留同等面积土地完整的经营权。而对于宅基地房屋的流转，村民们的态度越来越谨慎。村民原本不理解某些人家，例如A06，坚决不出租闲置的农房，如今也渐渐猜测他们是否在等待更高的租金、日后自行开发或以入股等方式参与宅基地房屋的经营。

在与村干部及开发商打交道的过程中，村民慢慢发现了土地和自身所拥有权利的价值。虽然他们不一定从主观上意识到，宅基地使用权和农用地经营权可以作为一种资本进入市场交易的博弈中①，但他们抓住了通过农房出租、土地流转获得财产性收入的机会，参与了农村土地市场价格的制定。可以说，宅基地使用权和农用地经营权流转的开放在盘活农村闲置农房、为村民带来财产性收入的同时，促进了农村土地权利价值的重新分配。

(二)民宿模式带来了新的土地资本化观念

民宿模式的创新是一种土地观念的创新，带来的是一种土地资本化的观念。政治经济学将土地资本化定义为“根据供求关系和价格机制进行市场化运作，促使土地资源的流动与增值，从而提高土地规模效率和利用效率，使农户获得收益的动态过程”②。土地开放对外流转的实质是土地权利开始进入

① 李明华：《发展农村土地产权交易市场：当前我国农村综合改革的最大红利》，《探索》2015年第1期，第114~118页。

② 耿宁、尚旭东：《产权细分、功能让渡与农村土地资本化创新——基于土地“三权分置”视角》，《东岳论丛》2018年第9期，第158~166页。

市场交易，这不仅是在利用市场机制实现土地资源的再配置[①]，还是土地从资产转化为资本并最终产生增值或减值的关键标志[②]。

在农村土地制度改革的大背景下，宅基地使用权和农用地经营权等土地权利可以作为一种特殊的资本来运营从而获取一定经济报酬，土地权利的功能从社会保障功能转向财产功能。[③] 农民拥有了将基本权利转化为财产性收入的机会，获得了进入农村土地权利交易市场的资格。对于农民来说，采纳民宿模式表现为出租闲置农房、流转农用地等，逐步形成了将农用地经营权、宅基地房屋使用权视为一种可流转的资本的观念。

喜岙村此次整村改造的基本方案是：宅基地房屋租金每年每平方米 15 ~ 25 元，农用地 20 年租金外加面花买断每亩 2.8 万元。前者是开发商依据当前当地农村宅基地房屋流转的普遍价格制定的，后者则参考了国家农村土地征收的补偿标准。从价格来看，农村土地权利价值的衡量与征地补偿一样，都是按照原土地用途，以土地产值的一定倍数确定的，与征收后的用途、市场价值和收益无关。[④] 长久以来，农村土地权利价值被固定在一个较低的位置，而市场的开放和经营的开展无疑会在新环境中为其重新确立位置。土地权利从对内流转放开到对外流转，意味着土地权利价值可以在更广阔的市场里竞争，意味着重新定价[⑤]。

不过，虽然农用地经营权自 2014 年起可对外流转，但是农村土地市场普遍存在供大于求的情况，工商资本议价权强，因此土地流转价格始终维持在较低水平，政策变动对土地权利价值影响不大。宅基地房屋使用权开放对外流转在一定程度上打破了这种平衡。在本研究中，开发商虽然暂时垄断了喜岙村宅基地房屋使用权的租赁，但产生了更多只针对喜岙村农用地经营权的需求，在一定程度上改变了供大于求的现状。村民在与开发商的反复互动中重新认识土地权利能够产生的价值，渐渐具备了议价的能力，也渐渐真正将

---

① 朱道林：《“三权分置”的理论实质与路径》，《改革》2017 年第 10 期，第 117 ~ 121 页。

② 贺国英：《土地资源、土地资产和土地资本三个范畴的探讨》，《国土资源科技管理》2005 年第 5 期，第 66 ~ 68 页。

③ 宋志红：《宅基地使用权流转的困境与出路》，《中国土地科学》2016 年第 5 期，第 13 ~ 20 页。

④ 张学博、丁卉：《新中国 70 年视野下的农村土地制度新一轮改革与创新》，《党政研究》2019 年第 3 期，第 1 ~ 14 页。

⑤ 在政策正式确认前，农村也不乏私下的土地对外流转活动，但是由于其非法性和失衡的供求关系，土地权利价值是很低的。

市场的力量引入农村土地权利的流转中。

因此，本研究新的土地资本化观念实际是“可将宅基地房屋使用权与农用地经营权作为资本经营，从而获取符合其市场价值预期的经济报酬”。由于初始流转方案给出的价格较低，在后文的分析中，村民主动争取更高租金或流转条件将被视为土地资本化观念形成的一大标志。村民逐渐意识到他们手头的权利能产生远高于其以往流通价格的利益，争取更多的财产性收入或等待更高的流通价格就成为理所当然的选择。这也就解释了村民个体在多次决策中从被动接受到主动议价、从缺乏替代方案到拥有多条出路的转变。

（三）土地资本化观念的创新—决策过程

与符合罗杰斯创新—决策五个阶段的行为创新不同，首先，土地资本化观念的创新—决策不存在说服阶段，它不是由村委会或开发商主动扩散的，政商团体都缺乏主动发起扩散、推进决策的动机，而是由决策个体在实践中习得的；其次，决策阶段和实施阶段的界限很模糊，作为一种新观念的创新，很难观察到决策个体在何时决定采纳此种观念；最后，它在观念形成之时就已完成对该创新有效性的部分确认，实施之后的评估主要起到补充作用。因此，应当为土地资本化观念的创新—决策过程建立一种崭新的模型，方能更贴合实际情况。

根据本研究收集的材料，土地资本化观念的创新—决策过程可以分为三个阶段。

第一，承续阶段：决策主体继承并习惯性地延续原有的观念。具体指村民决策个体按照开发商制定的房屋租赁价格衡量宅基地使用权价值，用维持农村生活基本所需费用和土地面花的价值之和衡量农用地经营权价值。

第二，形成阶段：决策主体通过自身无意识的实践或观看他人实践，形成了对新观念正确性的认识。具体指村民决策个体在第一次尝试议价或观察他人议价后，意识到宅基地使用权和农用地经营权具有更高的价值。

第三，外化阶段：决策主体有意识地在新观念的指导下做出行为，或由于种种原因不应用新观念。具体指村民决策个体重新制定宅基地使用权和农用地经营权的价格标准，对不符合预期的流转条件进行主动协商，或依然按照原有观念实行土地流转。

喜岙村村民决策个体经历了土地权利流转与否的创新—决策，基于农村土地惯常价格给出的条件变得不可接受，决策个体开始在喜岙村这个小小的土地产权交易市场中探索土地权利应有的价值。从时间维度看，村民引入民宿模式、出租宅基地房屋使用权、流转农用地经营权等行为的创新—决策过程正对应了土地资本化观念的创新—决策过程。不同决策个体身上发生的事情是相似的，但个体行为有所差异。根据具体经历的差别，不同的决策个体可能在不同的时间点形成新的土地资本化观念，最终采取的措施也可能不同，但基本都符合“承续→形成→外化”的过程。

（四）人际互动是新观念形成和外化的重要因素

土地资本化观念主要涉及宅基地房屋使用权及农用地经营权的流转，根据收集到的资料，村民与村干部、开发商、子女和其他村民在创新—决策过程的承续、形成、外化阶段产生人际互动。这些人际互动通过面对面交流、电话联络等方式完成。其中，决策个体对其他村民的看样和模仿、村干部及开发商协商的态度和子女支持的态度推进了新观念的形成和外化。

1. 承续阶段

村民决策个体在承续阶段做出的行为创新—决策主要是宅基地房屋使用权的流转。由于闲置农房的流转属于试点项目，为方便操作，村民必须先将农房出租给村委会，再由村委会统一出租给开发商。因此，村干部在承续阶段发挥了关键作用。村干部针对家中有闲置农房、出租可能性较高的农户进行摸排调查，面对面地介绍了具体实施方案，包括租用年限、租金金额、归还保证等，对离乡村民则采取电话沟通的形式。村民在这个阶段尚未形成对宅基地及房屋价值的认识，一般在比较空置和出租的条件后，接受开发商制定、村委会确认的出租方案，以每年每平方米 15 ~ 25 元的价格出租宅基地房屋。

> 是村干部到我家里来的，租期 20 年，5 年付一次，每次（租金）高 5%。（A01）

同样，对于该阶段的部分农用地经营权的流转，开发商会直接与村民面对面沟通需求，给出租赁土地和买断面花的方案。虽然用途可能从农用转化为农旅双用，但开发商给出的价格还是与农转农的情况相同，为每亩 2.8 万元出租农用地 20 年外加买断面花。

在承续阶段，村干部和开发商占据了主导性地位，他们提供的信息是一种固定方案，村民接受或不接受统一的出租条件，不存在议价行为。村干部G02所有用于劝服的话语都基于现有方案的好处，例如劝说开始不愿意出租闲置农房的A12时，就讲到，“租出去20年，把房子修好，不用自己出一分钱，到时候还回来就和新的一样”，效果非常好。村民们此时心中计较的是租或不租，而不是“如果我争取，是不是能多点租金”——一来他们没有这种意识，二来开发商随时可以退出，A16就曾提到，“之前也有几波老板来看过，想要开发旅游，结果都走了，弄不下去”。于是，村民在一间要倒塌的农房和一间可带来收入的新房之间做比较。他们之所以愿意接受这样的方案，是因为这些房屋本身就是闲置的，放着没用，租出去却有人帮忙免费修缮，还有租金可拿。就像A10评论的“对租出去的人家肯定（是）好的”，听起来是一笔划算的买卖，而能实现这一“飞跃”的只有开发商。即便有所调整，调整的也是出租的块面，例如只租二三楼、保留一间小屋用于祭祀落脚等。

农用地也是一样的道理。村里分配的土地大多数是竹林，有多位村民提到“毛竹已经不值钱了，以前可以卖3角多一斤，现在卖不出价钱”（A02、A03、A10），加之运输的困难、挖笋的随机性，村民对竹林的重视程度大大降低，至于更高的山地，也无法为村民带来直接的收入。只有茶园尚且维持了经济作物的地位，不过也只有极小部分有能力自己种茶、采茶、炒茶的村民才会选择保留。这些几近闲置的土地如今有机会出租，自然是件好事。村民用农作物的产值衡量土地价值，不把出租视为权利的出让，也不曾想过开发商能利用土地经营权赚取多少利润，即便想到“老板总有办法不会亏的”，也不认为未来的增值与当前的租金有关系。

子女在这个阶段考虑的是出租房屋是否会占用自己年节回乡时可能居住的场所。他们完全没有意识到村内土地价值可能迎来一波上涨，对租金等条件几乎毫不在意，只要不影响居住需求，就无所谓。当然，子女的影响力可以很大，例如A14在与回家看望他的女儿交谈时，女儿反对他租出“回来可能要住”的房子，最终只租出一栋附房。但是子女的参与不会改变村民对方案唯一性的认识，A14的女儿没有对村里给出的租金方案表达任何异议，A12、A13的儿子甚至完全不了解具体租出的价格。村民之间的面对面沟通也以交换事实信息为主，几乎所有人对土地权利价值的认识都比较原始，把房屋的好坏与宅基地权利的价值高低直接挂钩。例如A13闲置的小房在摸排时被漏了，于是他不自信地认为自家房子太小，老板是不会租的。

> 不知道老板要不要这种小房子，所以不会主动去说，难道主动和老板说“我们家有个房子，你要不要来租”？（A13）

2. 形成阶段

形成阶段的行为创新—决策可能是宅基地房屋使用权流转延展出的房前屋后土地使用权的商议，也可能是农用地经营权的流转。这个阶段开始出现议价纠纷，即村民在自身无意识的实践或观看他人实践的过程中，意识到宅基地使用权和农用地经营权可以协商出比开发商和村干部提供的方案更高的价值。

在种种议价纠纷中，厕所纠纷事件可以最清晰地展现村民土地资本化观念创新—决策过程的形成阶段和人际互动的推进作用。

喜岙村里有个四家共用的厕所，正好在建成后的民宿接待处附近。为了方便员工和未来游客使用厕所，也为了民宿主干道景观风物的整洁，开发商希望将此地改建成一个公共厕所，开放给所有人。这就需要与共同拥有此处土地使用权的四户人家协商。十几年前，村委会将这块约 10.6 平方米的土地划出来，由四户人家修建了一个厕所。现在，有一户人家（K）已长居市镇，剩下三户人家（L、M、N）仍然会使用这间厕所。但是，四户人家都认为改建公共厕所侵害了他们的权益，村委会和开发商需要就此做出赔偿。

一开始，M、N 与离乡的 K 一样，都接受了村委会给出的赔偿方案。款项来自开发商，每户人家 3000 元，四户人家共计 12000 元，这个价格是修建厕所的成本和 10.6 平方米土地使用权回购款的总和。但是 L 家的 A08 坚决不同意赔偿方案，即便村里表示可以将赔偿方案改为置换方案，在离他家更近的地方重拨一块土地用以重修厕所，他也不松口。后来，村干部，同时是他的外表兄弟 G02 过去做了多次工作，从村里的需要讲到自己的面子，并承诺新拨的土地会在 10.6 平方米的基础上加 30% 的面积，他才终于同意了。A08 在元旦期间与其他村民讲述了此事，他争取土地置换的过程和成功的结果使 M、N 两户人家意识到原来土地权利能换取更好的流转条件。在 L 家 A08 的启发下，M、N 产生了不同看法。

这个纠纷事件中一共有四个关键人物：L 家的 A08，议价行为的第一位实施人；M、N 家的决策人，原本的方案接受者，后来的潜在议价者；村干部

G02，代表村委会和开发商给出赔偿方案的中间人。事实上，A08 并非比其他村民更懂得土地权利的价值，他的主动议价主要基于两个原因：第一，他是村内零星几个从最开始就反对引入民宿模式的村民，对开发商的态度并不友善；第二，他身体有恙，民宿改建工程带来了噪声和烟尘，令他感到不喜。厕所纠纷事件中，出于对民宿模式的顾虑和对身体客观情况的考虑，A08 不愿意接受村委会和开发商给出的赔偿方案。最终，A08 是在熟人关系的影响下松口的。按他的话说，“要不是兆根（G02）来做工作，我面子下不去，不然不会同意的”。

由此可见，村干部与开发商在形成阶段与村民的沟通依然以劝服为主，但他们提供的信息与承续阶段不同。村干部有职责压力，他们需要落实民宿模式的开发，完成喜岙村作为闲置农房激活试点村的任务；开发商有经济压力，他们需要村民的配合，打造优美的民宿环境和完善的配套设施，提升民宿的吸引力。原本村民没有提出对方案的异议，对他们的说服是从原方案的优点出发的；现在村民尝试提价，他们的位置从被动转向主动，需要评估条件，决定是否应承。只要村干部与开发商对某几次议价松口，村民就可能借此形成对土地权利价值的确认。因为开发商用地的需求始终存在，就算村干部与开发商反驳了村民的提价方案，村民也没有任何损失。于是，试着提价的想法在村民中颇为常见。

我想每亩加个 5000 块，试试看。（A02）

村民之间的交流同样对土地资本化观念的形成有非常重要的作用。信息的流向分两种，一种是在常住村民之间，另一种是常住村民告知离乡村民。常住村民的信息交流十分便利，他们或在茶余饭后串门，晴天晒太阳、雨天围炭盆，嗑着瓜子就谈起了各家土地的流转方案，或直接观看，了解别家的议价成果——村子很小，没有什么能藏着掖着的。例如上述厕所纠纷事件，M、N 意图推翻原有方案就是 A08 主动告知和目睹村委会为 A08 重修厕所共同作用的结果。此外，常住村民也会在离乡村民返乡时，给他们更新村内议价的进展。27 户签订宅基地房屋流转的村户中有 22 户长期离乡，按常理推测，他们对房屋改建的进展了解不多，和开发商及村委会也很难发生纠纷。但是据 S04 透露，27 户里只有 1 户没有与他们发生过纠纷，其余都陆续就房前屋后土地、入户道路等的使用权提出异议。

3. 外化阶段

外化阶段是村民把对土地权利价值的认识付诸实践的一个阶段。以厕所纠纷事件为例，M、N两家的决策人在获得了A08给他们的信息后，积极外化对土地权利价值的认识，主动争取权益。M和N均不再接受原本的赔偿方案：尚未签订合同的M要求获得与A08同样的赔偿，最终，在赔偿的基础上获得了公共厕所和所在土地20年后的所有权；已签订合同的N则在民宿一个厨房的门（就在该户左侧）前堆放杂物，并不再允许民宿工作者从家门前通过，导致该厨房暂时处于荒废状态。

除此之外，关于农用地经营权流转方案的商议是外化阶段村民实践土地资本化观念的主要对象。由于农用地流转是在宅基地房屋出租过程中逐渐出现的需求，村民对土地权利价值的认识经过一段时间的实践进一步提高，相比闲置农房所在的宅基地，农用地也或多或少有其功用，因此纠纷更多。

村干部与开发商在这一阶段提供的信息和秉持的态度与上一阶段一致，而村民之间的互动有微妙的变化。正如前文提到的，即便形成了土地资本化的观念，村民也可以选择外化或不外化，体现在行为上，就是主动提高条件或接受原有条件。如果说形成阶段是看样的过程，那么外化阶段就是模仿的尝试，在这个阶段村民可以很容易地根据各人的行为判断此人属于哪个阵营。有趣的是，那些外化的村民总是乐意把自己议价的经验分享给其他村民，而选择不外化的村民则保持相对低调的姿态。

A01就是不外化的村民代表。他是个老党员，有看报刊的习惯。他从电视等媒体上看到民宿可以振兴乡村，因此对开发商的用地需求都很配合。言谈之中，A01十分认同自己的选择，但他并不传播这种观念。主动议价的确能为村民带来实实在在的好处，多数村民不愿放弃有可能到手的利益。A01不想被当成他人议论的异类，所以只听不说。

外化阶段的村民感受到村内土地权利的增值空间，也因此更看重土地。表现之一是“要地不要钱”，A05的自留地纠纷事件就十分典型。他已搬到镇上生活，将三开间的老屋出租给开发商。由于屋子位置好、空间大，开发商将其作为样板房第一批建设完成，并将房前屋后的农地改为绿化带和小路。但A05认为协议未包括房屋周边土地的使用权，开发商此举侵占了他的自留地，未来回村养老时将无地可种，需要赔偿。一年间，他多次往返村镇，在协商方案的同时，目睹了村内民宿设施的建设、游客的增多和整体环境的变化，对赔偿的要求转变为置换土地。

表现之二是“保留土地、自行开发”，对于某些在村民看来不够好的流转方案，他们宁可中止协商，把土地保留下来。例如A15就认为“土地租出去20年，租金也差，我就不租了”。她不满意开发商提出的经营权租赁方案，决定不出租。同时，子女在外化阶段的表现为支持村民的决策。当了解村民决策个体议价失败时，他们会安慰父母以后可以自行开发。随着民宿设施建设日趋完善，有部分子女渐渐产生“搭便车”的想法，认为有机会改建自家房屋经营中低端民宿或农家乐餐饮，A15做出不出租的决定也在一定程度上受到女儿“以后我们自己开发”的影响。这些想法无疑强化了村民对土地权利所能产生价值的认识。

（五）新观念创新—决策过程的中心议题：土地议价

围绕土地资本化观念的创新—决策过程，特别是农房使用权和农用地经营权流转的议价纠纷，村民、村干部及开发商展开了密集的人际互动。这些人际互动的基本诉求如表1所示。村民希望面子、里子都得到实惠，根据各人情况，对现金和土地提出不同要求；村干部向村民谋求理解与配合、向开发商谋求投资与建设，后者是一次性敲定的买卖，前者却包含了持续的沟通与协调工作；开发商期待能与村民稳定合作，以稳定的价格获取土地权益，并希望村干部能在支持民宿建设的同时，做好居中协调。在这场角力中，村干部及开发商的利益基本达成一致，而村民的个体诉求与集体利益间存在微妙的不同，形成了复杂的互动关系。

表1　人际互动基本诉求

	与村民	与村干部	与开发商
村民	—	土地、脸面	钱
村干部	理解、配合	—	投资、建设
开发商	稳定合作	支持、协调	—

发展民宿的喜岙自然村原本是一个独立的基层行政单位，G02自1985年起就担任村内支部书记、村委会主任等，至今已为村民服务了将近35年。多年的接触使得村民形成了依靠“大队”来解决纠纷的直觉。“大队”的叫法可追溯至集体劳动生产时期，直到现在，村民们还习惯于称呼G02为“大队书

记”。无论是形成阶段土地流转方案协调的尝试，还是外化阶段更高的土地权利价值的争取，当村民无法与开发商达成一致时，他们都会找到“大队书记”寻求帮助。但是如今的村委会掌握的资源和权力较“大队”时期少得多，村干部对村民的约束力不强，其自身的权威感也不强，更多地起到服务的作用，管理和教育的职能大大降低。加之与村民打交道更多的 G02 同样是喜岙村人，村民与村干部兜兜转转总是亲戚，两者之间没有显著的地位高下。

民宿模式让村干部的地位产生了些许变化。一方面，村干部是民宿模式的“介绍人”，比普通村民掌握了更多有关民宿开发和土地流转的信息，村民有从村干部处获得最新信息的需求。另一方面，村干部能为村民带来真切的利益：钱和土地。村干部是村民的代言人，能够代表村民与开发商谈判流转费用，同时民宿开发使得村内土地流转活跃起来，有活跃的交易就有可操作的空间，村干部重新获得了部分土地分配的权力。因此，村民期待村干部能够传递他们的需求、争取配得上土地权利价值的租金，村内的土地资源也应当优先给村民，而不是总为开发商考虑。

村干部背负着自身职责的压力，比起村民个体的收益，他们更关心集体的收益。税费改革后，村干部需要向外寻求投资，发展村庄经济。确定民宿模式发展路径后，他们支持有利于民宿建设的决策，在政策允许的范围内为开发商行便利。村民遇到问题，村干部依然会积极解决，但一定是在权衡了村民需求、开发条件、村内资源等多个因素后给出的一种折中方案。土地资源作为协商的焦点之一，村干部会更倾向于将建设用地使用权和农用地经营权流转给开发商发展民宿，而不是给村民增加土地，因此赔偿的优先级高于土地置换，置换的比例严格控制在 1∶1。当有多个村民在相似状况下提出不同的要求时，村干部还需要参考以往的协商方案，尽量做到一碗水端平。当然，现实没有那么理想。例如前文提到的厕所纠纷事件，村干部为不接受赔偿方案的村民提供了包含土地赔偿的解决方案，但是村内的资源不可能被无限协调，明知另两户村民可能产生意见，也无法给到他们同等条件了。

村民与开发商的关系包含了房主与租客、雇员与老板、当地人与外来者等。租赁关系和雇佣关系的结合，加上村民共同体的合力，使得利益的得失有相当复杂的考量。在与开发商的议价纷争中，村民的议价能力远比预想的高。这些产生了土地资本化观念的村民在这场角力中占据了不可忽视的位置——特别是在发现了开发商对土地的价值预期和投入之大后。有些将房子出租给开发商的村民同时为民宿建设做工，做得不好，但开发商不能解雇，不然可能在另一处遭遇更大的纷争，还不如出点工费来得简单。在角色转换中，求与予的对象转换着，也正是在一次次的协商中，达到了双方利益之和的最大化。

村民并非在民宿模式的初始时期就意识到开发商是兑换土地权利价值的可利用对象。民宿的会计 S03 回忆起 2017 年 11 月初进入该村时，村民的态度很热情，会在路上主动打招呼、送蔬菜；现在，村民与开发商产生了利益分歧，他们的交往也带有了功利化特征。张良就乡村社会的功利化交往指出，金钱权力成为赢得别人尊重和认可的绝对标准，但是一旦有了利益关联，这种尊重可能转化为利用。[①] 开发商的到来给予村民流转土地权利、获取财产性收入的机会，而村民的合作是民宿顺利开发和正常运营的基础。在这样的利益关联和合作前提之下，他们之间不存在简单的主导或支配地位，而是不断地调适相处的模式，建立了一个互为制约又互为依赖的互动关系。

五　结论

本研究基于当下中国农村土地制度改革的具体案例，以罗杰斯的经典模型为基础，得出农村土地新观念的创新—决策过程模型。

民宿模式带来的农村土地新观念指“可将宅基地房屋使用权及农用地经营权作为资本经营，从而获取符合其市场价值预期的经济报酬”。具体而言，该新观念创新—决策过程分为三个阶段，即承续阶段（延续原有的观念）、形成阶段（形成对新观念正确性的认识）和外化阶段（有意识地应用或不应用新观念），分别对应村民决策个体按原有对土地权利价值的认知接受流转方案、在自身或他人的议价尝试中意识到宅基地使用权和农用地经营权具有更高的价值、重新制定土地权利价格标准并进行或不进行主动议价。

在有关土地资本化观念的创新—决策过程中，村民主要与村干部、开发商、子女、其他村民发生了人际互动。这些人际互动通过面对面交流、电话联络等方式完成，在不同阶段提供了不同的信息、起到了不同的作用。在承续阶段，村民及其子女对土地权利价值的认识都比较原始，村干部和开发商

① 张良：《乡村社会的个体化与公共性建构》，中国社会科学出版社，2017。

提供一种固定的方案，村民选择接受或不接受，不存在议价行为；在形成阶段，创新观念在村民之间扩散，越来越多的村民尝试对土地权利流转提出更高的价格，村干部和开发商评估新方案，回答是否可应承，每一次应承都是对创新观念的肯定；在外化阶段，村民对土地权利价值的认识基本得到确认，大部分村民开始有意识地争取更高的土地流转价格，并比形成阶段更看重土地，子女也支持他们的决策。通过人际互动，村民重新认识了土地权利的市场价值，确认了新观念的正确性和有效性。可以说，人际互动促进了议价行为的形成和扩散，推进了土地资本化观念创新—决策的过程。

与土地资本化观念的形成相比，价值观的变迁可能是一个更本质的改变。如鲍曼提出的流动的现代性框架和就此框架下的社会命题所言①，新观念进入乡村，带来了模式、规范、道德的变化，村民必须重新审视和调整他们的预期和规划。村民们重构对土地权利价值的认识，发现土地权利的社会保障功能可以转换为财产功能，并进而发挥资本的作用。从这个角度来看，民宿模式乃至土地资本化观念只是一种启蒙，村民可能重新审视自身所拥有的乡村日常事物的价值，在更多情境中运用利益交换的准则。

当然，本研究仅仅针对一个具体案例，而调查得出的是从政策实施开始到 2019 年 3 月这个时间点上的“横截面式”的结论，而喜岙村的民宿还在建设中，创新—决策的过程远未结束，村民将土地作为一种可增值资本的认识也在持续形成和外化。农村土地制度改革将为未来几十年中国乡村的发展提供机遇，同时农村社会也必然迎来巨变。民宿模式不是一条示范性路径，农村也不是一个绝对意义上的滞后方。期待更多学者将目光放向农村土地制度改革和新模式、新观念，近距离观看农村社会应对外部环境变化调整自身适应系统的复杂过程，讲述一个新时代的乡土中国。

① 〔英〕齐格蒙特·鲍曼：《流动的时代》，谷雷、武媛媛译，江苏人民出版社，2012。

农村居民参与社会化阅读的影响因素*

——基于豫北X村的扎根研究

邓元兵　刘　鑫**

摘　要： 基于移动终端的社会化阅读逐渐取代纸质阅读，成为农村阅读的发展趋势。本研究采用扎根理论，在地化考察了农村居民参与社会化阅读的影响因素。研究发现：当代乡土中国呈现无主体的熟人社会、传统生存文化模式以及保守主义社会性格等社会文化背景与社会性格特征，导致农村居民参与社会化阅读需经过社会驱动、心理授权与价值权衡三重考验。研究进一步讨论了"线上阅读+线下社交"的关系导向型社会化阅读模式、城市中心主义导致的农村阅读困境与泛视频化环境下呈现的文字阅读危机，为理解农村社会化阅读现状以及在农村推广社会化阅读提供了启发。

关键词： 社会化阅读　乡村传播　扎根理论　熟人社会

一　问题的提出

正如史蒂文·罗杰·费希尔（Steven Roger Fischer）在《阅读的历史》一书中的核心思想：阅读始终是变化的。① 从莎草纸到数字媒介，阅读的内涵与属性根据媒介技术的更迭、人们生活方式的变迁、读者的动机与实际需要而发生变化，但阅读始终是人们获取信息和知识的主要方式。② 作为国家文化建设的重要战略部

---

* 本文系河南省哲学社会科学规划项目"社交媒体环境下农村地区社会化阅读行为及推广效果研究"（2021CXW031）、河南省重点研发与推广专项（软科学研究）项目"乡村振兴背景下河南农村居民社会化阅读及推广路径研究"（222400410490）及河南省高等学校重点科研项目"农村居民社会化阅读动机、行为及推广路径研究"（22B870002）的阶段性成果。

** 邓元兵，郑州大学新闻与传播学院副教授，研究领域为网络与新媒体、城市形象等；刘鑫，郑州大学新闻与传播学院硕士研究生，研究领域为新媒体与社会。

① 〔新西兰〕史蒂文·罗杰·费希尔：《阅读的历史》，李瑞林等译，商务印书馆，2009，第6页。

② 周伊、徐丽芳：《认知功能视角下的全民阅读变革》，《出版广角》2021年第5期。

署，“全民阅读”已连续十次被写入我国《政府工作报告》，已然成为时代之音。长期以来，农村在发展主义和“他者”视角下成为“被拯救”和“被教化”的对象，导致有着良好初衷的“图书下乡”文化惠农政策在农村“遇冷”。[①] 随着移动互联网与社会化媒体的发展，农村地区的互联网普及率已逐年增至 61.9% 且网民规模达 3.08 亿[②]，而使用过农家书屋的农村成年居民仅占 8.2%[③]，农家书屋逐渐成为无人问津的空室，基于移动终端的社会化阅读（social reading）具有较大的推广潜力。

所谓社会化阅读也称“社交阅读”，广泛意义上是指伴随分享、讨论、交流等社会性行为的阅读活动，即人们通过阅读过程中的思考产生知识分享，进而形成共同探索的阅读方式。[④] 回望阅读的历史，阅读的社会性早在人类具有阅读行为之初便已显现，传统的社会化阅读是指线下与他人面对面的非正式讨论以及在读书会中的正式讨论；进入数字时代，社会化阅读[⑤]（digital social reading）被公认为是一种以读者为核心的全新阅读模式，注重阅读过程中的分享、互动、传播等社交行为。[⑥] 分享的人可能也在寻求信息，从这个角度看，社会化阅读的本质是一种互惠性活动，具有重要的社会价值。[⑦]

移动互联时代，基于移动终端的社会化阅读成为业界与学界的讨论热点，其独特之处体现在媒介技术对读者的阅读场域、阅读内容、阅读习惯、阅读能力、读者与读者关系等方面的再次形塑。具体而言，社会化阅读使读者从内容选择到阅读结束，都与社会化网络形成了联结——阅读内容的产生经过了社会化筛选，阅读过程可以与作者或其他读者进行互动交流，阅读结束后

---

① 沙垚：《乡村文化传播的内生性视角：“文化下乡”的困境与出路》，《现代传播》（中国传媒大学学报）2016 年第 6 期。

② 《第 51 次中国互联网络发展状况统计报告》，中国互联网络信息中心网站，2023 年 3 月 2 日，https：//www.cnnic.net.cn/NMediaFile/2023/0807/MAIN169137187130308PEDV637M.pdf。

③ 《我国国民的纸质图书阅读率和数字化阅读接触率双双上涨》，央视网，2021 年 4 月 24 日，https：//news.cctv.com/2021/04/24/ARTIhq8zt8sc94GpN3FtE43J210424.shtml。

④ 冉华、钟娅：《数字时代社会化阅读的价值再创与反思》，《出版发行研究》2019 年第 9 期。

⑤ 广义上的社会化阅读包含线上与线下两种形式的阅读活动，对应的英文是“social reading”；狭义上专指数字环境中的社会化阅读，其英文为“digital social reading”。此处笔者参考的是上海交通大学李武教授在 *The Impact of Interactivity on User Satisfaction in Digital Social Reading：Social Presence as a Mediator*（《数字环境下社会化阅读互动性对用户满意度的影响：社会临场感为中介变量》）一文中对“digital social reading”的翻译。

⑥ 钟雄：《社会化阅读：阅读的未来》，《中国新闻出版报》2011 年 5 月 12 日，第 6 版。

⑦ Holton, A. E., et al., “Seeking and Sharing: Motivations for Linking on Twitter,” *Communication Research Reports* 31(2014): 33－40.

可以与兴趣相投的读者交往联系，甚至形成议题融合的社会互动。[①] 因此，基于移动终端的社会化阅读既隶属于数字阅读的范畴，实际也具有数字阅读从 Web 2.0 向 Web 3.0 的进阶化含义[②]：社会化阅读不只是基于互联网技术的数字阅读，而是通过支持分享交流的社会化平台为读者的阅读增添社交属性，以期待社会化阅读产生社会效应。[③] 关于社会化阅读，与之相关或易混淆的概念有知识性阅读、新媒体阅读、移动阅读与数字阅读等，简要的概念辨析如表 1 所示。

表 1　与社会化阅读相关或易混淆的概念辨析

概念名称	代表性概念界定	参考文献	概念辨析
社会化阅读	所谓社会化阅读是指以读者为核心，强调分享、互动、传播的全新阅读模式，它是相对于传统以书为核心、以内容为主的阅读模式提出来的，它更加注重人，注重阅读的社交（关系），倡导 UGC（User Generated Content，用户生成内容）、共同传播和共同赢利，在多方位的互动基础上，实现阅读价值的无限放大	（钟雄，2011）	社会化阅读主要包括以下特质：以读者为核心；数字化阅读；阅读过程与社会网络互联互通，伴有分享、互动、传播等社交行为；等等
	基于网络的社会化阅读的出现，使阅读者从阅读内容选择的开始到阅读内容的结束，部分或全部过程都与社会化网络形成了关联	（戴华峰，2012）	
	社会化阅读是一种以内容为核心，以社交关系为纽带，注重分享、交流和互动的移动阅读新模式	（毕秋敏、曾志勇、李明，2013）	
知识性阅读	为获得特定领域较为专业的知识而进行的阅读活动，读者更多的是为了提升自身的知识水平；知识性阅读的对象主要承载专业或精深的知识，对信息的质量和密度有较高的要求，除各种教科书外，还包括学术专著、辞典、考试书籍等	（王鹏飞，2019）	知识性阅读没有被限定为一种数字化阅读，但与社会化阅读相比，其阅读内容类型较单一，主要为专业或精深知识

① 戴华峰：《移动互联下社会化阅读研究的三个理论视角》，《中国记者》2012 年第 11 期。

② 何志荣：《从技术交互到场域视角：社会化阅读再思考》，《编辑之友》2020 年第 9 期。

③ 唐钰龙、杨鹏岳：《基于社会化阅读视域下阅读共同体的构建》，《中国编辑》2021 年第 7 期。

续表

概念名称	代表性概念界定	参考文献	概念辨析
新媒体阅读	通过互联网、移动通信等现代信息技术，以电脑、手机等数字化设备为载体和传输工具，获取包括文字、声音、图片、视频等在内的多媒体合成信息和知识，完成意义建构的一种超文本阅读行为，主要包括电脑阅读、手机阅读、电子阅读器阅读等阅读形态	（吴赟，2022）	新媒体阅读侧重阅读载体新，而社会化阅读侧重阅读行为的互动性
移动阅读	移动阅读指以手机、PDA 等移动载体为阅读工具，在移动通信与互联网络相结合的无线互联网络环境下对电子资源进行随时随地的阅读，其内容主要包括网络新闻、网络文学、手机报、博客、短信等	（叶凤云，2012）	与社会化阅读相比，移动阅读侧重指人们使用移动设备在不同情境下阅读，具有移动性与即时性
数字阅读	数字阅读指阅读的数字化，即使用数字设备阅读以语言符号为主的数字文本内容	（姜洪伟，2013）	数字阅读强调阅读内容的数字化，社会化阅读则是在数字阅读的基础上增添了社交属性，是数字阅读在 Web 3.0 时代的进阶化含义

资料来源：钟雄《社会化阅读：阅读的未来》，《中国新闻出版报》2011 年 5 月 12 日，第 6 版；戴华峰《移动互联下社会化阅读研究的三个理论视角》，《中国记者》2012 年第 11 期；毕秋敏、曾志勇、李明《移动阅读新模式：基于兴趣与社交的社会化阅读》，《出版发行研究》2013 年第 4 期；王鹏飞《出版社视域下的城市全民阅读空间创建》，《出版广角》2019 年第 6 期；王海燕《我国社会化阅读研究综述》，《图书馆理论与实践》2015 年第 3 期；吴赟《阅读的嬗变：新媒体阅读的多维考察》，中国人民大学出版社，2022，第 15 页；叶凤云《移动阅读国内外研究综述》，《图书情报工作》2012 年第 11 期；姜洪伟《数字阅读概念辨析及其类型特征》，《图书馆理论与实践》2013 年第 9 期。

基于上述梳理，本研究对社会化阅读的定义是社会化阅读在移动互联时代的窄化概念——以经过社会化筛选的内容为核心，以社交关系为纽带，注重分享、交流和互动的一种移动阅读新模式，主要包括以下四类社会化阅读平台：第一类是信息聚合类社会化阅读平台，如依托算法进行个性化内容筛选与分发的今日头条等；第二类是侧重“阅读 + 社交”的社会化阅读平台，如微信读书、掌阅等；第三类是基于阅读进行深入互动的社会化阅读社区，如豆瓣读书等；第四类是嵌入社会化媒体中的泛社会化阅读功能，如微信公众号、微信朋友圈、QQ 空间等。[①] 同时，集阅读、社交于一体的社会化阅读平台或许会被人质疑其阅读活动的泛化，因而社会化阅读需满足以下两个条件：一是社会化阅读的对象以视觉输入的语言文字材料为主，图片、视频等多媒体材料被视为辅助阅读内容以帮助读者完成整体的意义建构；二是社会化阅读的内容主要为书籍和文章，文章类型包括实用信息类、学习工作类、资讯新闻类、消遣娱乐类等[②]。因此，社会化阅读参与者应是使用社会化阅读平台并阅读书籍或文章的读者。

如今的社会化阅读期望在移动互联网空间为读者建构一个具有平等性、开放性与互动性的知识交流场域，可称为“网络咖啡馆”[③]，目的在于促进信息或知识的传播。从传统书屋到“网络咖啡馆”，不仅意味阅读介质从“书”向“屏”的变化，还包含诸多学者对社会化阅读的期许——“形成全社会阅读的良好风尚”，大力推广社会化阅读已成为全民阅读背景下的必然之势。[④] 目前，社会化阅读研究已形成理论、意愿、行为与实践四条主要研究路径[⑤]，相关学者从社会化阅读的技术逻辑、价值再创等角度进行了理论反思，并围绕城市青少年与受过良好教育的大学生群体开展了丰富的实证研究，但整体呈现城市中心主义倾向，缺少对农村居民的关注。实际上，农村居民作为中国人数最为庞大的群体，具有巨大的潜力，推动社会化阅读向农村地区延伸，能够发挥一定的社会与文化效应，有助于提高全民的文化素质并促进社会的经济发展。[⑥]

社会化阅读应折射出政治、经济、文化环境以及人们的社会行为，而鲜

---

① 李林容、张靖雯：《社会化阅读：历史回眸、现实困境与解困之思》，《中国编辑》2022 年第 9 期。

② 李武、吴月华、刘宇：《青少年社会化阅读动机与行为之关系研究——以上海市初高中生微信阅读为例》，《图书情报工作》2014 年第 23 期。

③ 根据哈贝马斯的思想，“咖啡馆”是公共领域的象征，具有平等性、开放性等属性。然而，哈贝马斯所推崇的 18 世纪“咖啡馆”是理想化的公共领域，已然不是 21 世纪“咖啡馆”所呈现的状态。研究基于哈贝马斯意义上的“咖啡馆”，将社会化阅读建构的阅读场域称为“网络咖啡馆”，意指社会化阅读兼具理想与美好的建构与解构，即社会化阅读期望在网络空间建构一个平等、开放、理性的知识交流场域，但如今的社会化阅读或许并非想象中的那么完美。因而，本研究尝试从农村居民的视角切入，考察哪些因素促进或阻碍了农村居民参与社会化阅读，以对社会化阅读建构的“网络咖啡馆”进行批判性反思。

④ 吴赟：《阅读的嬗变：新媒体阅读的多维考察》，中国人民大学出版社，2022，第 6 页。

⑤ 徐丽芳、周伊：《我国数字阅读研究知识图谱分析——基于 CSSCI 期刊论文》，《出版科学》2021 年第 6 期。

⑥ 付蕊：《国内社会化阅读研究热点追溯与分析》，《农业图书情报学报》2021 年第 9 期。

有学者超越技术层面，将社会语境纳入社会化阅读研究中。[①] 为弥补乡土语境下的社会化阅读研究缺口，本研究通过在地化调研参与农村居民的日常生活，在半结构式访谈和参与式观察的基础上使用扎根理论进行编码分析，旨在考察农村居民参与社会化阅读的社会行为背后存在哪些社会、文化和个人动因或阻碍因素，并将社会化阅读置于乡土语境下进行反思。

二 研究设计

（一）研究区域与研究对象

本研究的田野点为河南省新乡市原阳县太平镇的 X 村。根据相关统计数据[②]，截至 2021 年 3 月，原阳县 X 村人口为 1228 人，户数为 242 户，户均耕地为 20 亩左右。作为中原地区的普通农村之一，X 村长期进行以小麦、玉米、花生、大蒜等为主要农作物的传统农业生产活动，并且多数家庭采取“以代际分工为基础的半工半耕”的生计模式[③]：青壮年外出务工以获务工收入，年龄较大的父母留守在家务农获取务农收入。

不同之处在于，地处黄河下游的原阳县 X 村具有天然的自然资源优势，土地肥沃且平整，户均耕地较多，因此当地居民的粮食种植收益较高于其他农村。此外，X 村及其周边开设了食品加工厂、彩钢瓦厂、预制板厂，畜禽及菌菇养殖基地，等等，使得该村青壮年能在邻近地区获得工作机会，村子的“空心化”程度较低。这两方面特征意味着 X 村居民的整体经济水平较高，具备使用智能手机参与社会化阅读的物质条件，并且各年龄段的研究对象相对充足，常住青壮年数量足以支撑本次调研所需。

根据户籍所在地与居住时长[④]，研究对象主要包括两种类型的农村居民：一种是农村户籍且经常居住地是 X 村的，另一种是在 X 村居住时长一年以上的。长年在外务工且不在 X 村居住的户籍人口不在研究对象的选取范围内。

---

① 何志荣：《从技术交互到场域视角：社会化阅读再思考》，《编辑之友》2020 年第 9 期。

② 该数据源于 X 村村口竖立的“太平镇 X 村自然资源管理‘一网两长’制”公示牌，包含村庄简介、耕地分布图、各级网格长和网格员姓名及其职责等信息，以上信息显示来自原阳县太平镇人民政府及原阳县自然资源局。因研究者暂未能在公开网络平台查询到上述信息，故在此说明。

③ 夏柱智、贺雪峰：《半工半耕与中国渐进城镇化模式》，《中国社会科学》2017 年第 12 期。

④ 根据我国相关法律规定，公民居住满一年的地方才能作为其经常居住地，因此农村居民指在农村居住满一年以上的人。

（二）研究方法与数据收集

围绕研究问题，本研究试图采取更善于描述与解释的质化研究方法，通过参与式观察和半结构式访谈收集研究资料，并采取扎根理论的研究方法对获取到的访谈资料进行逐步的三级编码分析，以构建农村居民参与社会化阅读的影响因素模型。

具体而言，在熟人引导下，研究者于2022年7月（12天）、8月（16天）两次进入原阳县X村进行田野调研，并与当地居民同吃同住，以获得一手资料。调查初期，研究者旨在了解村子的人口规模、种植情况、公共设施等基础情况，以及当地居民的生计模式与日常生活节奏。在有一定了解后，研究者才正式开始收集访谈资料。

正如费孝通先生所描述的"差序格局"，农村居民在对待自己人与外人时遵循不同的规则。① 为获取受访者的信任，研究者在熟人的带领下"走街串巷"，随机与当地居民交谈，在其介绍研究者的来意后，多数居民表示愿意接受访谈。基于质性方法的最大差异化原则，研究者也有意选取年龄、职业、受教育程度等各异的农村居民，当受访者提供的信息已足够回答研究问题并趋近饱和时，停止访谈数据收集工作。最终，本研究通过一对一面访的形式访谈了30位农村居民，包括21位参与社会化阅读与9位目前未参与社会化阅读的农村居民（见表2），共计获得访谈音频890分钟、相关图片149张并形成近2万字的田野笔记，所有访谈录音及照片拍摄均在受访者或其他居民的同意下进行。

表2　受访者基本信息

编号	性别	年龄	受教育程度	职业	常用的社会化阅读平台
Y-F-01	女	15岁	初中	学生	微博、知乎
Y-F-02	女	23岁	本科	村支书助理	番茄免费小说、微信公众号、微博、学习强国
Y-F-03	女	24岁	本科	幼师	微信阅读、微信公众号
Y-F-04	女	25岁	研究生	学生	学习强国
Y-M-05	男	27岁	研究生	学生	流利阅读、微信公众号、微博

① 费孝通：《乡土中国》，人民出版社，2008，第25~34页。

续表

编号	性别	年龄	受教育程度	职业	常用的社会化阅读平台
Y－F－06	女	31 岁	大专	镇酒店前台	微信公众号
Y－M－07	男	32 岁	高中	养殖户	腾讯新闻、微信公众号
Y－F－08	女	38 岁	初中	饭店服务员	今日头条、番茄免费小说、七猫免费小说
Y－M－09	男	42 岁	高中	村干部	今日头条、微信公众号、学习强国
Y－F－10	女	46 岁	初中	村超市老板	今日头条
Y－M－11	男	47 岁	大专	村超市老板	微信公众号
Y－M－12	男	49 岁	初中	务工务农	今日头条
Y－M－13	男	51 岁	初中	务工务农	今日头条、腾讯新闻
Y－M－14	男	51 岁	小学	务工务农	微信公众号
Y－M－15	男	54 岁	小学	务工务农	微信公众号
Y－M－16	男	55 岁	初中	货运老板	今日头条
Y－M－17	男	56 岁	小学	村委会会计	今日头条、腾讯新闻
Y－M－18	男	59 岁	高中	务工务农	学习强国
Y－M－19	男	68 岁	初中	村大队保洁	学习强国
Y－M－20	男	73 岁	初中	务农	今日头条
Y－M－21	男	76 岁	高中	务农	今日头条
N－M－01	男	10 岁	小学	学生	—
N－F－02	女	14 岁	初中	学生	—
N－M－03	男	19 岁	大专	学生	—
N－M－04	男	43 岁	初中	务工务农	—
N－F－05	女	50 岁	小学	务工务农	—
N－F－06	女	58 岁	小学	务农	—
N－F－07	女	69 岁	小学	务农	—
N－F－08	女	74 岁	小学	务农	—
N－M－09	男	75 岁	小学	务农	—

注：为保护受访者隐私，本研究均进行匿名化处理。“Y”代表参与社会化阅读的农村居民，“N”代表目前未参与社会化阅读的农村居民；“F”代表女性居民，“M”代表男性居民；数字的相对大小则意味着受访者年龄的相对大小。

（三）编码分析与理论构建

扎根理论通常包括开放式编码、主轴性编码、选择性编码以及理论饱和度检验这几个环节，本研究也依照这些步骤展开资料分析并逐步构建农村居民参与社会化阅读的影响因素模型。

开放式编码是扎根理论的一级编码环节，主要目的是对原始资料进行切割并赋予概念，以完成初步的范畴提炼。在开放式编码过程中，研究者随机选取25份访谈资料导入NVivo软件，通过逐字逐句阅读受访者语句，并删除冗余内容后提取出338个原始语句；在合并语义或相近的编码并进行重组后，获得60个初始概念，并归纳出13个基本范畴（见表3）。

表3　开放式编码情况

基本范畴	原始材料（初始概念）
数字反哺	Y－M－20 今日头条啥的都是小孩们跟我说能看，给我下载的（数字反哺）
数字阻抑	N－F－08 小孩总想玩手机，不敢拿着（家庭内部阻碍）
感知流行	Y－M－16 原来是玩微博，这会儿感觉微博都是知识分子才玩，底下这种人他都不知啥是微博，玩着没啥意思（不流行）
有意义	Y－F－02 你就看一个月的书，可能你说话的各种方式，或者是有很多东西，它就是会不一样（谈吐修养）
	Y－M－09 活到老学到老。你想超越别人，你得比别人懂得多（个人发展）
	Y－M－20 能够知道一点国家的形势、农业上的知识（丰富知识）
无意义	N－M－04 没啥用，农民没啥用，忙了种地闲了想打工挣钱（没有用处）
系统自我效能	Y－M－21 你搁电视上看，得成天抱着电视，不如这智能手机方便（感知易用）
	N－M－09 这智能手机一般老年人玩不转，都不玩，费劲（难以使用）
知识自我效能	N－F－06 文盲，不识字，看啥文章了（看不懂）
传授知识	Y－M－16 见着朋友了、亲戚了、街邻了，他遇着啥事了不知道，你都能给他讲一套（使他人获得知识）
便利性	Y－F－04 不用随时随地携带（使用方便）
	Y－M－16 最近的新闻，过去这报纸上没有两三天你都不知道，现在手机上三分钟以内全国人都知道了（消息及时）
	Y－F－03 还挺好用，（微信阅读）它里面的书基本上都是免费的，有的需要花钱，但是钱不多，就比较便宜一点（价格便宜）
功能性	Y－M－09 你想知道什么，就可以直接搜（支持检索）
	Y－F－08 番茄（免费小说）上听书不是那种机械音，而是有感情的人声，一个人一本书（情感AI朗读）
	Y－M－05 他有那个翻译，有人讲解……我觉得听人家讲讲，收获会更大，像有些词的用法就会了（专家讲解）
规范性	Y－M－09 但我也喜欢学习强国，和党建、国家大事相关的信息更权威（信权威）
时间付出	N－F－06 平时谁顾得上看手机啊……就是睡前玩一会儿抖音（时间成本）
经济付出	Y－M－14 再看就要充会员、收费了，于是就不看了（经济成本）

主轴性编码是扎根理论的二级编码环节，旨在开放式编码的基础上进一步建立概念与范畴之间的联系。在主轴性编码过程中，研究者挑选出与农村居民社会化阅读行为紧密相关的基本范畴，进一步归纳为社会支持、风行程度、阅读意义、自我效能、影响力、感知利得、使用成本等 7 个主范畴（见表 4）。

表 4　主轴性编码情况

<table>
<tr><th>主范畴</th><th>包含的基本范畴</th><th>主范畴内涵</th><th>主范畴命名依据</th></tr>
<tr><td>社会支持</td><td>数字反哺、数字阻抑</td><td>农村居民是否能够以及在多大程度上获得他人的支持</td><td>社会支持包括配偶支持、家庭支持与朋友支持</td></tr>
<tr><td>风行程度</td><td>感知流行</td><td>农村居民感知到社会化阅读在亲戚、朋友、熟人中的受欢迎程度</td><td>借鉴 PPI 概念，即感知互联网流行程度</td></tr>
<tr><td>阅读意义</td><td>有意义、无意义</td><td>农村居民在多大程度上感知到阅读是有价值的</td><td rowspan="3">借鉴 Spreitzer 提出的员工心理授权的四个维度，即工作意义、工作能力、影响力与自我决定，本研究仅涉及前三个维度；另参考于申对自我效能的区分，本研究的自我效能包括系统自我效能与知识自我效能</td></tr>
<tr><td>自我效能</td><td>系统自我效能、知识自我效能</td><td>农村居民感知自己在多大程度上能够轻松进行社会化阅读，包括平台操作与知识阅读两个维度</td></tr>
<tr><td>影响力</td><td>传授知识</td><td>农村居民通过社会化阅读可以对他人产生影响的程度</td></tr>
<tr><td>感知利得</td><td>便利性、功能性、规范性</td><td>农村居民感知到的社会化阅读优势</td><td>借鉴底层群体对智能手机特性的认知</td></tr>
<tr><td>使用成本</td><td>时间付出、经济付出</td><td>农村居民感知到参与社会化阅读所要付出的成本</td><td>本研究提炼</td></tr>
</table>

资料来源：张硕《中国城市老年人电脑/互联网使用影响因素研究：基于北京市朝阳区的调查》，《国际新闻界》2013 年第 7 期；Zhu, J., He, Z., "Perceived Characteristics, Perceived Needs, and Perceived Popularity Adoption and Use of the Internet in China," *Communication Research* 29（2002）：466 – 495；Spreitzer, G. M., "Psychological Empowerment in the Workplace: Dimensions, Measurement, and Validation," *Academy of Management Journal* 5（1995）：1442 – 1465；于申《社会化阅读平台用户持续知识共享意愿研究》，《数字图书馆论坛》2016 年第 12 期；刘国强、颜廷旺《底层群体为何拒用智能手机？——基于重庆棒棒的扎根研究》，《国际新闻界》2022 年第 7 期。

选择性编码是扎根理论的三级编码环节，目的是从主范畴中提炼出核心范畴，并建立核心范畴与其他范畴之间的内在联系，进而构建研究的理论模型。经过对主范畴持续不断地比较分析，挖掘出能够统领既有概念与范畴的 3 个核心范畴，分别是社会驱动、心理授权、价值权衡（见表 5）。

表 5　选择性编码情况

核心范畴	包含的主范畴	包含的基本范畴
社会驱动	社会支持	数字反哺、数字阻抑、感知流行
	风行程度	
心理授权	阅读意义	有意义、无意义、系统自我效能、知识自我效能、传授知识
	自我效能	
	影响力	
价值权衡	感知利得	便利性、功能性、规范性、时间付出、经济付出
	使用成本	

基于研究问题，研究者对概念、主范畴与核心范畴之间的类属与关系进行充分调整修正，最终建立影响因素解释框架（见图 1）。作为一种新型阅读方式的社会化阅读在农村地区扩散过程中，社会驱动、心理授权与价值权衡是影响农村居民参与社会化阅读的重要因素。最后，研究者将剩余的 5 份访谈资料按照三级编码过程再次进行分析，未发现新的概念或范畴，既有范畴之间的关系也无变化，于是判断理论已达饱和。

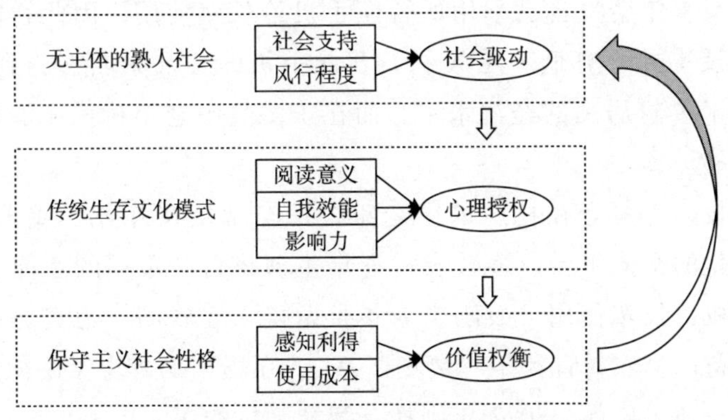

图 1　农村居民参与社会化阅读的影响因素解释框架

三 研究发现

根据扎根理论结果分析，当代乡土中国呈现无主体的熟人社会、传统生存文化模式以及保守主义社会性格等社会文化背景与社会性格特征，导致农村居民需经过社会驱动、心理授权与价值权衡三重考验，才能进入社会化阅读建构的全民共享式阅读场域。

（一）无主体的熟人社会影响社会驱动

在缺乏流动性的乡土中国，农村居民与土地共生共存，乡土社会是一个“没有陌生人”的熟人社会。① 如今，大量农村青年常年离乡务工，越来越多的中国农村成为“空心村”，熟人社会逐渐成为“无主体的熟人社会”。通过考察中国农村空心化之后的社会生活，吴重庆指出无主体的熟人社会具有舆论失灵、面子贬值、社会资本流散及熟人社会特征的周期性呈现等特征，这些特征对认识当代乡土中国具有重要的启示意义。② 作为补充，本研究发现农村青壮年作为农村主体的“离场”，可能会促进或阻碍中老年农村居民的数字融入与社会化阅读参与行为。

1. 社会支持：数字反哺 VS 数字阻抑

拥有智能手机是参与社会化阅读的必备物质条件。对于农村居民而言，层出不穷的“千元智能机”意味着购买一部智能手机并不是经济上的难题，加上许多农村青年会将自己不用的智能手机给长辈使用，因此智能手机在农村地区的普及率并不算低。在 X 村，智能手机的普及率能够达到八成以上，其关键不在于 X 村居民的经济水平，而在于多数中老年村民能够获得来自子代的社会支持。

智能手机，为留守在村庄的中老年村民与常年在外务工或求学的子女，搭建了可视化的交流平台。多数农村青年主动将自己不用的智能手机或购买新的智能手机给长辈使用，鼓励中老年长辈接入互联网，为其提供了物质支持与情感支持。当农村青壮年“离场”后，“在场”的青少年便承担起进一步的数字反哺任务。比如，2022 年刚拥有智能手机的 Y－M－19 说：“（孩子）

① 费孝通：《乡土中国》，人民出版社，2008，第 25～34 页。

② 吴重庆：《从熟人社会到“无主体熟人社会”》，《读书》2011 年第 1 期。

今年给我买了个智能手机，说可方便。我不会，微信、抖音都是小孙子教我用的，而且手机垃圾该清理了都是叫孙子给我清理。”通过反哺智能手机使用技能，年轻子代向亲代进一步提供了有力的信息支持，消除了中老年村民对购买或获得智能手机的“后顾之忧”。

在农村，留守青少年为中老年村民接入互联网并使用智能手机提供了极为重要的数字反哺。然而，研究发现有一部分农村老年人不能拥有智能手机，恰恰是因为青少年的“在场”及其父母的“离场”。具体而言，许多农村青少年着迷于智能手机里的“娱乐世界”，他们会争取机会“抢占”父母的智能手机看视频、玩游戏，但往往会遭到父母的训斥。正如 N－F－08 被问到为何不使用智能手机时说：“小孩总想玩手机，不敢拿着。”留守在家中照看孩子的老人不能拥有智能手机，一旦拥有，便会沦为孩子们的玩具。这种发生在农村留守老人身上的数字阻抑现象，也意味着老人彻底缺失了来自子代的社会支持，无法拥有参与社会化阅读的必备物质条件。

2. 风行程度：知识青年的“离场”

在 X 村，村民普遍感知风行程度最高的手机软件是抖音与快手——也是受访者们最常使用的软件，而作为一种新型阅读方式的社会化阅读在 X 村并不十分流行。例如，对于在农村青年群体中较为流行的微博，部分中老年村民直言“都不知道微博是啥”（Y－M－12），或称“原来是玩微博，这会儿感觉微博都是知识分子才玩，底下这种人他都不知啥是微博，玩着没啥意思”（Y－M－16）。

当新一代农村知识青年外出求学或离乡工作后，村庄形成了由普通村民与少数老一代知识群体建立的共同体，共享一套生活方式。针对农村居民的日常生活，Y－M－07 如此描述：“我们农村生活就是晚上玩玩或者看会儿电视，玩玩手机，在外面闲聊一会儿，白天有的在地里干活，有的出去外边工作，生活很简单，无忧无虑，就是有点累。”在这个共同体内，多数中老年村民的文化程度较低，“他们顶多关心关心种地方面的，其他方面的就不关心”（Y－M－11）；少数老一代知识群体虽然乐于参与社会化阅读，但难以形成流行之势，也不愿与周围人交流阅读内容。正如 Y－M－17 所说：

> 现在你看高文化素质的人出去不在家了，低文化素质的他是“死脑筋”，不懂装懂这号人说一句话能把你气死。

作为解释人类行为模式的重要理论，社会认知理论（social cognitive

theory）认为人的行为是在社会环境中通过观察和学习他人的示范行为而获得的，个体具有主动性与模仿性。换言之，农村居民的社会化阅读行为更可能受到周围人示范行为的影响，当社会化阅读在农村地区的风行程度越高，参与社会化阅读的农村居民可能越多。相反，只有少数村民参与社会化阅读并且回避与其他村民展开现实讨论，其他村民也难以感受到社会驱动的力量。

（二）传统生存文化模式制约心理授权

受传统生存文化模式的制约，农村居民会对自己是否应该或能够参与社会化阅读进行心理授权，主要包括阅读意义、自我效能与影响力等三方面。[①] 其中，阅读意义是农村居民对社会化阅读的价值判断，直接决定自己是否应该参与作为一种阅读活动的社会化阅读；自我效能是农村居民对参与社会化阅读的能力判断，衡量自己能否较为轻松地参与社会化阅读；影响力是农村居民对参与社会化阅读的影响判断，是一种潜在的动力因素。

1. 阅读意义：阅读的“代际传递”

正如 Y－M－15 指出，“老百姓就是种地，也没有专门去搜去学，种地就那几套方案，种了几十年地，不用看都知道”。在中国农村长期形成的小农经济环境中，农村居民即使不学习过多的文化知识或新兴技术，只要按照祖祖辈辈传承下来的经验与方法，人人都能自如地应对年复一年的农村生活，这便是农村传统生存文化模式的体现。[②] 因而，部分农村居民尤其是 40 岁以上的农村居民提及阅读便本能地拒绝，认为阅读对“农民没啥用”（N－M－04），也就不参与社会化阅读。

在 X 村调研期间，研究发现阅读在农村居民之间出现了“代际传递”，即多数农村父母认为阅读对自己的用处不大，却希望子女能够好好读书。随着越来越多的农村子女离开村庄前往县城或大城市求学，普通农村父母承担着比以往养育子女更高昂的经济负担：“其实我们这里每家地还比较多，农闲的时候打工也能挣一些钱，但家里 3 个孩子都上学，还有研究生，家里也没留别的积蓄，都给他们小孩上学用了。”（Y－M－13）面对养育子女的重任，本就

---

① Spreitzer, G. M., “Psychological Empowerment in the Workplace: Dimensions, Measurement, and Validation,” *Academy of Management Journal* 5(1995): 1442－1465.

② 王春梅：《农民阅读的内在多维度贫困——齐齐哈尔地区阅读情况调查》，《图书馆论坛》2019 年第 1 期。

文化水平有限的农村父母想的只是“忙了种地闲了想打工挣钱”（N－M－04）。农村父母认为阅读无法帮助自己快速实现创收，但又“希望孩子们以后不用和我一样种地、打工，他们得有固定的工作”（Y－M－13），因此阅读成为下一代农村子女要考虑的事情。

在多数新一代农村青年眼中，“书中自有黄金屋，书中自有颜如玉”，阅读能够提升自己的谈吐修养，也有助于个人发展。比如，Y－F－02 指出，“你就看一个月的书，可能你说话的各种方式，或者是有很多东西，它就是会不一样”；正在从事幼师职业的 Y－F－03 认为：“阅读是有用的，就像现在幼儿园小孩可能会问一些稀奇古怪的问题，也许你就在看过的一本书中看到过。比如讲一个民族，他会问你这个民族是什么时候来的、以前有没有、为什么有等，那你要是看过就知道，要是没看过的话，就有点难搞。”承载着万众希望的新一代农村青年，仿佛在传达一个积极信号——农村地区正在从“文化沙漠”向“文化绿洲”转变，即使目前的转变是微小的、漫长的，却是重要的、根本的。

2. 自我效能：老年村民的“心气”

自我效能是个体对自身完成某项行为的能力信心评估，它并不等同于个人实际所具备的知识和能力。个体的自我效能感越强，越有可能实施某种行为。[①] 同样，农村居民在参与社会化阅读之前，会先判断自己的能力是否能够较为轻松地参与社会化阅读，自我效能感较强的村民往往更愿意参与社会化阅读，而拥有较低自我效能感的村民则会自我否定进行社会化阅读的可能性。

研究发现，X 村老年村民相对中青年村民更缺乏自我效能，包括系统自我效能与知识自我效能两方面，因而不愿参与社会化阅读。其一，参与社会化阅读的物质基础是智能手机，而多数老年村民认为自己“玩不转”，尤其是发现“不大的小孩都比老人强，十来岁的、三四岁的都比咱强”（N－M－09），更加减弱了自己的系统自我效能感。其二，参与社会化阅读需要一定的知识水平，而多数老年村民直言自己是“文盲，不识字，看啥文章”，知识自我效能感不足。当缺乏以上两方面自我效能时，老年村民的文化活动大多只能在现实生活环境中进行，比如打麻将、跳广场舞等。

老年村民较弱的自我效能感，也反映出老年村民的“心气”不足。比如，

---

① Bandura, A., “Self-efficacy Mechanism in Human Agency,” *American Psychologist* 3(1982): 122－147.

N－F－08 偶尔看着老伴在玩手机时也会感兴趣地凑过去看，却不愿意自己学着使用智能手机，认为自己“搞不定”并且“没有心气”融入这个新时代。与中国古代哲学论说道德修养的“心气”[①] 不同，现代日常口语中所说的“心气”主要指人们凝结在内心深处的积极向上的精神力量，是一种心劲儿。因而，面向农村老年群体的社会化阅读推广，不仅需要反哺一定的数字技能，还需要激发老年村民的“心气”，使其跨过心理层面的阻碍。

3. 影响力：乡土社会的面子与人情

> 对于我来说，第一是“知道”，要看当下国家的政策、新闻；第二，你知道的多了，你跟他聊天你就懂得多了，懂得多了之后看着也有意思，特别是涉及国家的政策、法律法规，那你看看都得记住，见着朋友了、亲戚了、街邻了，他遇着啥事了不知道，你都能给他讲一套。

作为 X 村若干微信群的群主，Y－M－16 的这段话既展现了自己通过社会化阅读带来的影响力，也体现出乡土社会的面子与人情。在社会学家翟学伟看来，面子与人情是熟人社会的概念，前者关注的是他人如何看待自己，后者关注的是人与人在交往中产生的情感，面子可以形成人情，人情也能够产生面子。[②]

农村是一个相对封闭的熟人社会，村民的文化程度普遍不高，因而拥有较高文化程度的知识群体会受到其他村民的崇敬，即获得“面子”。在 X 村，Y－M－16便是一位有“面子”的人，不仅在于其房子修得好，还在于其富有文化。

> 我原来不玩手机的时候，那就是说不看书不睡觉。哪怕是没有啥新书，那旧书、旧报纸拿着看个十分钟、二十分钟、半个钟头才能睡觉。原来我无聊的时候，能看一夜书，正常晚上十二点以前没睡过觉！不是不看不睡觉，而是不看几页书睡不着！

年轻时酷爱读书的 Y－M－16 现在也参与社会化阅读，但其“主要是为了聊天，在聊天时你得有话题”。与 Y－M－16 相仿，每天通过今日头条参与社

---

① 彭战果：《孟子心气关系论》，《甘肃社会科学》2017 年第 2 期。

② 翟学伟：《中国人的人情与面子：框架、概念与关联》，《浙江学刊》2021 年第 5 期。

会化阅读的 Y－M－20 说："从用手机开始就关注新闻，新闻嘛，国家大事，人家说起来你不知道是不是……得人家说起来（的时候），咱都知道，也能说出来一点。"换言之，对于部分农村居民而言，参与社会化阅读能够获取知识，进而能在熟人交往时不失面子甚至获得面子，当村民向自己请教时，面子便会进一步转化为人情。面子与人情的获得使部分农村居民意识到社会化阅读的影响力，成为心理授权的潜在动力。

（三）保守主义社会性格导致价值权衡

作为经济结构与思想观念的中介物，社会性格是一个社会群体中的绝大多数人共有的性格结构，决定了人们的生活方式与价值取向。[①] 长期以来，乡土生活培育了传统乡民相对保守的性格特征与行为模式，这在决定是否参与社会化阅读时也得到了体现。一方面，农村居民会将社会化阅读与纸质阅读、刷短视频进行价值权衡，感知社会化阅读的优势；另一方面，即使认识到社会化阅读的优势，农村居民也要进一步衡量参与社会化阅读所要付出的成本，权衡之后再做决定。

1. 感知利得：便利性、功能性与规范性

农村居民在社会化阅读与纸质阅读、刷短视频之间进行了价值权衡，整体认为：纸质阅读不方便、价格昂贵以及出版周期长，而社会化阅读不仅弥补了纸质阅读的诸多不足，还具备纸质阅读无法实现的独特功能；刷短视频是农村居民最主要的娱乐或信息获取方式，但社会化阅读的文字规范性是短视频无可比拟的。具体而言，农村居民感知到的社会化阅读优势主要包括以下三方面。

社会化阅读的便利性。一是使用方便，社会化阅读"不用随时随地携带"（Y－F－04）并且"可以满足闲暇时的阅读"（Y－F－09）；二是价格便宜，作为微信阅读忠实用户的 Y－F－03 说，"（微信阅读）它里面的书基本上都是免费的，有的需要花钱，但是钱不多，就比较便宜一点"；三是信息及时，正如 Y－M－16 所说，"最近的新闻，过去这报纸上没有两三天你都不知道，现在手机上三分钟以内全国人都知道了，所以说这个书它没人看。好比作家出了书，搁手机上听书一下载就知道，实际书还没写完，手机上面都开始听书了"。

---

① 王晓红：《弗洛姆的性格理论述评》，《国外理论动态》2007 年第 12 期。

社会化阅读的功能性。一是支持搜索，“你想知道什么，就可以直接搜”（Y－M－09）；二是情感 AI 朗读功能，比如 Y－F－08 在闲暇时喜欢用七猫免费小说看书，而“干活时更喜欢用番茄（免费小说）听书”，原因在于“番茄（免费小说）上听书不是那种机械音，而是有感情的人声，一个人一本书，但是七猫上基本都是标准音”；三是专家讲解，部分社会化阅读平台提供专家讲解服务，比如流利阅读平台会为付费用户提供英文文章的讲解服务，这也是吸引 Y－M－05 使用该平台的重要原因，“他有那个翻译，有人讲解……我觉得听人家讲讲，收获会更大，像有些词的用法就会了”。

社会化阅读的规范性。当纸质阅读逐渐从部分农村居民的生活中退场时，刷短视频成为多数农村居民最主要的娱乐或信息获取方式。然而，Y－M－09 坦言：“有时候刷抖音比较多，感觉内容类型比较丰富。但我也喜欢学习强国，和党建、国家大事相关的信息更权威。”正如 Y－M－17 所言：“按说文字是比较实在一点的，有图片的东西半真半假，假的多，（但）只要形成文字，一般情况下都是真的，好比登在报纸上的文章可难造假，一般人不敢造假。”由此可见，社会化阅读的规范性是短视频无可比拟的。

2. 使用成本：时间付出与经济付出

长期的乡土生活培育了村民保守导向的性格特征。即使认识到社会化阅读的优势，农村居民也要衡量参与社会化阅读所要付出的成本，权衡之后再做决定。具体而言，农村居民较为在意以下两方面的使用成本。

时间付出。参与社会化阅读需要付出相应的时间，而这些时间需要与其他时间进行权衡，在提及用手机读书、看新闻、看文章时，部分 X 村居民的第一反应便是“哪有那个时间”。针对农村青少年而言，以 N－F－02 为代表的 X 村初中生多在乡镇寄宿上学，学校监管严格不允许学生带手机，多数学生只能在两周一次回家后短暂地玩手机，在提及社会化阅读时，N－F－02 直言“作业还写不完呢”。农村中老年群体的生活也不悠闲，今年 58 岁的 N－F－06 说，“平时谁顾得上看手机啊，在家总要看孩子、做饭。两个孙子、一个孙女（都要看着）”；Y－M－18 称“成天还得干活，没多少时间，只有下雨天没什么活了，或者晚上回到家里没事了看看”。

经济付出。消费理念方面，X 村村民普遍体现出“能不花钱就不花钱”的保守主义观念，这不单纯是为了省钱，而是为了更重要的家庭、子女和养老进行储蓄。因而当部分社会化阅读内容需要付费时，农村居民便会考虑停止使用该平台，不再参与社会化阅读，而是寻求另一种免费的、私人化阅读方式。比如，N－F－02 曾经下载过某个社会化阅读软件，但发现“有的小说也要钱”，于是卸载了该软件，并介绍了自己用浏览器搜索小说阅读的方式：“按照名字去搜，搜到某一个网站可以不要钱，就在那个网站看，如果那个网站上可以下载，就下载下来看。”当然，也有极少数村民为了社会化阅读而付费，但以 Y－M－05 为例，为阅读付费的前提是“如果达到那个打卡天数，（学费）全额返还”，而当“学费”越来越贵时，Y－M－05 便又转向了私人化阅读。

> 我觉得我已经习惯了，再去买的时候，（学费涨价到）399（元），还是买了，然后我还是继续打卡，最后（涨到）599（元），我再也不买了。买的话他有那个翻译，有人讲解，但是我现在看的（文章）全部是英文的，我觉得他不讲就不讲呗，我就自己看看呗。

四　讨论与反思

社交媒体时代，阅读再次进行了社会化转向，农村居民需历经社会驱动、心理授权与价值权衡三重考验，才能进入社会化阅读。然而，研究发现社会化阅读重新赋予阅读的社交属性，并不是吸引农村居民参与社会化阅读的重要因素，甚至许多农村居民进行社会化阅读时更趋于回避社交，做一个“沉默”的读者。基于上述发现，研究进一步讨论并反思了乡土语境下的社会化阅读。

其一，熟人社会再塑“线上阅读＋线下社交”的关系导向型社会化阅读模式。社会化阅读是一种“阅读＋社交”的移动阅读新模式，由此形成了两种导向的社会化阅读模式：第一种是文本导向型，以文本为纽带的社会化阅读参与者侧重解读、分析与研讨阅读内容；第二种是关系导向型，社会化阅读参与者之间以关系为纽带，侧重推荐、展示、互动以建立或强化社会关系。[①] 在多数学者看来，社会化阅读参与者从内容选择到阅读结束都与社会化网络形成了线上联结——阅读内容的产生经过了社会化筛选，阅读过程可以与作者或其他读者进行互动交流，阅读结束后可以与兴趣相投的读者交往联

① 李林容、张靖雯：《社会化阅读：历史回眸、现实困境与解困之思》，《中国编辑》2022 年第 9 期。

系，甚至形成议题融合的社会互动。[①] 结合参与式观察，研究发现农村居民并不在意社会化阅读的线上社交属性，并将社会化阅读重塑为“线上阅读 + 线下社交”的关系导向型模式，而这种向内社会化的关系导向型模式蕴含着新的农村阅读危机。

乡土社会是一个相对封闭的熟人社会，农村居民的社交网络基于地缘和血缘关系铺开，因而长期以来的人际交往模式是面对面交往——三五成群的农村居民聚集在家门口、超市里、广场上、田地边等地方闲聊，从家长里短谈到国家大事，一个村庄就在不断地面对面交往中形成“关系共同体”，这使得农村居民更习惯在线下空间开展基于阅读内容的社交活动。然而，当越来越多的农村知识青年“离场”，村庄里的知识群体愈加陷入沉默，“线上阅读 + 线下社交”的关系导向型社会化阅读模式将面临新的重构或解构危机。因而，未来农村社会化阅读推广应引导农村居民发现并进入更为广阔的知识交流空间，实现从关系导向型到文本导向型、从向内社会化到向外社会化的农村社会化阅读模式的转变，使农村居民可以与远方的读者进行可持续的知识交流。

其二，城市中心主义导致的农村阅读困境。从农家书屋到社会化阅读，体现的不只是阅读介质的转变，还意味着传统“文化下乡”的乡村文化传播方式渐渐失效，农村居民正在从相对封闭的村庄进入更为广阔的公共文化空间。但在沙垚看来，在信息传播方面，新媒体内容生产者多为城市居民，其内容生产常常基于自己对农村（居民）的想象，把认为农村居民需要的信息或知识推送和传播给他们，而较少考虑农村居民的现实需求，呈现城市中心主义倾向。[②]

正如哈贝马斯所推崇的“咖啡馆”是一种理想化的交流空间，社会化阅读遭到质疑，称其构建了一种全民参与的“乌托邦”幻象。[③] 实际上，回望阅读的历史可以发现，最初出现的社会化阅读旨趣，在很大程度上彰显有闲阶级的精英文化色彩。[④] 如今，新媒体环境下的社会化阅读的核心是经过社会化筛选的内容，虽然每位用户或读者都被允许、被鼓励参与内容的生产或传播，

① 戴华峰：《移动互联下社会化阅读研究的三个理论视角》，《中国记者》2012 年第 11 期。

② 沙垚：《新媒介与乡村：从科技兴农、媒介赋权到公共性重建》，《江西师范大学学报》（哲学社会科学版）2020 年第 5 期。

③ 刘艳：《后互联网时代基于场景与用户的社会化阅读研究》，《图书馆建设》2020 年第 1 期。

④ 李林容、张靖雯：《社会化阅读：历史回眸、现实困境与解困之思》，《中国编辑》2022 年第 9 期。

但拨开大量的冗余信息后，社会化阅读依然彰显以城市为中心的色彩。在农村居民看来，由城市居民书写的很多内容“对于农村人没有啥用”（Y－M－17），这削弱了农村居民对阅读意义的感知和对社会化阅读的价值判断。可以说，当下社会化阅读建构的“网络咖啡馆”尚没有从本质上改变“他者化”的农村阅读困境。研究认为，社会化阅读推广作为一种文化传播活动，在面向农村居民时，应契合农村居民的生活世界，以农村居民能够接受的方式，推广契合农村居民需求的文化内容。

其三，泛视频化环境下呈现的文字阅读危机。社会化阅读处于怎样的媒介与社会环境，关系到社会化阅读的未来发展。在如今的乡土社会，传统农活的高度机械化使农村居民获得了更多的社会生活时间。对此，农村居民将大量时间分配给学业、务工、照看孩子等重要社会活动，又将剩余的闲暇时间首要分配给棋牌、麻将或短视频等娱乐活动，只有少数农村居民余得少量时间分配给社会化阅读。正如Y－M－07所言，“抖音、快手，反正在农村里边就这两样，其他的没有”，短视频在农村社会的风行程度非常高，甚至一些不识字的农村老人也在追赶进入短视频时代。

换言之，乡土语境下的社会化阅读已然被短视频包围，并且各个社会化平台也在鼓励内容生产者“视频化”文本语言，比如作为全民应用的微信上线了自己的“视频号”，这种泛视频化环境给社会化阅读带来了一定的危机。一方面，泛视频化的媒介环境在很大程度上消解了文字阅读的必要性与严肃性。刷短视频不仅是农村居民最主要的娱乐方式，也是多数农村居民的信息获取方式，这在很大程度上消解了社会化阅读的信息传播作用，只有少数村民在社会化阅读与刷短视频的价值权衡中感知到社会化阅读的规范性。另一方面，知识的泛视频化使农村居民的思考能力逐渐懒惰化。根据参与式观察，农村居民的社会化阅读行为正在从“阅读”文字向“观看”视频转变。尽管有学者乐观地认为“短视频阅读根本无法取代文字阅读，甚至无法成为最主要的阅读方式”①，但以文字为主的社会化阅读正在乡土社会发出疾呼。

① 于殿利：《从融合出版到出版融合——数字传媒时代的出版新边界探析》，《出版发行研究》2022年第4期。

• 经济传播 •

主持人语：平台经济与传播学的跨学科研究

贾　煜*

随着数字技术和互联网新业态的发展与变革，平台经济得到了飞速发展，并重塑着新的社会关系和传播模式。党和政府也高度重视平台经济的发展，2018年至今，支持和发展平台经济已经连续6年写入《政府工作报告》。平台经济在经济社会发展中的地位和作用日益凸显，同时成为驱动媒介产业变革和中国经济高质量发展的关键支撑。

平台经济的快速发展对传播理论和传播实践产生了深刻的影响，新的传播范式和传播业态不断涌现，引起了国内外学者的广泛关注。平台经济如何与传播学研究有机结合，这是一个跨学科视域下的重要议题。本专题的两项研究都是从平台经济与传播学有机结合的跨学科视角展开的有益尝试与探索。管成云和吴雪的研究扎根田野，关注电商平台企业嵌入乡村社会的机制以及由此给乡村经济社会发展带来的冲击和变革。研究发现，“电商下乡”是一把“双刃剑”。一方面，电商下乡在推进我国农业农村现代化和加快农村经济发展中发挥着重要作用，已成为我国农业农村现代化发展的重要驱动力。电商平台大规模下乡，再造了农村产业，激活了农村经济，增加了农民收入。另一方面，在平台市场的操控下，电商平台企业大规模承包农民的土地，使粮食作物种植面积不断缩小，尽管农民收入增加、地方经济发展初见成效，但也潜在地威胁了国家粮食安全。鉴于此，该研究提出地方政府要重视农村产业之间的协同均衡发展，特别是要重视电商平台企业大规模下乡扩张产业使粮食作物种植面积不断缩小的问题。朱俊松和刘雪茹的研究以短视频平台为对象，基于段淳林教授提出的以价值共享为核心的新消费者行为模式——AIVSA，探讨了品牌主在短视频平台上的品牌传播实践所表现出来的共性逻辑。研究认为短视频平台相较于以图文为主体的其他社交平台，更具有即时交互的特征，让消费者能够参与品牌主设计的传播活动，并在虚拟空间中完

* 贾煜，武汉大学新闻与传播学院副教授、媒体发展研究中心研究员，研究领域为组织和营销传播、经济传播、新媒体与算法治理等。

成品牌信息的扩散。同时，研究提炼了品牌主的短视频平台品牌传播逻辑，主要包括基于大数据的消费者洞察、基于兴趣与互动的价值认同以及基于多方协同的品牌价值共创。这些研究发现不仅丰富了媒介传播研究，也为以短视频平台为主要形式进行营销和传播的品牌提供了实践依据。总的来看，两项研究为平台经济与传播学的跨学科研究提供了新视角和新路径。

互联网与农村经济变迁

——基于电商下乡的民族志调查*

管成云　吴　雪**

摘　要： 在互联网经济时代，电商下乡在推进我国农业农村现代化和加快农村经济发展中发挥着重要作用，已成为我国农业农村现代化发展的重要驱动力。而电商平台在乡村社会嵌入发展的过程，也是对乡村社会的经济形态进行现代化重塑与再造的过程。本研究扎根田野，关注电商下乡的嵌入机制以及由此带来的农村经济变迁。研究发现，电商平台下乡大规模承包农民土地发展产业，再造了农村产业，激活了农村经济，增加了农民收入，但在平台市场的操控下，农村电商产业规模不断壮大的过程，背后是粮食作物种植面积不断缩小的过程，这潜在地威胁了国家的粮食安全。鉴于此，地方政府在扶持电商产业项目时，应考虑农村产业之间的协同均衡发展，保证种植粮食作物农民的利益，以此规避在电商平台市场的操控下，电商产业的大规模扩张而使粮食作物种植面积不断缩小的问题。

关键词： 电商下乡　农村经济变迁　粮食安全

一　引言

“三农”问题长期以来是备受国家重视的问题。农村的经济发展和农村居民生活水平的提高也是我国长期致力于解决的重要现实问题。中央政府将“三农”作为核心工作，不断出台推动农村电子商务（简称“电商”）发展的政策。在互联网经济时代，“电商下乡”成为乡村振兴的重要途径。2015 年，中央一号文件首次明确提出发展农村电子商务，加强农产品电子商务平台建设，为此 2015 年

* 本文系教育部人文社会科学研究青年项目（18YJC860009）的阶段性成果。

* 管成云，陕西师范大学新闻与传播学院副教授，研究领域为乡村传播、网络社会学；吴雪，陕西师范大学新闻与传播学院硕士，研究领域为乡村传播、网络社会学。

成为我国农村电子商务发展元年。之后，连续7年的中央一号文件都明确提出发展农村电子商务，鼓励电商平台企业下乡开展农村电商服务。

《中国农村电子商务发展报告（2017—2018）》显示，农村电商网络零售额占全网电商网络零售额的比重不断飙升，由2014年的6.45%上升到2017年的17.35%。[①] 2017年全国农村电商网络零售额超过1.2万亿元；2019年全国农村电商网络零售额达到1.7万亿元，同比增长19.1%；[②] 2021年全国农村电商网络零售额达到2.05万亿元，同比增长11.3%。为此，农村电商在农村经济中发挥着越来越重要的作用。

作为互联网经济的一种重要表现形式，近些年农村电商发展非常迅速。其中阿里巴巴是农村淘宝的发起者，推出“千县万村”计划，该计划也是农村电商落地的具体形式。京东于2015年开始在全国各县市布局，即“一县一中心”和“一县一店”。电商平台企业下乡给农村经济发展注入了新活力，为实现农村经济的高质量发展赋能。然而在农村电商迅速发展的背景下，以电子商务为代表的互联网经济，是如何推动农村经济变迁的，却很少受到关注。

为此，本研究扎根田野，探讨电商下乡对农村经济发展带来的变化，从中透视互联网是如何改变农村的。本文之所以关注经济变迁，是因为经济发展是农村面临的最急迫、最直接的问题。而电商下乡是目前互联网促进农村经济发展的主要模式。

二　文献综述与研究问题

互联网经济已经成为现代市场经济中的一种重要形式。虽然当前针对互联网推动农村经济发展的议题广受关注，但电商下乡所引发农村经济变迁的研究并不多见。在我国，电商下乡得到国家的支持。农村电商尤其是淘宝村的模式，已成为带动农村经济发展，实现乡村振兴的重要路径。第八届中国淘宝村高峰论坛上发布的《1%的改变——2020中国淘宝村研究报告》，明确划分了农村电商的发展区域。农村淘宝的入驻让农村电商的概念逐步走进农

① 李晓静、刘斐、夏显力：《信息获取渠道对农户电商销售行为的影响研究——基于四川、陕西两省猕猴桃主产区的微观调研数据》，《农村经济》2019年第8期，第119~120页。

② 周浪：《另一种“资本下乡”：电商资本嵌入乡村社会的过程与机制》，《中国农村经济》2020年第12期。

村，被农民熟悉，也让农民有机会直接参与电商经济体。

当前，中国电商平台企业大规模下乡已受到学者的关注。由于淘宝村是中国独有的电子商务专业村，学者们对于中国农村电商的研究主要集中在“淘宝村”现象上。例如 Leong 等人以浙江省 21 个淘宝村为样本，分析互联网环境下中国偏远乡村自组织性的电子商务对地区发展的影响。[①] Wang 等人通过对浙江淘宝村的电子商务发展与农村社会转型之间关系的实证研究，揭示了电商在农村的创新扩散使得大部分村庄的生计得以改善。[②] Li 探讨淘宝村对农村社会的变革性影响，以此评估淘宝村让中国农村居民受益的程度。[③]

目前，学界关于农村电商的研究主要围绕赋能展开，这表现在三个方面：首先，电商下乡为农产品对接大市场提供了平台，扩展了农产品的销路，有利于解决农产品滞销、贱卖的问题；其次，农村电商平台简化了农产品物流配送环节，实现产地直销，降低了交易成本；最后，农村电商平台的兴起吸引了一批年轻人回乡创业开网店，拓宽了农民增收的渠道。[④]

然而，最近的一些研究发现，在电商下乡掀起的互联网经济浪潮中，城乡市场双向流通存在巨大的交易逆差，由此引发了“城市向乡村倾销工业品”的讨论。例如 Couture 等人借助阿里巴巴推出农村淘宝“千县万村”计划的契机，在安徽、河南和贵州三省选取了 8 个县 100 个村庄来探讨电商下乡对农村经济发展的影响。该研究发现，农村淘宝“千县万村”计划主要是帮助农户通过电商平台购物，表现出来的更多的是工业品下乡，而非农产品进城，这

---

① Leong, C., Pan, S. L., Newell, S., “The Emergence of Self-organizing E-commerce Ecosystems in Remote Villages of China: A Tale of Digital Empowerment for Rural Development,” *Mis Quarterly* 2(2016): 475－484.

② Wang, C. C., Miao, J. T., Phelps, N. A., Zhang, J., “E-commerce and the Transformation of the Rural: The Taobao Village Phenomenon in Zhejiang Province, China,” *Journal of Rural Studies* 1(2021): 159－169.

③ Li, A. H., “E-commerce and Taobao Villages: A Promise for China's Rural Development?” *China Perspectives* 3(2017): 57－62.

④ 甘颖：《整合式赋能：小农户有效对接电商市场的实践路径》，《西北农林科技大学学报》（社会科学版）2022 年第 1 期，第 89 页；Leong, C., Pan, S. L., Newell, S., “The Emergence of Self-organizing E-commerce Ecosystems in Remote Villages of China: A Tale of Digital Empowerment for Rural Development,” *Mis Quarterly* 2(2016): 475－484；崔凯、冯献：《演化视角下农村电商“上下并行”的逻辑与趋势》，《中国农村经济》2018 年第 3 期，第 30 页。

对农户收入并没有显著影响。[①] 尽管农民只要掌握基本的电脑操作技能，就可以开淘宝等网店销售农产品，但不一定有生意，他们必须会平台经营。农村开网店的个体户，受教育程度的限制，很难“驯化”这一新技术平台，他们更多的是帮助农民在平台上购物，而不是销售农产品。[②] 此外，农村电商个体户在网上销售农产品，缺少质量检测保证，很难与客户建立直接的市场信任关系。邵占鹏也发现，在农村做淘宝的个体网店，95%以上都是赔钱冲销量，依靠家庭式作坊和批发零售的网店越来越难以生存。[③] 因此，学者们关注的农村个体网店更多的是购物平台，而非农产品的销售平台。

但需要注意的是，电商下乡带来的不仅有城市工业品，还有互联网平台市场，即农村电商的发展既包含网络购物，又包含网络销售。但农产品的销售主要依赖电商平台企业。上述关于“城市向乡村倾销工业品”的这类研究忽略了电商平台企业下乡发展这一环，从而低估了农村电商发展的作用。秦芳等人直接从农村电商的形成及网络销售的视角，分析电商下乡对农户收入的影响，结果表明，农村电商为农民增收提供了新的渠道。[④] 为此，本研究关注的“电商下乡”是指电商平台企业下乡发展农村电商业务，而不涉及个体层面的网店。

农村电商是依托村庄农业和其他地方特色产业进行生产供货，依靠互联网平台进行流动销售的新型经济形态。[⑤] 它是以互联网平台为基础的商业模式在农业农村发展中的应用[⑥]，包括“生产供货”“平台销售”“物流配送”等完整的产业链。学界关于农村电商的研究多集中在电商平台产业链的中上游端，即销售环节和物流环节，而对电商平台产业链下游端“生产供货”环节的情况是怎样的，缺少关注。

① Couture, V., Faber, B., Gu, Y., Liu, L., “E-Commerce Integration and Economic Development: Evidence from China,” *American Economic Review: Insights* 3(2021): 35 – 50.

② 秦芳、王剑程、胥芹：《数字经济如何促进农户增收？——来自农村电商发展的证据》，《经济学》（季刊）2022年第3期。

③ 邵占鹏：《规则与资本的逻辑：淘宝村中农民网店的形塑机制》，《西北农林科技大学学报》（社会科学版）2017年第4期。

④ 秦芳、王剑程、胥芹：《数字经济如何促进农户增收？——来自农村电商发展的证据》，《经济学》（季刊）2022年第3期。

⑤ 韩庆龄：《从“脱嵌”到“嵌入”：农村电商产业与土地秩序的关系博弈》，《现代经济探讨》2019年第2期，第107页。

⑥ 崔凯、冯献：《演化视角下农村电商“上下并行”的逻辑与趋势》，《中国农村经济》2018年第3期，第37页。

在电商平台产业链下游端，村庄成为农村电商平台生产供货的产业基地。脱离了农村产业，电商下乡发展将是无源之水。为此，本研究将农村经济变迁聚焦在农村产业，探讨电商下乡是怎样推动农村产业结构调整、促进农村经济变迁的。我们要探讨农村经济变迁，必须要了解电商平台企业是如何下乡嵌入农村的。因为该类平台企业是怎样嵌入的，就会引发怎样的经济变迁。

嵌入的概念最初应用在经济行为中，Polanyi 首先提出了经济体系与社会体系的嵌入概念，并侧重分析人类经济活动与社会体系的双边联系。① 之后格兰诺维特从行动者与社会结构互动的关系视角重塑了“嵌入”概念，将经济行为嵌入社会结构之中。② “嵌入理论”提出以来，学界根据不同情境赋予其不同的内涵，产生了组织嵌入、网络嵌入、工作嵌入等概念。“嵌入理论”现已成为社会学者解释经济行为与社会互动的重要分析范式。农村电商作为一种新兴经济业态，在乡村社会的落地发展，自然要嵌入村庄的社会结构之中。③ 因此，本研究把农村电商作为见证农村经济发展变迁的平台媒介，通过嵌入的视角观察电商平台企业嵌入乡村社会之后所引发的经济变迁。

三　研究方法

本研究采用民族志方法展开调查。田野调查的地点选择在湖北省公安县和陕西省武功县。调查时间从 2019 年 7 月开始，2022 年 11 月结束。湖北省公安县位于江汉平原的中南部，是全国重要的商品粮种植基地和水产养殖基地，素有“江南鱼米之乡”的美誉。全县面积 2257 平方公里，总人口 106 万人，辖 16 个乡镇，321 个行政村，常年外出务工人员 20 万人。公安县投资 10 个亿打造鄂南农产品电商物流商贸城，形成了电商产业集群、一站式农产品集散交易枢纽，与之配套发展的物流企业、快递公司有 43 家。为全面实施电子商

① 转引自杨玉波、李备友、李守伟《嵌入性理论研究综述：基于普遍联系的视角》，《山东社会科学》2014 年第 3 期，第 172 ~ 176 页。

② Granovetter, M.,“Economic Action and Social Structure: The Problem of Embeddedness,” *The American Journal of Sociology* 3(1985): 481 – 510.

③ 韩庆龄：《从“脱嵌”到“嵌入”：农村电商产业与土地秩序的关系博弈》，《现代经济探讨》2019 年第 2 期，第 114 页。

务进农村省级示范项目建设，加快推进电子商务在农村的应用和推广，2020年公安县在全县16个乡镇建设了156个农村电商服务站。目前，拼多多、淘宝、京东、居无忧等电商平台企业纷纷在公安县设立了站点。

陕西省武功县地处西北关中平原西部，是传统的农业大县，近10万人常年在外务工。该县是国家粮食作物玉米和小麦的主产区。菜鸟前置仓项目落地武功县，使整个西北的农产品都在此仓库流转。为此，武功县堪称西北地区水果电商枢纽，县内的电商企业达328家，物流企业、快递公司有40家。武功县是西北电商第一县、全国电子商务创新发展百强县和国家电子商务进农村示范县。根据阿里巴巴销售平台统计，2014年武功县农产品交易增速在全国县域电商排名中位居第11，陕西省农产品销售在全国县域电商排名中位居第一，农产品销售额超过2亿元。武功县先后引进陕西美农、西北商盟、陕西丝路等106家电商企业和20余家快递公司，成功争取淘宝大学陕西分校在此落户，建立了21个“智慧乡村”示范点和36个邮政便民驿站，全县电商日发货3万单，日交易额300余万元，电商行业从业人数近万人。2015年，“双11”全县单日销售额4100万元，年销售总额10.5亿元，先后被确定为“陕西省电子商务示范县”“全国供销系统电子商务示范县”。

尽管对全国来说公安县和武功县是两个不知名的小县，但近年来这两个县的互联网经济发展迅速，并且农村电商平台企业入驻带动了当地的经济发展，改变了当地的经济结构。与那些全国知名的淘宝村不同，中国还有很多像公安县和武功县这样不知名的小县正在努力融入电商经济，探索自己的发展道路。所以，以这两个县为研究样本，可以看到地方县域农村的互联网经济景象，从中思考农村的数字化发展问题。

四　材料分析

（一）电商平台企业嵌入乡村社会的三重逻辑

当前，电商下乡成为农村经济发展的新动力，正在改变乡村的经济面貌。相比于城市，农村的互联网经济体系较为落后，电商平台企业嵌入乡村社会，受到以下三重逻辑的驱动。

国家的发展主义逻辑。中国作为发展中国家，为实现农业农村现代化，就需要巩固脱贫攻坚成果，振兴乡村。而引入农村电商是我国农业农村现代化发展的重要路径，也是我国转变农业发展方式的重要手段。[①] 在这一发展主义的指导下，国家将互联网电商平台在城市发展的经验向农村推广，以激活农村经济发展。因此，为推动电商下乡、推进“互联网 +”现代农业行动，国家先后出台了一系列政策，例如 2021 年中央一号文件《中共中央国务院关于全面推进乡村振兴加快农业农村现代化的意见》将农村电商发展作为农村工作的重点，提出要深入推进电子商务进农村和农产品出村进城。鉴于此，电商作为一种新兴的互联网平台，在乡村振兴的背景下，被认为是推动农业农村现代化和加快农村经济发展的技术手段。

地方政府的绩效逻辑。在国家的发展主义逻辑的主导下，各地方政府贯彻落实国家的电商下乡政策，积极扶持农村电商发展。例如公安县政府对在公安县注册成立的电商企业，年线上销售本县农特产品 200 万 ~ 500 万元、500 万元以上的，分别给予 5 万元、10 万元的奖励。[②] 由于我国长期将经济作为衡量地方政府绩效的关键指标，[③] 地方政府为了获得好的绩效考核结果，将农村电商作为推动农村产业兴旺、促进乡村振兴的突破口，积极寻求与电商平台企业合作，支持配套基础设施建设，且建立县、镇、村三级电商服务体系，扩大快递网点村庄覆盖范围，为电商平台在农业农村领域的深入推广与应用铺平了道路。例如武功县先后建成 1 个互联网产业园、2 个县级运营中心、8 个镇级电商运营服务站、95 个村级电商运营服务点。2017 年，武功县各行政村已经实现光纤全覆盖，“家家联网”。2019 年，咸阳市为武功县等 13 个市区县开通了 5G 基站。2021 西部数字乡村发展论坛召开，论坛上发布了陕西省首批数字乡村试点地区名单，其中武功县成功入选，成为首批十个试点地区之一。数字乡村建设试点项目在武功县的开启，标志着武功县走上互联网经济的发展道路，这为电商平台企业在武功县的嵌入创造了条件。

电商平台企业的市场逻辑。电商平台企业在城市的布局已相对饱和，彼此竞争激烈。而农村为电商发展提供了新的市场空间。在市场驱动下，各互联网电商平台企业纷纷下乡，设点开店，抢占农村市场。在公安县和武功县，

① 李晓静、刘斐、夏显力：《信息获取渠道对农户电商销售行为的影响研究——基于四川、陕西两省猕猴桃主产区的微观调研数据》，《农村经济》2019 年第 8 期。

② 《县人民政府办公室关于印发公安县支持农业产业化发展若干措施（试行）的通知》，公安县人民政府网站，2021 年 4 月 27 日，http：//zwgk. gongan. gov. cn/38601/202209/t20220930/174708. shtml。

③ 聂召英、王伊欢：《乡村振兴战略下农村电商公共服务体系适应性问题研究》，《世界农业》2021 年第 4 期，第 45 页。

淘宝、京东、拼多多、美团优选等电商平台企业在农村社区设立代购点或服务站，散布于县域各个乡村。

在以上三重逻辑的驱动下，电商平台企业迅速从城市向农村嵌入。电商平台企业嵌入公安县和武功县农村社区的方式主要有以下两种。第一种方式是在早期起步阶段，通过招募合伙人的方式嵌入，即在当地举办专场招商活动，招募合伙人，对他们进行网络技术和电商平台运营技术方面的培训，指导他们在平台上开网店。这种嵌入方式让公安县和武功县农村社区涌现了一批从事电商业务的商家。这些商家主要是农村商店、小卖部、便利店、小超市的店主。电商平台企业以招募这些在当地已有商业基础的商家为着力点，从而将"触角"延伸至村一级。农村淘宝的服务站、拼多多的会员店等，都是通过这种方式嵌入的。但这种嵌入方式只是方便了农民网购，其影响力并不大，实现的只是"工业品下乡"。而农村的购买力尚待挖掘，且农产品由于没有形成品牌和产业链，很难在个体网店上有销量。对于那些加盟店而言，单纯依靠农民的网络购物很难盈利。这使得电商平台企业意识到农村电商要持续发展，不能只做农民的购物平台，还需要实现"农产品上行"（农产品进城）。

为此，电商平台企业嵌入两县农村社区的第二种方式是与地方政府合作，以产业园和产业基地的方式嵌入，从而打造农产品上行产业链。双方之所以能达成合作是因为：前者看中的是，农村广阔的市场空间和政府的资源整合能力，可以形成规模化的产业带；后者看中的是，平台市场直连全国带来的强大购买力，借助电商平台的力量，推动当地农产品上行，带动农民增收和农村产业发展。为此，在国家电商政策的引领下，拼多多、京东、淘宝等电商平台企业纷纷与当地政府合作，合力建设电商产业园和产业基地，以打造农产品电商产业链，做大农村电商产业。这种嵌入方式使得农村电商的发展不再是单打独斗，而是成了地方政府和平台企业共同的使命，由此引发了一系列的产业变革。

（二）再造产业：电商下乡助推农村经济变迁

在过去很长一段时间里，无论是公安县的农业经济还是武功县的农业经济，都是传统的以家庭为单位的小农生产模式，农作物经济收益较低。为此，两县农村外出打工的中青年众多，进而导致农村空心化和老年化情况严重，大量的田地荒芜。

电商平台企业作为一个在互联网环境中孕育出的平台媒介，嵌入农村后，打破了原本一成不变的乡村生活，特别是为农村经济发展注入了一股新力量。地方政府也以发展农村电子商务为突破口，借助电商平台带来的广阔市场，调整农村产业结构，整合土地资源，再造农村产业（地方政府改变原来的产业结构，重新打造产业项目，发展电商经济），走“互联网 + 农业”的产业化道路，且作为项目来抓，与电商平台企业合力打造产供销一体化的电商产业链，以带动农村经济发展，保证农民增收。例如受访的两县都与当地电商平台企业提前签订收购合同，农户将产品采摘完毕，村里统一打包，签约的收购商如期来收购，线上订单统一由快递公司负责运输。这不仅解决了农产品的销售问题，保障了农户的经济利益，而且解决了田地荒芜的问题。

在公安县，传统的农村产业以农产品的种植为主。种植作物的农田分为旱田和水田。其中旱田种植小麦、油菜和棉花，水田种植两季水稻。电商平台企业嵌入之后，公安县依托拼多多等电商平台企业，引导农民调整现有低收入的种植和养殖结构，大力发展农村电商产业项目（见表 1）。

表 1　公安县电商平台企业嵌入之前与嵌入之后的产业比较

农田类型	电商平台企业嵌入之前的传统产业	电商平台企业嵌入之后的产业	传统的粮食作物价格与农民每亩收入	电商产业的收购价格与农民每亩收入
旱田	（1）小麦 + 棉花 （2）油菜 + 棉花	（1）种植葡萄 （2）改造成水塘，种香莲 （3）挖成虾子湖，稻田养虾 （4）油菜 + 黄豆	小麦，（1.5 ~ 1.7 元）/斤，1800 元/亩	（1）葡萄，（8 ~ 9 元）/斤，（4 万 ~ 5 万元）/亩 （2）香莲，9 元/斤，（4000 ~ 4500 元）/亩
水田	早稻 + 晚稻	（1）承包商建智能化的现代养猪场 （2）挖成虾子湖，稻田养虾 （3）改成旱田，种葡萄 （4）挖成藕塘，种莲藕 （5）水稻改种一季	稻谷，1.35 元/斤，2000 元/亩	（1）小龙虾，（12 ~ 35 元）/斤，（4000 ~ 5000 元）/亩 （2）莲藕，2 元/斤，（5000 ~ 7000 元）/亩

种植业的再造。发展电商葡萄产业和电商香莲、莲藕产业。根据市场行情，葡萄每斤 8 ~ 9 元，农民每亩地能挣 4 万 ~ 5 万元；香莲每斤 9 元，农民每亩地能挣 4000 ~ 4500 元。而与此形成巨大价格反差的是，小麦每斤只有 1.5 ~ 1.7 元，农民每亩地只能挣 1800 元；稻谷每斤只有 1.35 元，农民每亩地

只能挣2000元。根据价格优势，公安县大力发展“电商+葡萄产业”，这已成为公安县乡村振兴的支柱产业。公安县政府重视该产业发展，大力推广种植葡萄，着力打造“江南葡萄第一县”。公安县全县种植葡萄面积已达11万亩，产值达20亿元。2020年，公安县县长走进拼多多直播间，为公安葡萄“吆喝”，吸引近50万网友拼单购买。[①]

养殖业的再造。一方面是改造农田，发展稻田养虾，打造“小龙虾”电商产业；另一方面是建智能化的现代养猪场，发展生猪养殖产业。就前者而言，公安县的稻田大部分被挖成虾子湖，发展稻田养虾，一半面积养虾，一半面积种植水稻。因为小龙虾每斤12~35元，每亩地能挣4000~5000元，比纯粹地种植水稻挣钱。公安县现将“小龙虾”电商产业作为水产特色和农民增收的亮点来抓，大力推动“小龙虾”电商产业向专业化、规模化发展。[②] 2021年公安县的稻田养虾面积已增至46.18万亩，小龙虾产量达6.15万吨，直接产值15.99亿元，已成为全县的另一支柱产业。公安县仅一个麻豪口镇小龙虾养殖面积就达12万亩。就后者而言，公安县的养猪产业长期以散户养殖为主，突如其来的非洲猪瘟，让散户损失惨重，这导致大部分散户退出养猪市场，而加速了该县智能化养猪产业的发展。电商平台企业或承包商看准机遇，下乡承包农田，建智能化的现代养猪场，如互联网平台企业阿里巴巴和京东等也跨界养猪。在以互联网、人工智能等为代表的数字技术支持下，公安县已实现生猪场饲养、管理、交易等的平台化。

陕西武功县属于半干旱地区，由于雨水不充足，该县农田类型全部都是旱田，传统产业是种植小麦和玉米，这也是武功县村民主要的收入来源。玉米和小麦的价格每斤普遍在1.2~1.7元，农民每亩地挣不了多少钱。武功县由于与陕西省最早发展猕猴桃产业的周至县隔河相望，具备种植猕猴桃的天然条件。为此，电商平台企业嵌入之后，武功县致力于农业转型升级，先后引进70余家电商平台企业共同打造“中国猕猴桃产业电子商务基地”，实施“互联网+果业”项目，大力推广种植猕猴桃，发展“猕猴桃”电商产业（见表2）。因为猕猴桃电商产业的收购价每斤1~3元，农民每亩地能挣7000~10000元。为此，武功县政府鼓励村民种植猕猴桃，每亩地补助近千元以资助群众购买苗种和种植

① 《湖北公安县县长直播卖葡萄，近50万网友“甜蜜”拼单》，“中国日报网”百家号，2020年8月28日，https://baijiahao.baidu.com/s?id=1676272321575999003&wfr=spider&for=pc。

② 《虾农日收入破万，荆州市公安县全力打造小龙虾全产业链条》，《荆州日报》2022年3月31日。

所需的水泥杆、钢丝等。武功县将猕猴桃产业作为农业主导产业来抓，全县猕猴桃种植面积已发展到11.6万亩，成为陕西省猕猴桃种植第三大县。猕猴桃现已成为武功县发展现代农业的支柱产业。县级政府与电商平台企业合力打造“武功小子”品牌，且在采摘季节举办采摘仪式，县长亲自走进直播间，直播带货。

表2　武功县电商平台企业嵌入之前与嵌入之后的产业比较

农田类型	电商平台企业嵌入之前的传统产业	电商平台企业嵌入之后的产业	传统的粮食作物价格与农民每亩收入	电商产业的收购价格与农民每亩收入
旱田	小麦和玉米	（1）大面积种植猕猴桃 （3）小麦和玉米的种植面积大幅缩小	（1）小麦，（1.5～1.7元）/斤，1800元/亩 （2）玉米，（1.2元）/斤，1300元/亩	猕猴桃，（1～3元）/斤，（7000～10000元）/亩

农村电商产业已成为两县农民增收的重要渠道和经济发展的新亮点。例如武功县通过与阿里巴巴合作，电商产业蓬勃发展，2019年全县电商销售额超过40亿元，对GDP的贡献率在10%以上。[①] 2021年电商企业发货累计约6620.2万单，电商销售额达50.6亿元。[②]

淘宝、拼多多等电商平台企业下乡发展，带来了大量的订单，为两县打通了农产品上行通道，增多了消费者对当地电商农产品的需求。两县农民依附电商产业链的发展，加上政府大力扶持，其农产品不愁销路。例如，武功县菜鸟西北生鲜产地仓的负责人谈到，2019年公司累计销售1100多万斤猕猴桃，一场1个多小时的直播带货，就能卖出1000多箱。目前，公司采取“农户+合作社”的种植方式，公司9个采摘组一到收货季，每个组的采摘员就会到田间采摘，他告诉农户，只要规范种植、保证品质，就会以比市场价格略高的价格来收购，且年年来收。[③] 2020年，武功县猕猴桃产业带入选阿里巴巴“春雷计划”首批标杆品牌农业产品带。如今，仅是芭芭农场的直采直销业务，每月就能为武功县带来50万笔订单。

① 《你在芭芭农场种的猕猴桃值10个亿！武功县打造中国猕猴桃电商第一县》，《三秦都市报》2020年9月18日。

② 《陕西武功县打造以农产品为重点的电商物流首位产业》，中国经济网，2022年7月19日，http：//bgimg. ce. cn/cysc/newmain/yc/jsxw/202207/19/t20220719_37881756. shtml。

③ 《你在芭芭农场种的猕猴桃值10个亿！武功县打造中国猕猴桃电商第一县》，《三秦都市报》2020年9月18日。

此外，电商平台企业的收购商下乡收购、仓储，线上销售。武功县下属村庄建有两个冷库，这两个冷库是两位村民在“猕猴桃”电商产业链发现商机投资建设起来的。冷库老板王普关于如何想到建冷库，他说：“从我们县开始集体发展猕猴桃产业园的时候，我就有这样的想法，不管种植什么东西终究是要销售赚钱的，这个产业园一旦规模化地建起来，水果的储存和销售就是最重要的两个环节，特别是储存问题，水果不能放太久，否则就会变质，必须要冷藏，我们县各村规划了这么大规模的猕猴桃园，但是周边没有一个冷库，于是我就建了这个冷库。”王普的冷库从2016年建成至今，其间运营得非常顺利，他通过收购周边种植户的猕猴桃，将其储存在自己的冷库中，然后供应给自己签约的电商平台企业。他现在依靠这座冷库与拼多多签订了长期供货协议，他把收购上来的猕猴桃按照拼多多的要求，以一斤、两斤、三斤、五斤和十斤的规格装箱，存在冷库，接到该平台的订单后就发货。王普现已将自家土地承包给别人种植猕猴桃，自己从种植户的身份中跳出来，直接成为电商平台企业的供货商。

公安县狮子口镇的电商助农产业基地，一辆辆挂着皖、苏、鲁等异地牌照的大货车随处可见，这些车会将站点包装好的农产品运往物流分拣配送中心，然后发往全国各地。在该镇有这么一个农产品电商服务站，村民可以将农产品销售给服务站，服务站统一包装后，直接通过平台销往全国各地。

这里需要指出的是，两县农民只有依附电商平台企业，才有市场保障，而农民自己开网店销售，很难在平台上打开市场销量。尽管在互联网环境下，两县农村居民也尝试利用电商平台来捕捉商机，探索发展数字经济，但开网店的个体村民由于电商平台技术的不熟练以及电商平台运营经验的缺乏，很难“驯化”电商这一新技术平台。崔凯和冯献的研究也发现，农村有很多农户不会经营网店，在开店一两年后就以失败告终。① 因此，两县农民形成对电商产业链的依附，为平台企业供货，才能从中获利，还不能自主发展电商产业。这成了电商下乡推动农村经济发展的制约因素。

公安县合村农民刘泽在2018年承包村里的40亩小麦田，发展蔬菜种植，最后大部分蔬菜都烂在了地里。尽管他自己开了网店进行销售，但就是卖不出去。种植蔬菜失败后，他将承包地改造成水塘，与政府扶持的电商产业项

① 崔凯、冯献：《演化视角下农村电商“上下并行”的逻辑与趋势》，《中国农村经济》2018年第3期，第37页。

目对接，发展香莲种植，收益很好。他也不用愁销路，香莲成熟了，就有电商平台企业的收购商来收。他说："农产品进城必须依托电商平台企业，而农户网店的农产品销售量很低。自己开网店要和网上那么多店竞争，而且我的店一点名气都没有，很难存活。"惨痛的教训让他明白，如果农户不依附于第三方电商平台企业，农产品品质再好，也很难销售出去。这也是菜农的蔬菜丰收，但卖不出的原因。

（三）粮食安全的另一种隐忧：粮食作物种植面积不断缩小

两县基于电商平台市场，对农产品种植或养殖结构进行调整，再造产业，以支持农村电商产业发展壮大。电商下乡大规模地承包农民土地，以打造产业基地，而粮食作物因价格低，增产不增收，不挣钱，其种植面积不断缩小，由此成了国家粮食安全的另一种隐忧。

在公安县合村，该村旱田 1300 亩，水田 1400 亩（见表 3）。现在该村旱田和水田的分界线被打破，根据发展电商产业的需要，旱田可以改造成水田，发展稻田养虾或种植香莲，水田可以改造成旱田，种植葡萄。原来种植小麦的旱田，现在几乎不再种植小麦，原有的水田只剩下 460 亩，也只种一季水稻。在武功县义村，该村旱田 2600 亩，以前全部种植小麦和玉米，现在猕猴桃种植占 1200 亩；电商平台的承包商发现樱桃的价格较高，于是着手承包了 500 亩地种植樱桃；小麦和玉米的种植，只剩下 900 亩。

表 3　公安县合村电商平台企业嵌入之前与嵌入之后的产业比较

农田类型	电商平台企业嵌入之前的传统产业	电商平台企业嵌入之后的产业	备注
旱田 （1300 亩）	（1）小麦 + 棉花 （2）油菜 + 棉花	（1）葡萄，90 亩 （2）改造成水塘，种香莲，40 亩 （3）挖成虾子湖，稻田养虾，45 亩 （4）改造成养鸡场，10 亩 （5）剩余：油菜 + 黄豆	（1）给承包商打工，（80～150 元）/天 （2）小麦和棉花，很少种植
水田 （1400 亩）	早稻 + 晚稻	（1）承包商建养猪场，300 亩 （2）挖成虾子湖，520 亩 （3）改成旱田，种葡萄，20 亩 （4）挖成藕塘，种莲藕，100 亩 （5）剩余稻田 460 亩，水稻改种一季	

在电商产业项目的引领下，两县农村经济依附电商平台企业发展。而两县农村电商产业兴旺的背后是粮食作物种植面积在平台市场的操控下不断缩小。这表现在以下两个方面。一是电商平台企业下乡集中连片地直接承包农民的土地，建立标准化的农产品种植或水产、生猪等养殖基地。例如公安县的“小龙虾”电商产业，2022 年产量为 6.64 万吨，稻田养虾面积达到 50.14 万亩，产值 19.78 亿元。公安县力争用三年时间建成 20 个以上集中连片的万亩标准化养殖基地。① 武功县全县猕猴桃园面积达 13.6 万亩，建立猕猴桃 1000 亩示范园 10 个、500 亩以上的企业 26 家，100 亩以上的猕猴桃园区 120 多个，认证绿色果品基地 3 万亩、有机果品基地 2000 亩，产值过 11.34 亿元。武功县被天猫直供确定为“中国陕西猕猴桃原产地”，并与天猫农场合作打造了线下数字化种植基地。② 其中武功县武功镇的陕西绿益隆农业园区，要打造集猕猴桃种植、仓储加工、销售于一体的现代化农业示范园。陕西绿益隆农林发展有限公司在该县上坡村承包、流转土地 1800 余亩，全部用于种植猕猴桃。③

二是电商平台企业下乡大规模承包农民的土地打造产业基地所产生的示范效应，带动周边农户发展电商产业。公安县月湖村村民几乎都有养虾，有 95%的农户参与虾稻产业，虾稻田面积达 7000 亩。④ 在该村小龙虾交易市场，养殖户们运来一车车小龙虾，农民说，上年这个时候小龙虾才 30 元一斤，现在一斤小龙虾的价格最高到 56 元。⑤ 稻田养虾作为一项富民产业，在全县风靡。村民纷纷将水稻田四周挖成回形沟（沟宽 8 ~ 10 米，面积占30% ~ 50%），回形沟养虾，中间高垄部分种水稻。全国也是如此，2021 年全国虾稻共作面积 2100 万亩，比 2017 年增加近 900 万亩。2021 年，湖北的监利市虾稻共作面积从 50 万亩增长到 108 万亩，一跃成为全国小龙虾第一县。农民不惜缩减稻田面积，将回形沟挖得越来越宽。⑥

① 《虾农日收入破万，荆州市公安县全力打造小龙虾全产业链条》，《荆州日报》2022 年 3 月 31 日。

② 《武功县举办 2022 猕猴桃开园仪式暨采摘品鉴推介会》，《三峡晚报》2022 年 9 月 15 日。

③ 《陕西武功县打造以农产品为重点的电商物流首位产业》，中国经济网，2022 年 7 月 19 日，http：//bgimg. ce. cn/cysc/newmain/yc/jsxw/202207/19/t20220719_ 37881756. shtml。

④ 《虾农日收入破万，荆州市公安县全力打造小龙虾全产业链条》，《荆州日报》2022 年 3 月 31 日。

⑤ 《虾农日收入破万，荆州市公安县全力打造小龙虾全产业链条》，《荆州日报》2022 年 3 月 31 日。

⑥ 《监利：平养模式　破解“虾与稻争田”》，今日头条网站，2022 年 6 月 28 日，https：//www. toutiao. com/article/7114199047451197967/？ channel = &source = search_ tab。

公安县县域乡村除了稻田养虾之外，就是一望无际的葡萄园。目前，公安县 16 个乡镇，100 个村种植了 11 万亩的葡萄，年总产量突破 20 万吨，葡萄产量占湖北省一半，产值 12 亿元，成为长江中下游最大的葡萄产区，葡萄产值已占到公安县农业总产值的 1/10。公安县目前约有 10 多万人从事葡萄产业，占公安县农业人口的 15%。武功县将猕猴桃作为主导产业在全县大力发展。陕西绿益隆农林发展有限公司在该县上坡村种植猕猴桃 1800 余亩，同时带动群众种植猕猴桃 2000 多亩。①

水稻种植，两季改种一季。这是因为农村电商产业的发展，增加了对当地劳动力的需求，给农村居民提供了大量打零工的机会，由此农民的非农收入增加了，这比种水稻划算。以前公安县农民为了提高粮食产量，粮食作物种两季（早稻和晚稻），春夏之际收割早稻之后，紧接着犁地播种晚稻，这被称为“双抢”，即抢收抢种。现在公安县境内，这种“双抢”现象已消失，农民纷纷只种一季粮食，闲暇时间就给村庄里发展电商产业的承包商（户）打工，因为粮食价格低，种子和肥料等成本高，种一亩水稻，大概只能挣 2000 元，很不划算。为此，他们选择只种一季水稻，然后抽身出来，给承包商（户）打工，一天能挣 80～150 元，一年仅劳务收入就有 1 万多元，比种植水稻划算。

国家为了保证粮食安全，划定了耕地保护的红线，公安县和武功县在不触动国家对耕地保护的红线基础上，由农民自主决定耕地上种什么。对下乡发展的电商平台企业而言，他们根据大数据平台能够很好地把控市场行情，其奉行的经济学是什么农产品好卖、利润高，就收购什么、发展什么。然而对农民而言，他们奉行的经济学受控于平台市场，即什么值钱、有订单，就种植什么，完全取决于平台市场。

粮食作物由于市场价格低，在平台市场机制的驱动下，种植面积不断缩小，而且正在被两县农民边缘化。此外，地方政府支持农业产业化发展的措施也向电商产业项目倾斜，例如在公安县，种植葡萄等特殊产业土地流转面积 500 亩以上的，一次性给予每亩 200 元奖励，但种植优质水稻土地流转面

① 《陕西武功：十万亩猕猴桃，铺就群众致富路》，经济网，2020 年 9 月 14 日，http://www.ceweekly.cn/2020/0914/312952.shtml。

积达到1000亩以上的，一次性却只给予每亩100元奖励。[①] 公安县现在甚至出现了以前种粮的农民，现在不种粮了，而全部改种电商经济作物，因为他们发现买粮吃更划算。为此，公安县传统的“江南鱼米之乡”正在被改造，葡萄和小龙虾已成为当地最有特色的挣钱产业。陕西武功县现在大力发展猕猴桃产业，小麦和玉米的种植也正在被猕猴桃取代。因此，电商下乡激活了农村的产业经济，同时农村产业的市场化程度也在提高。在平台市场的操控下，粮食作物种植面积不断缩小，已影响到粮食产量。例如公安县2019年全县粮食种植面积14.24万公顷，比上年减少0.64万公顷；稻谷种植面积8.45万公顷，比上年减少0.4万公顷；全县粮食总产量87.46万吨，比上年下降3.6%。[②]

农村电商产业的兴旺发展、规模不断扩大，为农村经济发展注入了新的活力，但同时受制于平台市场，容易造成产业结构失衡进而可能引发粮食安全问题。粮食价格大大低于电商经济产业价格，导致农民丧失种植粮食作物的积极性，而产生结构性偏向，使其种植面积不断缩小。在农村电商产业发展中，如何维系农村产业的均衡发展，不至于产生因粮食作物种植面积不断缩小而带来的粮食安全问题，这是当前电商下乡在助推农村经济变迁中须警惕的问题。

五　结论

在互联网经济时代，电商下乡在推进我国农业农村现代化和加快农村经济发展中发挥着重要作用，已成为我国农业农村现代化发展的重要驱动力。而电商平台企业在乡村社会嵌入发展的过程，也是对乡村社会的经济形态进行现代化重塑与再造的过程。学界既有的研究更多的是关注电商赋能农村发展，很少关注电商下乡所带来的农村经济变迁。

本文聚焦于电商下乡嵌入乡村社会的过程机制以及所带来的农村经济变迁。本研究发现，电商平台企业下乡大规模发展，再造了农村产业，激活了农村经济，增加了农民的收入，但在平台市场的操控下，农村电商产业规模

---

① 《县人民政府办公室关于印发公安县支持农业产业化发展若干措施（试行）的通知》，公安县人民政府网站，2021年4月27日，http：//zwgk. gongan. gov. cn/38601/202209/t20220930/174708. shtml。

② 《（湖北省）2019年公安县国民经济和社会发展统计公报》，县情资料网，2021年1月20日https：//www. ahmhxc. com/tongjigongbao/20703. html。

不断壮大的过程，背后是粮食作物种植面积不断缩小的过程。尽管农民收入增加、地方经济也有所发展，但潜在地威胁了国家的粮食安全。农村电商产业兴盛的背后所凸显的问题需重视。

2017 年，农业农村部出台技术规范，明确虾稻田沟坑不得超过总面积的 10%，以整治各地重虾轻稻、回形沟过宽的问题。虽然国家已经意识到这方面的问题，但问题并没有被解决。[①] 鉴于此，地方政府在扶持电商产业项目时，应考虑农村产业之间的协同均衡发展，保证种植粮食作物农民的利益，以此规避在电商平台市场的操控下，电商产业的大规模扩张导致粮食作物种植面积不断缩小的问题。

本研究的创新之处在于扎根田野，关注电商下乡的嵌入机制以及由此带来的农村经济变迁，从中透视了农村电商产业兴盛背后因产业结构失衡而凸显的粮食安全问题。

① 《监利：平养模式 破解“虾与稻争田”》，今日头条网站，2022 年 6 月 28 日，https://www.toutiao.com/article/7114199047451197967/?channel=&source=search_tab。

AIVSA 模式下短视频平台的品牌传播实践逻辑

朱俊松　刘雪茹*

摘　要： 进入社会化媒体时代，以抖音和快手为代表的短视频平台正在加速融合不同的用户场景和商业形态，媒介技术深度赋能消费者个体，使其成为具有社交能力的消费群，品牌接触点的内涵和形式也在不断变化，因此，品牌传播者只能从消费者行为和心理出发，探索新的品牌传播逻辑。AIVSA 模式的提出为分析品牌主在社会化媒体平台上的品牌传播实践逻辑提供了依据。短视频平台作为社会化媒体的代表，品牌主在其上的品牌传播实践逻辑主要包括基于大数据的消费者洞察、基于兴趣与互动的价值认同和基于多方协同的品牌价值共创。其中，增强消费者价值认同感的渠道为以体验为连接的品牌直播间和以情感为连接的品牌话题。

关键词： AIVSA 模式　短视频平台　品牌传播

一　问题提出

社会化媒体时代，以抖音和快手为代表的短视频平台正在加速融合不同的用户场景和商业形态，构建新的“线上生态”：一方面，为用户提供资讯、社交、娱乐、学习、创作、消费等多场景服务，全面满足用户线上生活所需；另一方面，为企业创造生意经营的新机会，让企业与消费者在“线上生态”中进行良性互动。这使企业、用户（消费者）与平台三者之间形成价值共生。截至 2022 年 6 月，短视频用户规模达 9.62 亿人，占网民整体的 91.5%[①]，短视频平台已然成为消费者新的品牌接触场域。相较于传统的精心安排的品牌

* 朱俊松，宁夏大学新闻传播学院副教授，研究领域为影视传播、新媒体传播、品牌传播；刘雪茹，宁夏大学新闻传播学院硕士研究生，研究领域为品牌传播。

① 《第 50 次〈中国互联网络发展状况统计报告〉》，中国互联网络信息中心网站，2022 年 8 月 31 日，http://www.cnnic.net.cn/n4/2022/0914/c88-10226.html。

接触点，在短视频平台中，消费者可以自由创作与品牌相关的内容，这一行为使其本身也成为品牌接触点的提供者。接触点不断地泛化使其内涵和形式也在不断地变化，因此，品牌传播者只能从消费者的行为和心理出发进行传播实践。

媒介技术深度赋能消费者个体，使其从被动接受品牌信息的状态向主动参与和控制品牌传播的过程转变，其身份也从传统的消费者逐步转向社会化的消费群体，即具有社交能力的消费群体。社会化的消费群体通过 UGC 平台主动发布与产品和品牌相关的信息，既包括产品和品牌的基本信息，也包括自身的体验与评价。无论是正向的评价还是负向的评价，都将被 UGC 平台完整地呈现，供其他消费者参考，在这个过程中，消费者的行为控制着品牌信息的传播。另外，社会化媒体和现实生活的高度融合也改变着消费者的交易和购买行为，促使品牌传播逐渐与交易和购买行为融为一体，渗透到消费者日常行为之中[①]，甚至成为其日常生活的一部分。在此背景下，段淳林教授提出了以价值共享为核心的新消费者行为模式——AIVSA，其中“价值认同是消费者产生获取信息和分享信息行为的动力，价值共创是消费者的主要行为方式”[②]。

基于此，本文从 AIVSA 模式出发，探讨品牌主在短视频平台上的品牌传播实践所表现出来的共性逻辑，以期为企业品牌长远发展提供方向。

二　消费者行为模式：影响品牌传播逻辑的重要因素

品牌传播实质上是信息传播，消费者的信息接收习惯作用于品牌传播逻辑。社会化媒体时代，社交网络成为消费者信息传播与接收的主要渠道。短视频平台作为典型的社交空间，在完成产品信息传播的基础上实现了销售一体化，推动消费者交易行为升级，影响信息传播逐渐向消费者交易行为渗透，最终通过其分享行为产生质变。“Web3.0 时代品牌传播的主体逐步从企业向消费者转移，而消费者参与也逐渐向消费者控制转变。”[③] 因此，了解消费者行为的演进便成了探究短视频平台品牌传播新逻辑的前提条件。

1898 年，美国广告学家 E. S. 刘易斯提出了 AIDMA 模式，认为消费者在

① 段淳林：《整合品牌传播从 IMC 到 IBC 的理论建构》，人民出版社，2021，第 162～163 页。
② 段淳林：《整合品牌传播从 IMC 到 IBC 的理论建构》，人民出版社，2021，第 165 页。
③ 段淳林：《整合品牌传播从 IMC 到 IBC 的理论建构》，人民出版社，2021，第 161 页。

产生消费行为（Action）之前会经历四个阶段，分别为引起注意（Attention）、引起兴趣（Interest）、唤起欲望（Desire）、留下记忆（Memory）。这一模式中消费者获取信息的方式是被动的、互动的渠道是缺失的，企业只有通过创造可识别的品牌差异以及加大传播力度，注重广告的创意和“营销内容有强刺激性且多次重复性”[①]，才能保持品牌的可见性。随着互联网时代的到来，搜索引擎、门户网站兴起，消费者开始主动获取品牌信息，其自我意识逐渐觉醒。2005 年，日本电通广告公司提出 AISAS 模式，即引起注意（Attention）、引起兴趣（Interest）、进行搜索（Search）、购买行动（Action）和用户分享（Share）。该模式中，消费者获取信息的方式由被动接受转为主动搜索，了解信息的同时可以利用博客等平台发布信息，实现从过往单一的接受者角色向传受一体的双重身份转变。这一时期，广告主开始注重网络口碑的打造，如何让消费者与品牌产生良好且久远的情感关系成为品牌思想的核心。

进入社会化媒体时代，“品牌开始从线下转移到线上，线上品牌成为主体”[②]，移动互联网提高了网络渗透密度，推动了全民使用的热潮，移动互联网出现在人们生活的每一个角落，从而促进了现实空间与虚拟空间的融合，这使得线上与线下消费渠道的边界消失。消费者实现了在日常生活中随时随地使用、传播品牌信息以及产生消费行为的可能。基于社交媒体的特征，2011 年，中国互联网络信息中心（CNNIC）提出了移动互联网时代的数字化消费模式——SICAS，即体验感知（Sense）、引起兴趣和互动（Interest & Interactive）、联系和沟通（Connect & Communication）、购买行动（Action）和社交分享（Share）这五个阶段。SICAS 模式的优势在于将沟通作为品牌与用户之间的桥梁。因此，企业需积极搭建自己的线上品牌社群，与消费者产生积极的沟通互动，利用消费者的口碑传播品牌信息。移动互联网时代，技术催生新的生活形态，在此背景下，刘德寰教授于 2013 年提出 ISMAS 模型，即兴趣（Interest）、搜索（Search）、口碑（Mouth）、行动（Action）以及分享（Share）。此模式丢掉了之前的“广告”元素，认为在移动互联网与社交媒体高度发达的时代，用户进入了主动消费的时代。消费者对于购买目标十分清晰，知道该如何进一步进行购买，寻求口碑效应，并

① 杨仕梅、周小波：《信息媒介升级下消费者行为模式和营销对策的变迁历程》，《商业经济研究》2020 年第 6 期。

② 卢泰宏：《品牌思想简史》，机械工业出版社，2020，第 148～150 页。

且最终会将购买心得进行分享，形成二次口碑。

随着社交平台的不断升级，以快手和抖音为代表的短视频平台与现实生活高度融合，消费者的自我意识彻底觉醒，其购买决策更多的是依赖自身的价值判断。当媒介升级影响到消费者交易和购买行为时，段淳林教授提出了新消费者行为模式——AIVSA，包含引起注意（Attention）、兴趣与互动（Interest & Interaction）、价值认同（Value）、信息分享（Share）和消费者行动（Action）五个阶段。该模型的创新之处在于，认为“价值共享是新消费者行为模式的核心，价值认同是消费者产生获取信息和分享信息行为的动力，价值共创是消费者的主要行为方式”①，其中，信息分享可产生在消费行为之前，也可产生在消费行为之中。此外，AIVSA 模式还将消费者在获取信息和使用行为中的信息获取过程，以及在购买行为和使用行为中衍生出来的其他行为包含在内，其指向不仅是消费行为的完成，还包含品牌信息的传播。如今，短视频平台的功能不再是简单的信息传播与分享，企业可在平台上直接完成从品牌建立到品牌变现的全过程，其中包含了根据新消费者行为模式产生的平台运营规律与品牌传播逻辑。因此，以 AIVSA 模式为出发点，探讨品牌主在短视频平台上的品牌传播实践，具有可行性。

三　AIVSA 模式下短视频平台上的品牌传播逻辑

社会化媒体的发展产生了大量过剩和冗余信息，消费者的注意力不断被分割并走向碎片化，重新凝聚注意力便成为品牌进行有效传播的基础。依据 AIVSA 模式，想要在短视频平台海量的信息中吸引消费者的注意力，首先品牌主需利用平台大数据对消费者进行洞察，了解消费者的需求与偏好，提炼出品牌核心价值中最能引起消费者共鸣的内容，通过富有创意的形式与数据化的决策进行精准传播吸引消费者的注意力（Attention），并逐渐将平台公共领域中的流量引入品牌私域。其次，短视频平台的虚拟场景建设与运营有利于提升私域流量的留存率。多方互动（Interaction）沟通，鼓励消费者参与虚拟品牌场景全方位体验品牌内涵，提升消费者兴趣（Interest），建立与品牌的情感，同时，消费者在自己诠释和分享（Share）品牌信息的过程中产生价值

① 段淳林：《整合品牌传播从 IMC 到 IBC 的理论建构》，人民出版社，2021，第 163 页。

认同（Value），形成裂变式传播，进一步扩大品牌的影响力。更重要的是，消费者在虚拟品牌场景的交流互动，有利于形成与品牌核心价值一致的品牌文化，特定的品牌文化将会增强消费者对品牌价值的认同感，提高其对品牌的忠诚度。最后，消费者在完成消费行为（Action）促成品牌商业价值完成的同时，使得自身的价值得到了实现，实现了品牌与消费者之间的价值共创。需要强调的是，基于 AIVSA 模式的短视频平台的品牌传播逻辑是一个动态持续的循环过程，为此，本文提出短视频平台的品牌传播逻辑（见图 1）。

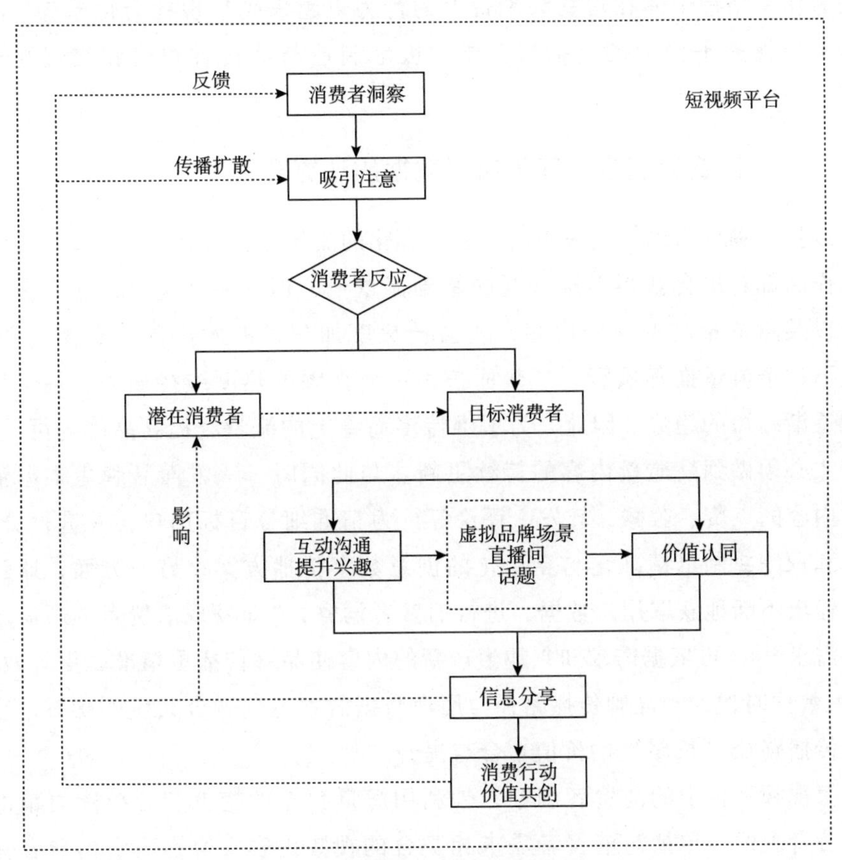

图 1　短视频平台的品牌传播逻辑

（一）短视频平台的虚拟互动替代现实交流

以短视频平台为代表的移动社交媒体，让消费者可以超越时空的束缚相遇在同一空间，完成了从“现实相遇”到“虚拟相遇”的转变。同时，“参与、互动、共享、场景化”[①] 的特征，为消费者提供了“台前展演”与“幕后观看”的虚拟场所。每一个数字 ID 代表的是一个鲜活的精神个体，他们在短视频平台上同时在线，记录生活、拍摄视频、发布作品，完成自我呈现和表演，同时作为视频内容的消费者，通过热门推荐、关注好友、主动搜索等方式观看他人表演，熟练地使用文字、图片、表情包等形式进行评论，实现感官上的在场与体验。其中，包括消费者利用短视频发布品牌信息以及对产品的测评与推荐，并以内容为连接与其他消费者之间进行互动沟通。因此，消费者作为精神个体在短视频平台上的行为也越来越呈现社会化趋势。品牌主作为短视频平台上的传播者，要积极地制造与消费者相遇和交流互动的机会。

（二）消费者洞察：基于用户数据的计算升级

以抖音平台为例，其采用的是去中心化的流量分配机制（见图 2）。初始，每个作品都有机会获得系统分配的基础流量池，但只有质量好，转发量、评论数以及点赞量高的视频内容，才会被热度加权，进入抖音的推荐流量池，形成下一个流量推荐层级。一般而言，一个视频的热度维持期为一周，目前呈现逐渐缩短的趋势，因此，为了维持多而稳定的流量、提高品牌的可见性，品牌主必须做到高质量内容的持续更新。与此同时，一方面品牌主根据消费者对内容的点赞、收藏、转发、评论等行为精准细分目标用户，并进行分析、规划和预测，制定精准化与互动化的创意数字传播方案；另一方面，通过内容的输出不断地获取用户数据，进行消费者洞察，“即发现消费者的新需求和隐性需求”[②]，再依据需求和兴趣生产新的内容使品牌传播更精准、更具效率。“在大数据时代，当品牌传播路径与用户数据洞察达到融合共生的状态，容易促成传播路径‘长尾’的价值聚合与提升。”[③]

短视频平台中的消费者洞察，是利用海量数据的挖掘和分析能力精准刻画消费者画像。传播与消费者需求相契合的视频内容，容易吸引消费者注意

---

① 蒲信竹：《观看与表演：移动社交短视频的互动仪式链——基于抖音社区的品牌传播策略研究》，《电视研究》2020 年第 7 期。

② 冯沁妍、汤志耘：《浅析消费者洞察对品牌营销及传播的作用——以可口可乐 2010 年网络营销方案为例》，《新闻界》2011 年第 2 期。

③ 段淳林、闫济民：《扩散与增值：品牌传播路径的嬗变与价值审视》，《国际新闻界》2016 年第 5 期。

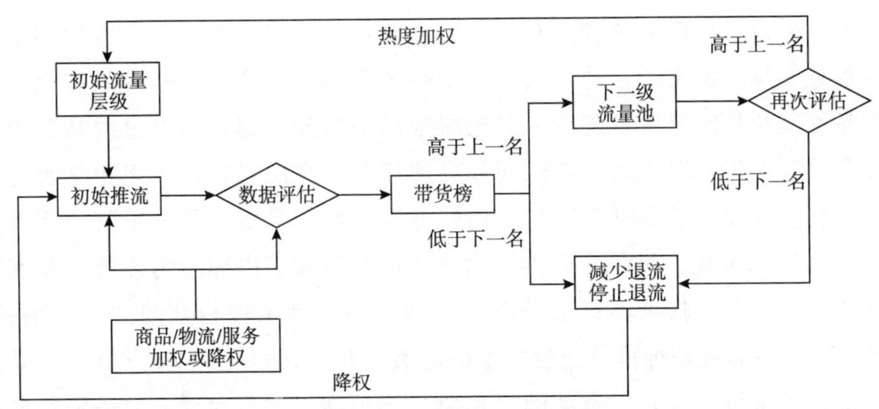

图 2　抖音平台的流量分配机制

力，使其对视频内容产生兴趣，进而对品牌产生兴趣。其中，寻找品牌价值与消费者需求相统一的部分是加速品牌成长的关键点。与此同时，社交媒体时代消费者获取信息的能力与媒介素养不断提高，“消费者的信任对象逐渐从营销者转移到其他消费者，消费行为也逐渐向社会行为转变”①。因此，短视频平台的消费者洞察，除“通过传播内容的点赞、转发、评论等行为，分析消费者之间关联、交流、互动、影响等状态”② 之外，品牌关系、关系网络、社区行为和社会价值等都成为消费者洞察的内容。实质上，针对社交化的短视频平台，消费者洞察最终要解决的问题是如何引起消费者的注意并与其建立价值关系。

（三）价值认同：基于兴趣与互动的情感连接

传统营销时代，使消费者对品牌产生兴趣的主要是产品、服务以及品牌的相关信息，而在社会化媒体时代，使消费者对品牌产生强烈兴趣的往往是与其“自身价值观相符的社会化、生活化、娱乐化、游戏化和故事化的信息”③，这时，兴趣常常与消费者的参与、交流以及互动行为同时出现。也正是消费者的交流与互动，品牌方才在真正意义上实现了品牌价值的输出，在交流的过程中形成价值认同。短视频平台上的互动参与可分为两方面：一方

① 段淳林：《整合品牌传播从 IMC 到 IBC 的理论建构》，人民出版社，2021，第 186 页。

② 秦雪冰：《消费者洞察的 NKP 模型：社会网络分析在智能广告中的应用》，《当代传播》2020 年第 3 期。

③ 段淳林：《整合品牌传播从 IMC 到 IBC 的理论建构》，人民出版社，2021，第 165 页。

面是通过平台与其他消费者进行互动，实施信息分享行为；另一方面则是在虚拟场景中与品牌主的互动，消费者围绕产品特性、产品体验或品牌核心价值与品牌主及其他消费者进行不受地域限制的特殊沟通。这个过程有利于情感关系的建立并实现形成价值认同和品牌信息分享的可能。短视频平台为品牌相关利益者提供了即时交流与互动的虚拟场域，实现了品牌主与消费者共同“在场”的可能。另外，以内容为中心的短视频、以体验为连接的品牌直播间和以情感为连接的品牌话题都是消费者与品牌主进行互动的重要渠道。这种互动是建立在精神价值交流之上的沟通，并起到相互影响的作用，“品牌不再是以‘符号’而是以鲜活的‘形象’与消费者进行对话，促进消费者感知从而建立心理连接”①。基于此，短视频平台中的品牌传播核心变成了品牌主为消费者提供与品牌或者品牌情景相关的互动体验。

1. 以体验为连接的品牌直播间

消费者以“感官在场”的虚拟方式参与短视频平台的互动活动，通过交流沟通完成体验。其中“媒介用户的情感体验（affective experience）是用户体验的高级形式，由正、负面的心情及强烈的感情所构成，通常表现为信任、质疑、接纳、依赖等”②。“媒介场景则在交流互动的过程中提供虚拟氛围、唤醒受众情感与价值感知能力。”③ 直播间作为短视频平台关键的互动沟通场所，为消费者的品牌体验创造了在线场景。消费者可以通过弹幕、连麦、评论等形式即时地发表个人意见、反馈产品使用感受、传播品牌信息。主播利用虚拟社交技术以及社交化的亲昵称呼，如“宝宝们”“老铁们”等进行互动沟通与产品展示，拉近与消费者之间的心理距离，与消费者建立良好的沟通关系。在这种打破时空限制的即时虚拟社交中，消费者“不断强化其正、负面的情感体验，产生包括信任/质疑、接纳/拒绝、依赖/疏离等情感”④，作用于品牌传播，积极的情感体验加速品牌信息的裂变，促进品牌价值认同的形成。因

① 程明、薛海霞：《自主信息传播时代品牌“制度化”的颠覆与“新制度化”的建构——从垂直设计到交互设计》，《现代传播》（中国传媒大学学报）2016年第6期。

② 侯筱蓉、李延昊：《基于用户情感体验的自媒体信息传播效果评价》，《情报理论与实践》2015年第5期。

③ 梁爽、喻国民：《移动直播“新景观”：样态演进、情感价值与关系连接》，《苏州大学学报》（哲学社会科学版）2021年第4期。

④ 蒲信竹：《观看与表演：移动社交短视频的互动仪式链——基于抖音社区的品牌传播策略研究》，《电视研究》2020年第7期。

此，主播可以通过直播间“激活、赋能和调节情感产生实际价值”[①]。

在直播间，主播通过问好、感谢打赏、邀请加入粉丝群等形式激发了消费者参与的热情、拉近了与消费者的情感距离，同时加强了消费者内部之间的亲密关系。于消费者而言，可以利用虚拟互动工具，如粉丝灯牌、送礼物，加关注等形式与主播进行互动，产生连接。其中，高度符号化的道具对消费者加深参与过程中的情感体验起到了关键作用，以抖音平台为例，符号化的道具主要分为三类：第一类，对真实物品的数字化展现，如直升机、热气球、千纸鹤、鲜花等，真实物品在物理空间的价格越高，在抖音平台可以兑换的抖币也就越多，私人飞机的价格比鲜花的价格就高出很多；第二类，浪漫的虚拟想象，即平台设计的基于虚拟想象的物品或活动，如主播之间的同屏 PK，礼物中常见的传送门、嘉年华、抖音一号、阿拉丁神灯，等等；第三类，将现实世界中本身具有情感特质的符号进行数字化动态呈现，比如，爱的守护、比心兔兔、亲吻。可以说，直播间高度符号化、场景化、社交化的界面及功能设置，为消费者参与品牌体验的过程增加了许多乐趣，与此同时，他们社交的传播行为创造了娱乐化的信息交互场景，通过各种形式的互动活动将自我无意识的品牌传播行为转变为群体有意识的品牌价值共创互动行为。因此，“构建数字化场景是未来企业品牌传播竞争的核心”[②]。

2. 以情感为连接的品牌话题

共同关注的焦点是消费者进行互动的前提，也是其共享情感体验的前提。在短视频平台上，消费者围绕内嵌的话题标签“#”、热门音视频及挑战活动等进行观看、点赞、评论、分享、模仿（表演），产生情感共鸣，形成集体兴奋。用户的广泛参与又进一步推动了话题的流行，而蕴含在话题之中的议程设置更是情感沟通和情感表达的重要形式，“其包含着使用者的选择倾向与意义赋予，也是社会心态的投射”[③]。在这个层面，短视频平台上的品牌传播具有话题性是引起消费者共同关注的基础，广泛认可的话题有利于凝聚消费者，形成群体团结，建立品牌社群。在品牌社群中，消费者逐渐意识到自己身份

① Wissinger, E., *Always on Display: Affective Production in the Modeling Industry*, New York: Duck University Press, 2007.

② 国秋华、程夏：《移动互联时代品牌传播的场景革命》，《安徽大学学报》（哲学社会科学版）2019 年第 1 期。

③ 奚路阳、程明：《短视频米姆式传播：行动逻辑与社会文化意涵》，《传媒观察》2022 年第 7 期。

的特殊性，感知到自己与社群成员之间的联系与相似特征，围绕特定的品牌话题、品牌产品或品牌价值进行互动与交流，便会产生认同感和归属感。另外，他们会因为自己是社群中的一员而感到骄傲并极力维护集体的利益，排斥对社群和品牌不利的“群外人”。

以花西子抖音官方旗舰店为例，其与消费者进行互动的方式主要包含参与抖音平台话题与主动发起话题两方面。首先，官方账号在短视频内容设置上紧跟抖音热门话题，如“爱要新招万物来潮”“古风”“汉服”“二次元”“游戏”等，同时分类视频合集，在好物推荐或者情景剧内容中植入产品信息，截至 2023 年 3 月 1 日，其账号发布 46 个合集作品。其次，为调动用户参与的积极性，获取抖音免费流量，花西子官方账号借助抖音平台发起“新年必纱技好运不掉色”“花西子平衡卸妆油”“花西子玉养空气蜜粉”等品牌专属话题，吸引用户参与，最终众多话题的播放量均达到 1 亿次以上。

因此，优质的话题内容设置将成为品牌价值体验在移动互联网时代的核心。然而，话题内容设置并不仅是营销者对于品牌价值的阐释，还是将阐释权转移到消费者手中，引导消费者对其做出回应，最终将消费者对于品牌的认知进行整合，形成以品牌价值为中心的文化现象或者热门话题。未来的品牌会是一个半成品，由消费者体验和参与共同完成。于是，品牌营销者要善于利用消费者洞察的结果在短视频平台上产出好的传播内容，刺激消费者积极主动参与传播分享信息，使消费者成为品牌价值的传播主体、品牌价值的共创者，并在这一过程中影响社交网络中的其他消费者。由此，设计出引领消费者主动参与互动的品牌传播活动就变得尤为重要。① 品牌营销者可以结合社会热点、行业热点以及目标受众心理和消费需求，策划与品牌价值相契合的、容易引起集体关注的、便于学习和模仿的活动话题，吸引用户积极参与短视频创作，主动进行自我表演和传播扩散，在与社群成员的交流互动中获得品牌体验，加深消费者的品牌感知和品牌记忆，形成对品牌的情感共鸣，提升对品牌价值和品牌理念的理解与认同。

（四）品牌价值共创：多方协同的结果

“平台品牌价值共创是顾客之间和其他利益相关者之间通过参与互动体验

① 赵侃：《“体验传播”——互联网＋时代品牌传播的设计新支点》，《装饰》2017 年第 6 期。

形成强连接的社会关系和网络关系"[①]，是品牌依托平台进行的自下而上的品牌价值创造活动。在短视频平台上，企业基于大数据对消费者进行洞察，及时调整品牌传播策略、互动工具帮助消费者直接和企业对话沟通，直播间符号化的道具提升消费者参与过程中的体验乐趣，平台的激励机制引导参与主体分享活动实现自身需要。

基于此，首先，短视频平台本身为企业和消费者提供了互动交流的可能性，内嵌于平台中的数据中台、互动工具、激励机制等为消费者体验、企业品牌传播与变现提供了基础价值，企业与消费者在平台中使用的数据反过来为平台提供了价值。其次，于企业而言，虚拟品牌场景打破了线上电商与线下门店在营销场景中难以即时转化的限制，企业可根据消费者对品牌的体验做出及时的调整。在平台中发起优质的话题，形成互动、营造气氛，将品牌价值逐渐地渗透到消费者意识之中，加深消费者的品牌体验。最后，于消费者而言，从对实用性消费的追求转向了对品牌体验感的追求，从商品价值的消费者身份转向了品牌体验价值创造者的身份[②]，消费者在品牌直播间不仅满足了自己的物质需求，还满足了其社会交往、知识汲取、自由放松等情感需求。消费者与主播的互动过程中，创新了品牌价值的内涵，使商品具有消费价值的同时附加了娱乐价值、社交价值和知识文化体验等方面的品牌价值。消费者将目光更多地聚焦在独特的品牌体验价值上，自愿地实施品牌传播行为，扩散并强化了品牌的影响力和品牌价值，其数字化消费行为及数据化的传播效果为平台提供了有价值的行为和分析数据，实现了平台品牌价值共创。

四　结语

短视频平台相较于以图文为主体的其他社交平台，更具有即时交互的特征，正是这种实时的交互让消费者能够参与品牌主策划的传播活动，并在虚拟空间中完成品牌信息的扩散。另外，需要强调的是，以 AIVSA 模式为基础探讨的短视频平台不是指某一个平台，而是将所有以短视频形式进行信息传播的平台包含在内。因此，本文最大的贡献在于，为以短视频为主要形式进

① 沈蕾、何佳婧：《平台品牌价值共创：概念框架与研究展望》，《经济管理》2018 年第 7 期。

② 沈占波、代亮：《网红直播带货营销机制研究——基于品牌价值共创视角》，《河北大学学报》（哲学社会科学版）2021 年第 6 期。

行品牌传播的品牌主提供了理论范式和实践依据。此外，需要注意的是，在短视频平台直播间里，主播作为连接品牌方与消费者的桥梁，有利于拉近与消费者的距离，创新消费者进行品牌体验的形式，实现品牌价值共创共享。但在资本的驱动下，大量 MCN 机构培养的主播表现出，语言匮乏、行为模式单一、同质化严重、水平参差不齐等特征。随着消费者素养的不断升级，能够持续为其提供情绪价值的主播才会持续得到关注，因此，品牌主在培养主播时要注重内涵而非形式。

•健康传播•

公众面对突发公共卫生事件的自我保护意愿研究：在线健康素养、风险感知与人口特征的共同作用

耿书培　余　欢　肖　迪*

摘　要： 遭遇突发公共卫生事件时，公众自我保护意愿对阻断疾病传播十分重要。基于对中部五省413名在线健康社区用户的调查，本研究关注自我保护意愿如何为风险感知的两个维度、两种形式的在线健康素养和诸多人口特征提供解释。研究发现，主观、客观在线健康素养均可正向预测自我保护意愿；严重性感知既是自我保护意愿的直接决定因素，也是中介易感性感知的影响因素；大龄用户和女性比青年用户和男性更易产生自我保护意愿。研究表明，在线健康素养教育不论是对心理层面的信心提升还是对实践层面的能力培养皆有重要意义，但二者的本质区别必须得到重视。主流媒体在报道突发公共卫生事件时应兼顾知识科普与情感激活两大目标，同时注重受众异质性。

关键词： 在线健康素养　自我保护意愿　风险感知　突发公共卫生事件

一　引言

突发公共卫生事件的进展和影响始终是全球各国政府关注的要点。对于呼吸道传染病的控制，戴口罩、勤洗手、保持社交距离等预防性措施的效用已被广泛证明。面对陌生的健康威胁，公众除了依靠自身经验进行决策，还会通过数字渠道寻求资讯、知识和解决方案，主流媒体的新闻生产活动因此

* 耿书培，华中师范大学新闻传播学院讲师，华中师范大学社会学流动站师资博士后，研究领域为健康传播、乡村传播、网络信息管理；余欢，华中师范大学新闻传播学院讲师，华中师范大学中国语言文学流动站师资博士后，研究领域为智能传播、非遗文化传播；肖迪，中南财经政法大学新闻与文化传播学院讲师，中南财经政法大学人口与健康发展研究中心师资博士后，研究领域为信息隐私、消费者决策分析。

而重要。应对突发公共卫生事件如同与时间赛跑，公众渴望权威而及时的健康信息，同时苦于这些信息中的专业术语、商业目的和误导效果。[①] 如不加以考虑，即便是最简单的感染人数报道也可能造成公众心态波动甚至集体恐慌。[②] 大数据时代，人们不仅直面健康威胁本身的挑战，也极易遭遇虚假信息泛滥的次生危机。如何在健康传播活动中兼顾及时与准确，做到科学与效用的平衡，是研究者、政策制定者和公益机构共同面临的问题。

对于所有的疾病应对而言，公众健康素养始终是最基本且最可靠的防线。健康素养不仅决定了健康主体对特定措施的判断和偏好，也决定了其能否准确理解重要处方所暗含的信息。[③] 换言之，具备健康素养意味着“有能力获取并理解健康信息以支持正确的健康决策”[④]，不具备健康素养则可能导致“不能正确理解环境线索和健康风险并错失切断传染途径的机会”[⑤]。与慢性病的追踪式管理有所不同，突发公共卫生事件的应对强调“及时阻断”“防治结合”，故通过互联网追踪最新的健康资讯尤为重要。相关资讯转化为保护措施的正确执行亦需社会公众的广泛配合，这反过来为个人层面的健康素养提出了更高要求。

关于健康素养、风险信念同自我保护意愿的关系，以往研究大多肯定了健康素养教育的积极之处，并认为严重性和易感性感知的增强有助于快速刺激保护意愿形成。但在信息源、信息量快速增长的数字时代，像“公众健康素养是否更难发展”“将信息资源成功转化为恰当应对措施的难度是否提高”之类的问题仍有待解决。[⑥] 不同于多年前的非典时期，如今的公众在家便可享受媒介化

---

① Rudd, R. , Baur, C. , “Health Literacy and Early Insights During a Pandemic, ”*Journal of Communication in Healthcare* 1(2020):13 –16.

② Apter, A. J. , et al. , “Numeracy and Communication with Patients: They are Counting on Us, ”*Journal of General Internal Medicine* 12(2008):2117 –2124.

③ Seng, J. J. B. , et al. , “Pandemic Related Health Literacy-A Systematic Review of Literature in COVID –19, SARS and MERS Pandemics, ”*Medrxiv*(2020):1 –33.

④ Berkman, N. D. , Davis, T. C. , McCormack, L. , “Health Literacy: What is it?” *Journal of Health Communication* S2(2010):9 –19.

⑤ Gaygısız, Ü. , Gaygısız, E. , Özkan, T. , Lajunen, T. , “Individual Differences in Behavioral Reactions to H1N1 During a Later Stage of the Epidemic, ”*Journal of Infection and Public Health* 1(2012):9 –21.

⑥ Sun, X. , et al. , “Determinants of Health Literacy and Health Behavior Regarding Infectious Respiratory Diseases: A Pathway Model, ”*BMC Public Health* 1(2013):261 –268; Sun, X. , et al. , “Relationships of Health Literacy, Health Behavior, and Health Status Regarding Infectious Respiratory Diseases: Application of a Skill-based Measure, ”*Journal of Health Communication*19(2014):173 –189.

社会带来的福利，通过智能设备即可轻松获取海量的、类型丰富的一手资讯，并从冗余信息中寻找、发现、理解和评价有意义的健康信息，培养依赖数字网络解决健康问题的能力，即养成在线健康素养。[①] 素养较低意味着公众更容易在接收健康资讯时出现误读、误解和错误的二次传播情形[②]，而素养较高则意味着公众通过健康应用等渠道搜寻相关信息时更加活跃[③]，搜索效率更高[④]、策略更为丰富[⑤]。因此，在新的媒介技术语境下，厘清在线健康素养同自我保护意愿之间的关系对突发公共卫生事件的应对防治尤为重要。

综上，本研究设计了一项中等规模的横截面调查，旨在探索在线健康素养对自我保护意愿的积极作用和发生机制，同时考虑人口特征和风险感知的影响。研究贡献包括三个方面：一是以客观题测评补充了基于参与者主观自评的在线健康素养衡量方法，为今后同“能力”“素养”有关的健康传播研究提供启示；二是指出了风险感知的两个维度（严重性感知、易感性感知）在自我保护意愿产生过程中的不同作用，强调严重性感知是诸多因素的重要中介；三是发现大龄用户反而在客观在线健康素养测评中表现更好，颠覆了“年轻人比老年人更会利用数字渠道积累健康威胁应对能力”的传统认知。

二 文献回顾

（一）从“健康素养”到“在线健康素养”

健康素养是一个较为宽泛的概念，本身难以被直接衡量。迄今为止，研究者尚未就这一概念的定义达成共识，也没能对健康素养的内涵进行一个精

---

① Norman, C. D., Skinner, H. A., “eHEALS: The eHealth Literacy Scale,” *Journal of Medical Internet Research* 4(2006): e27.

② Chou, W. Y. S., Oh, A., Klein, W. M., “Addressing Health-related Misinformation on Social Media,” *JAMA* 23(2018): 2417 - 2418.

③ Neter, E., Brainin, E., “eHealth Literacy: Extending the Digital Divide to the Realm of Health Information,” *Journal of Medical Internet Research* 1(2012): e19.

④ Cho, J., Park, D., Lee, H. E., “Cognitive Factors of Using Health Apps: Systematic Analysis of Relationships among Health Consciousness, Health Information Orientation, eHealth Literacy, and Health App Use Efficacy,” *Journal of Medical Internet Research* 5(2014): e125.

⑤ Tennant, B., Stellefson, M., Dodd, V., Chaney, B., Chaney, D., Paige, S., Alber, J., “eHealth Literacy and Web2.0 Health Information Seeking Behaviors among Baby Boomers and Older Adults,” *Journal of Medical Internet Research* 3(2015): e70.

确概括。[①] 通常，健康素养被视为一个涵盖其他概念的“伞状”概念，如知识素养和心理素养等，但层次结构并不明确[②]，测量范围亦较为狭窄[③]。根据 Nutbeam 的定义，健康素养包括基本性、互动性和批判性三个层次，它们共同构成在线健康素养概念的基础。[④]。

近年来，随着电子健康工具的发展，基于网络的健康信息极大促进了公众健康管理[⑤]，个人在线健康素养也在医疗保健中扮演更重要的角色[⑥]。在线健康素养源于 Norman 和 Skinner 先前有关信息通信技术与促进青年健康的研究，此概念被定义为“从电子资源中寻找、发现、理解和评价健康信息，并利用这些信息来解决健康问题的能力”。[⑦] 此研究是学者们在数字环境中总结健康素养含义的尝试之一，他们提出在线健康素养的核心技能是，以“分析型”（analytic）为主的传统素养、媒介素养和信息素养，以及基于“特定情境”（context-specific）的电脑素养、科学素养和卫生健康素养。[⑧]

以往有关在线健康素养的讨论大多集中于概念界定、量表设计和对健康后果的影响。关于在线健康素养的衡量，Skinner 等包含 8 个问项的量表

---

① Guzys, D. , Kenny, A. , Dickson-Swift, V. , Threlkeld, G. , “A Critical Review of Population Health Literacy Assessment, ”*BMC Public Health* 1(2015) : 1 – 7; Huhta, A. M. , Hirvonen, N. , Huotari, M. L. , “Concepts Related to Health Literacy in Online Information Environments: A Systematic Review with an Emphasis on Approach to Information, ”in *Information Literacy in the Workplace: 5th European Conference*, ECIL 2017, Saint Malo, France, September 18 – 21, （2017）: 460 – 469.

② Huhta, A. M. , Hirvonen, N. , Huotari, M. L. , “Health Literacy in Web-based Health Information Environments: Systematic Review of Concepts, Definitions, and Operationalization for Measurement, ” *Journal of Medical Internet Research* 12(2018) : e10273.

③ Frisch, A. L. , Camerini, L. , Diviani, N. , Schulz, P. J. , “Defining and Measuring Health Literacy: How can We Profit from Other Literacy Domains?”*Health Promotion International* 1(2012) : 117 – 126.

④ Nutbeam, D. , “Health Literacy as a Public Health Goal: A Challenge for Contemporary Health Education and Communication Strategies into the 21st Century, ”*Health Promotion International* 3(2000) : 259 – 267.

⑤ Pingree, S. , Hawkins, R. , Baker, T. , Dubenske, L. , Roberts, L. J. , Gustafson, D. H. , “The Value of Theory for Enhancing and Understanding eHealth Interventions, ”*American Journal of Preventive Medicine* 1 (2010) : 103 – 109.

⑥ Chung, S. Y. , Nahm, E. S. , “Testing Reliability and Validity of the eHealth Literacy Scale(eHEALS) for Older Adults Recruited Online, ”*CIN: Computers, Informatics, Nursing* 4(2015) : 150 – 156.

⑦ Norman, C. D. , Skinner, H. A. , “Engaging Youth in eHealth Promotion: Lessons Learned from a Decade of TeenNet Research, ”*Adolescent Medicine American Academy Of Pediatrics* 2(2007) : 357 – 369.

⑧ Harnett, S. , “Health Literacy, Social Media and Pandemic Planning, ”*Journal of Consumer Health on the Internet* 2(2020) : 157 – 162.

（eHEALS）被广泛使用。[①] 经检验，该量表对不同人群、时期和疾病类型具有广泛适应性，如老人健康、大学生疫苗接种、艾滋病防治等[②]。该量表包含多个语言版本，具有很好的内部一致性、稳定性和科学性。[③]

即便如此，现有的在线健康素养研究仍面临诸多挑战和质疑[④]：某些研究未将在线健康素养看作一组综合技能[⑤]，或是忽略了其中某些重要维度[⑥]。在操作层面，eHEALS 致力于衡量"能力"[⑦]，但多数研究出于可操作性考虑优先选择主观自评的衡量方法[⑧]，忽略了其中混淆认知偏差的事实：人们往往不能准确估计自身技能水平[⑨]。为了解决这一问题，迎合同一概念的多个衡量方式、角度和思维的趋势[⑩]，本研究采用客观测评补足主观自评的经典 eHEALS 问项，旨在减少偏误、增强科学性。据此，本研究提出第一个问题。

RQ1：个体主观自评的在线健康素养能否准确反映其客观测评的在线健康素养？

（二）在线健康素养与健康结果

提升健康素养的直接目的便是改变一系列与健康相关的结果，研究者对此进行了探索。在控制了人口背景特征，如社会经济地位、年龄和种族，健

① Skinner, H. A., Maley, O., Norman, C. D., "Developing Internet-based eHealth Promotion Programs: The Spiral Technology Action Research(STAR) Model, "*Health Promotion Practice* 4(2006): 406 – 417.

② Xie, B., "Effects of an eHealth Literacy Intervention for Older Adults, " *Journal of Medical Internet Research* 4(2011): e90; Brown, C. A., Dickson, R., "Healthcare Students'e-literacy Skills, " *Journal of Allied Health* 3(2010): 179 – 184.

③ Chan, C. V., Matthews, L. A., Kaufman, D. R., "A Taxonomy Characterizing Complexity of Consumer eHealth Literacy, "*AMIA Annu Symp Proc.* (2009): 86 – 90.

④ Braden, O., et al., "An Overview of Self-administered Health Literacy Instruments, " *PLoS ONE* 12 (2014): e109110.

⑤ Stellefson, M., et al., "eHealth Literacy among College Students: A Systematic Review with Implications for eHealth Education, "*Journal of Medical Internet Research* 4(2011): e102.

⑥ Chan, C. V., Kaufman, D. R., "A Framework for Characterizing eHealth Literacy Demands and Barriers, " *Journal of Medical Internet Research* 4(2011): e94.

⑦ van der Vaart, R., Drossaert, C., "Development of the Digital Health Literacy Instrument: Measuring a Broad Spectrum of Health 1.0 and Health 2.0 Skills, "*Journal of Medical Internet Research* 1(2017): e27.

⑧ Karnoe, A., Kayser, L., "How is eHealth Literacy Measured and What do the Measurements Tell Us? A Systematic Review, "*Knowledge Management & E-Learning: An International Journal* 4(2015): 576 – 600.

⑨ Merritt, K., Smith, D., Renzo, J. C. D., "An Investigation of Self-reported Computer Literacy: Is It Reliable, "*Issues in Information Systems* 1(2005): 289 – 295.

⑩ Altin, S. V., Finke, I., Kautz-Freimuth, S., Stock, S., "The Evolution of Health Literacy Assessment Tools: A Systematic Review, "*BMC Public Health* 1(2014): 1 – 24.

康素养和健康结果之间的关联仍然存在。[①] 尽管已有一些经验性证据，但目前关于健康素养对传染病预防和相关社会结果的影响缺乏足够的数据和经验。[②] 相比之下，在线健康素养概念出现的时间更晚，有关它与健康结果关系的研究相对更少。事实上，健康素养和在线健康素养均被发现会影响个体的健康信息搜索行为，最终影响个体的健康结果。[③]

由于多种形式的在线卫生资源正在改变卫生保健的方方面面，在线健康素养正变得越来越重要。具有高在线健康素养的个体不仅更倾向于使用网络来寻找健康问题的答案，还有能力准确理解信息、评估信息的真实性、辨别不同的健康站点质量来做出更明智的决定。[④] 提升在线健康素养不仅使公众能更加科学合理地使用健康信息，也令他们获得更积极的健康结果[⑤]，促进他们进行正确有效的健康选择[⑥]。相应地，缺乏在线健康素养可能引发一系列负面的健康后果，不利于人们获得理解、评价在线健康信息的能力和对网络健康信息产生信任。[⑦] 由此，本文提出第二个问题。

RQ2：突发公共卫生事件中，在线健康素养如何影响自我保护意愿？

H2a：主观自评的在线健康素养正向预测自我保护意愿

H2b：客观测评的在线健康素养正向预测自我保护意愿

（三）在线健康素养的个体差异

应对公共层面流行的健康威胁时，专业医护人员的建议固然重要，但公

① Schillinger, D. , et al. , "Association of Health Literacy with Diabetes Outcomes, " *Journal of American Medical Association* 4(2002): 475 - 482.

② Castro-Sánchez, E. , et al. , "Health Literacy and Infectious Diseases: Why Does It Matter?" *International Journal of Infectious Diseases* 43(2016): 103 - 110.

③ Neter, E. , Brainin, E. , Baron-Epel, O. , "The Dimensionality of Health Literacy and eHealth Literacy, " *European Health Psychologist* 6(2015): 275 - 280.

④ Bodie, G. D. , Dutta, M. J. , "Understanding Health Literacy for Strategic Health Marketing: eHealth Literacy, Health Disparities, and the Digital Divide, " *Health Marketing Quarterly* 1 - 2(2008): 175 - 203.

⑤ Mitsutake, S. , Shibata, A. , Ishii, K. , Oka, K. , "Association of eHealth Literacy with Colorectal Cancer Knowledge and Screening Practice among Internet Users in Japan, " *Journal of Medical Internet Research* 6 (2012): e153.

⑥ Baker, D. W. , "The Meaning and the Measure of Health Literacy, " *Journal of General Internal Medicine* 8 (2006): 878 - 883.

⑦ Chen, X. , et al. , "Health Literacy and Use and Trust in Health Information, " *Journal of Health Communication* 8(2018): 724 - 734.

众自身的认知、能力和行动更为关键。[①] 许多研究表明，健康素养对健康结果的影响部分通过自我效能、知识水平和一系列感知、信念、经验[②]得以实现，但这些观点是否适用于突发公共卫生事件语境仍有待考察。本研究考虑的个体因素主要包括与个人健康密切相关的因素，如人口特征、健康经历、患病史等，它们大多同时同健康信念、健康素养与自我保护意愿相关。

健康威胁的风险感知是同在线健康素养有理论关联的另一个构念[③]，其源于风险评价，与自我效能同属于认知评价。健康威胁发生时，人们对终局后果的判断存在相当大的个体差异，这源于差异化的风险感知导致的差异化的行动。[④] 缺乏健康素养有可能导致对风险的错误估计，进而影响后续健康选择[⑤]。风险感知通常包括两个维度：严重性与易感性。严重性感知指“个人对疾病后果和终局的担忧”[⑥]，易感性感知指“个人对自身罹患同类疾病可能性的判断”[⑦]。据此，本研究提出第三个问题。

RQ3：突发公共卫生事件中，风险感知的两个维度同两种形式的在线健康素养和自我保护意愿之间存在何种关联？

H3a：主观自评的在线健康素养正向预测风险感知

H3b：客观测评的在线健康素养正向预测风险感知

H4a：严重性感知正向预测自我保护意愿

H4b：易感性感知正向预测自我保护意愿

---

① Marais, F. , et al. , “A Community-engaged Infection Prevention and Control Approach to Ebola, ” *Health Promotion International* 2(2015):440 – 449.

② Osborn, C. Y. , Paasche-Orlow, M. K. , Bailey, S. C. , Wolf, M. S. , “The Mechanisms Linking Health Literacy to Behavior and Health Status, ” *American Journal of Health Behavior* 1(2011):118 – 128.

③ Reyna Valerie, F. , “How People Make Decisions that Involve Risk: A Dual Process Approach, ” *Current Directions in Psychological Science* 2(2004):60 – 66.

④ Katapodi, M. C. , Lee, K. A. , Facione, N. C. , Dodd, M. J. , “Predictors of Perceived Breast Cancer Risk and the Relation between Perceived Risk and Breast Cancer Screening: A Meta-analytic Review, ” *Preventive Medicine* 4(2004):388 – 402.

⑤ DeWalt, D. A. , Berkman, N. D. , Sheridan, S. , Lohr, K. N. , Pignone, M. P. , “Literacy and Health Outcomes, ” *Journal of General Internal Medicine* 12(2004):1228 – 1239.

⑥ Weinstein, N. D. , “Perceived Probability, Perceived Severity, and Health-protective Behavior, ” *Health Psychology* 1(2000):65 – 74.

⑦ Gallagher, K. M. , Updegraff, J. A. , Rothman, A. J. , Sims, L. , “Perceived Susceptibility to Breast Cancer Moderates the Effect of Gain-and Loss-framed Messages on Use of Screening Mammography, ” *Health Psychology* 2(2011):145 – 152.

亦有研究显示，在线健康素养可能在个人因素与健康行为之间起中介作用。[①] 尽管这一机制吸引了众多学者的关注，但由于在线健康素养的衡量并没能将个人因素与健康素养结果很好地分离开来，而某些个人因素可能会带来健康素养的变化，比如社会和文化因素。事实上，处在社会边缘的人群，如失业的人更易陷入健康脆弱性，他们游离于制度保障之外，较低的社会经济地位限制了其在线健康素养的上限。相比之下，医务人员长期工作在疾病防治一线，职业技能、人力资源禀赋和信息资源决定了他们整体在线健康素养水平较高。其他研究发现，老年人、低教育水平用户往往健康素养水平较低[②]，他们比年轻人、高学历用户更难适应日益复杂的卫生保健环境。[③] 据此，本文提出第四个问题。

RQ4：突发公共卫生事件中，自我保护意愿和在线健康素养是否存在个体差异？

目前，尚无研究检验个体因素通过在线健康素养或其他健康信念影响自我保护意愿的具体路径或机制。因此，本研究纳入重要个体因素，利用经验方法对此做出回应。

三　研究设计

（一）样本选择

综合考虑样本代表性与调研成本，本次研究的调查对象为山西、河南、湖南、江西和安徽五省的在线健康社区用户。与东部人口稠密的发达区域和西部相对落后省份的用户相比，中部用户的在线健康社区使用率居中，更能代表此时全国公众在线健康素养的平均水平。与社交媒体、电商平台和通用搜索引擎相比，专业的在线健康社区在提供更多科学信息的同时充斥着谣言与陷阱，专业内容生产与用户内容生产（社区内部自由交流）共存的特征更

① Hsu, W., Chiang, C., Yang, S., "The Effect of Individual Factors on Health Behaviors among College Students: The Mediating Effects of eHealth Literacy," *Journal of Medical Internet Research* 12(2014): e287.

② Eichler, K., Wieser, S., Brügger, U., "The Costs of Limited Health Literacy: A Systematic Review," *International Journal of Public Health* 5(2009): 313 - 324.

③ Paasche-Orlow, M. K., Parker, R. M., Gazmararian, J. A., Nielsen-Bohlman, L. T., Rudd, R. R., "The Prevalence of Limited Health Literacy," *Journal of General Internal Medicine* 2(2005): 175 - 184.

能体现公众在线健康素养的异质性。

本研究使用点对点滚雪球抽样方法：研究团队分别但同时在多个省份委托社交圈中不同职业、年龄和学历的好友向其所在工作群招募调查对象，并请这些好友重复该委托步骤，以此增强调查对象的异质性。调查中的“登录在线健康应用或浏览在线健康社区页面的频率”为判定问项，排除“每月不足一次”的轻度使用者。鉴于非随机抽样的固有局限，本研究尽可能在调查中包含较多的同保护动机有关的混淆因素，以此尽量避免调查过程中可能出现的各种偏误。

（二）调查设计

从问项结构来看，完整的调查问卷包含主观在线健康素养、客观在线健康素养测评、健康风险感知、自我保护意愿和人口统计问项五个部分，每个部分都包含 7 ~ 9 个问项。除人口问项和客观测评外，其余三个构念均以李克特五级量表形式由参与者给出主观评价，1 ~ 5 分代表“非常反对”至“非常赞同”。调查问卷总共有 5 页，每一页分别对应一个变量的若干问项，以避免不同的构念相互影响。

在以往研究中，在线健康素养的衡量往往以量表的形式出现，不同的选项反映了某一素养的不同情况。包含 8 个问项的 eHEALS 是最常见的工具，其有效性和稳定性得到众多研究者的肯定。本研究的调查亦采用该量表，参与者对问项的评价分数越高，代表他们认为自己具备高水平的在线健康素养。但越来越多的证据表明，自评的量表并不能完全准确地反映真实情况。因此，本次调查还加入了在线健康素养测评。这一测评包括 8 个问项，以单选的形式呈现，回答正确计 1 分，回答错误计 0 分，累计得分即反映健康素养的情况。与自评的方式相比，该测试的优势在于回答者必须从选项中选出唯一正确的答案，因此排除了社会期望偏差等干扰，客观性更强。

突发公共卫生事件的风险感知包括“严重性感知”和“易感性感知”两个维度，一般来说二者呈强烈正相关。本次调查将严重性和易感性的问项混合在一起，由参与者对每个问项做出主观判断，这也允许本研究对测量成分进行统计观察，判断易感性和严重性的问项是否能准确反映其应有的特性。

自我保护意愿作为公众做出健康行为决策并付诸行动的重要指标，常被研究者视为积极的结果。结合突发公共卫生事件的特性，本研究对流感预防意愿的有关问项进行了调整①，构成了一组包含 9 个问项的五级量表，要求参与者根据自己的真实保护意愿进行勾选。得分越高表示用户执行自我保护策略的意愿更强。

除上述主要变量外，人口特征（性别、年龄、收入、学历等）、个人经历和社会经济要素也可能对在线健康素养或自我保护意愿产生影响，它们都以常规问项形式出现在调查问卷中，并在后续分析过程中被充分考虑。

（三）操作过程

研究团队将调查手稿录入问卷星页面，增加单独的意见反馈栏，检查无误后生成链接和二维码，发送给北京某高校院系群、上海某企业工作群和杭州某机关单位工会群进行测试工作。修正部分表述问题后，正式调查于 2020 年 2 月 20 日 12 时开始，终止于三日后，得到 526 份样本，有效样本 413 份，筛选规则如下：第一轮，排除在线健康社区的轻度使用者，保留 430 份样本；第二轮，排除不属于中部目标省份的 IP 地址，保留 419 份样本；第三轮，排除重复作答者，保留 413 份样本。

执行调查时，我们一方面要求被请求转发链接的好友特别注重参与对象的异质性，另一方面额外支付相应的酬金以调动他们的积极性，尽量保证调查对象的可靠性。对于参与者而言，完成全部调查内容即可得到 4 元现金奖励，由问卷星平台代为发放。调查开始前，参与者必须先签署“知情—同意”协议，确认将个人相关信息以匿名方式共享给研究团队用于科研。关于本次研究的任何疑问，参与者也可随时以邮件形式同研究者进行沟通。

四　数据分析

此部分首先清洗调查所得数据，对样本的基本情况进行描述。随后，对各构念变量的有效性、可靠性和分布特性进行检验，确保它们适合做回归分析。在计算各因素对自我保护意愿的影响时，所有变量分三步进入回归模型，得到了在其他条件不变的情形下在线健康素养对自我保护意愿的作用。最后，

① Yang, Z. J. , Ho, S. S. , Lwin, M. O. , “Promoting Preventive Behaviors Against Influenza: Comparison between Developing and Developed Countries,” *Asian Journal of Communication* 6(2014): 567 – 588.

建立结构模型，明确指出严重性感知和在线健康素养的中介作用。

（一）描述统计

完成数据收集后，本研究依据设计方案分别对各变量做数据清洗，得到了6个构念变量和6项个人特征。其中，自我保护意愿是理论因变量，严重性感知和易感性感知是风险感知的两个维度；个人特征包括年龄、性别、学历和区域等信息（见表1）。

表1　变量信息

<table>
<tr><th>中文名称</th><th>英文名称</th><th>缩写</th><th>类型</th></tr>
<tr><td>客观在线健康素养</td><td>Actual e-health literacy</td><td>AEHL</td><td rowspan="6">构念</td></tr>
<tr><td>主观在线健康素养</td><td>Stated e-health literacy</td><td>SEHL</td></tr>
<tr><td>严重性感知</td><td>Perceived severity</td><td>PS1</td></tr>
<tr><td>易感性感知</td><td>Perceived susceptibility</td><td>PS2</td></tr>
<tr><td>风险感知</td><td>Perceived risk</td><td>PR</td></tr>
<tr><td>自我保护意愿</td><td>Willingness of protective response</td><td>PB</td></tr>
<tr><td>年龄</td><td>Age</td><td>AGE</td><td rowspan="4">个人特征</td></tr>
<tr><td>性别</td><td>Gender</td><td>GEN</td></tr>
<tr><td>教育程度</td><td>Education level</td><td>EDU</td></tr>
<tr><td>周边患者</td><td>Positive sample around</td><td>POS</td></tr>
</table>

注：出于简洁，非重要个人特征不予列出。

描述信息如表2所示，客观在线健康素养平均值为4.66，标准差较小（Std. =1.45），近似正态分布，表明测评设计比较合理，难度居中。其余潜变量测量结构均较稳定（$\alpha > 0.7$，KMO >0.6），风险感知经因子分析可得严重性感知（PS1）和易感性感知（PS2）两维度，符合理论预设。自我保护意愿（PB）作为本研究主要因变量，整体水平较高（M =4.82，Std. =0.33），表明突发公共卫生事件威胁普遍激活公众的自我保护意识。个人特征方面，约7%的参与者报告突发公共卫生事件影响了周边亲友，这些用户可能因此具有较高水平的风险感知。

表2　描述信息

	平均值（M）	标准差（Std.）	最小值（Min）	最大值（Max）	偏度（Skew）	峰度（Kurt）	信度指标（Cronbach's α）	效度指标（KMO）	问项数（Items）
主观在线健康素养	3.87	0.82	1	5	-0.50	0.05	0.94	0.91	8
客观在线健康素养	4.66	1.45	0	8	-0.31	0.16	—	—	8
严重性感知	4.30	0.64	1	5	-0.83	0.88	0.72	0.71	4
易感性感知	3.32	0.91	1	5	-0.03	-0.48	0.77	0.63	4
风险感知	3.81	0.64	1	5	-0.13	0.09	0.77	0.71	8
自我保护意愿	4.82	0.33	1.89	5	-3.53	19.36	0.84	0.87	9
年龄	31.56	12.07	10	69	0.57	-0.63	—	—	1
性别（0/1）	0.28	0.45	0	1	1.01	-0.99	—	—	1
教育程度（1～4）	2.97	0.60	1.00	4	-0.88	2.62	—	—	1
周边患者（0/1）	0.07	0.26	0.00	1	3.31	8.97	—	—	1
样本	413								

注：变量名称的对照参见表1；EDU的取值范围是1～4的整数。

描述信息表明，主观自评和客观测评的在线健康素养具有一定可比性：平均值均位于中间偏上水平，标准差较小，呈近似正态分布。但经双变量相关性检验，主观、客观在线健康素养仅有较弱且不稳定的关联（$\beta=0.07$，95% CI［-0.04，0.17］）。即便经过1000次自助抽样并控制其他因素，二者仍然只有不稳健的弱相关（$\beta=0.09$，95% CI［-0.01，0.17］），因此无法认为基于主观自评方法的在线健康素养能够较好反映基于客观测评方法的在线健康素养，eHEALS对在线健康素养的估计与用户实际表现有所差异。RQ1得到回应。

（二）回归分析

本次研究的核心问题在于主观、客观在线健康素养（SEHL/AEHL）是否同自我保护意愿（PB）具有统计意义上的相关。本研究假定它们存在某种线性关系，将自我保护意愿与在线健康素养和其他因素做了回归分析，得到三个回归模型。如表3所示，不考虑个人特征的作用时，仅易感性感知同自我保护意愿无关，严重性感知的作用最强（β =0.22，se =0.02）。回归模型加入部分人口特征后，自我保护意愿表现出性别差异（β = -0.14，se =0.03），女性比男性更愿意做出积极的健康选择。考虑所有因素后，预测变量对自我保护意愿的解释力度并未加大，故本报告选择模型Ⅱ来解释突发公共卫生事件下的用户自我保护意愿。

根据回归模型Ⅱ的信息，主观、客观在线健康素养都是自我保护意愿的正向预测因素，严重性感知的作用稍有减弱，性别差异存在，其余变量不存在统计显著的预测作用。简言之，其他条件不变，用户的主观或客观在线健康素养水平越高，或是严重性感知越强，其自我保护意愿就越强。至此，H2a、H2b 和 H4a 得到支持；H4b 被拒绝。RQ2 得到回应、RQ3 得到部分回应：主观、客观在线健康素养的作用虽较弱，但能稳固促进自我保护意愿的产生。此外，在线健康素养不太可能通过易感性感知实现对自我保护意愿的影响。

表 3　自我保护意愿的预测模型（OLS）

预测变量	被预测变量：自我保护意愿		
	模型Ⅰ	模型Ⅱ	模型Ⅲ
主观在线健康素养	0.09（0.02）***	0.09（0.02）***	0.09（0.02）***
客观在线健康素养	0.02（0.01）*	0.03（0.01）*	0.03（0.01）*
严重性感知	0.22（0.02）***	0.21（0.03）***	0.22（0.03）***
易感性感知	-0.02（0.02）	-0.02（0.02）	-0.02（0.02）
年龄		0.00（0.00）	0.00（0.00）
性别（0/1）		-0.14（0.03）***	-0.14（0.03）***
教育程度		-0.03（0.03）	-0.03（0.03）
周边患者（0/1）			-0.05（0.06）
控制：其他因素	*N*	*N*	*Y*
截距	3.52（0.12）***	3.66（0.14）***	3.63（0.15）***
模型信息			
% R^2	23%	27%	27%
D - W	1.90	1.94	1.95
Obs.	413	413	413

注：标准误差位于系数右侧括号内，保留两位小数；D - W 取值接近 2 表明随机误差不存在自相关问题；* 表示 p≤0.05，** 表示 p≤0.01，*** 表示 p≤0.001。

关于在线健康素养同风险感知两个维度的关系，本报告分别将严重性感知和易感性感知与相关因素做了回归分析。如表 4 所示，个体特征不同，严重性感知和易感性感知具有统计显著的相关。主观在线健康素养同严重性感知、易感性感知均有正向关联：用户主观自评的在线健康素养水平越高，对遭遇健康威胁的结果估计就越严重（β = 0.09，se = 0.04），也越认为自己会被健康威胁直接影响（β = 0.14，se = 0.06）。客观在线健康素养仅对严重性感知有负向影响（β = −0.05，se = 0.02）：用户的测评表现越好，越不认为突发公共卫生事件严重。此外，年龄正向预测严重性感知（β = 0.02，se = 0.00），年轻用户比年长者更不认可相关健康威胁的严重性。至此，H3a 得到支持，H3b 被拒绝，客观在线健康素养能且仅能负向预测严重性感知。RQ3 得到进一步解释：严重性感知同时同两类在线健康素养和自我保护意愿相关，提示其可能的中介作用。

表 4　风险感知的预测模型（OLS）

预测变量	被预测变量：严重性感知		被预测变量：易感性感知	
	模型Ⅰ	模型Ⅱ	模型Ⅲ	模型Ⅳ
主观在线健康素养	0.09* (0.04)	0.09* (0.04)	0.14* (0.06)	0.14* (0.06)
客观在线健康素养	−0.05* (0.02)	−0.05* (0.02)	−0.04 (0.03)	−0.04 (0.03)
年龄	0.02*** (0.00)	0.01*** (0.00)	0.00 (0.00)	0.00 (0.01)
性别（0/1）	−0.04 (0.07)	−0.03 (0.07)	0.05 (0.10)	0.04 (0.10)
教育程度	0.01 (0.05)	0.02 (0.05)	0.07 (0.08)	0.07 (0.08)
周边患者（0/1）		−0.11 (0.12)		−0.14 (0.18)
控制：其他因素	*N*	*Y*	*N*	*Y*
截距	3.67*** (0.24)	3.79*** (0.25)	2.64*** (0.35)	2.60*** (0.37)
模型信息				
% R^2	9%	10%	1.9%	2%
D − W	1.94	1.94	1.82	1.81
Obs.	413	413	413	413

注：标准误差位于系数右侧括号内，保留两位小数；D − W 取值接近 2 表明随机误差不存在自相关问题；* 表示 p≤0.05，** 表示 p≤0.01，*** 表示 p≤0.001。

（三）结构模型

综合回归分析所得信息，在线健康素养存在通过严重性感知影响后续自我保护意愿的可能。为进一步解释这四个研究问题，本研究建立了个人特征作为前因、自我保护意愿作为后果的结构模型。如图 1 所示，主观、客观在线健康素养均能直接影响自我保护意愿（$\beta_{SEHL}=0.09$，$se=0.02$；$\beta_{AEHL}=0.02$，$se=0.01$），但仅有客观在线素养能通过严重性感知间接影响自我保护意愿（$\beta_{indirect}=-0.01$，$p\leqslant 0.05$）。严重性感知既是自我保护意愿的主要决定因素（$\beta=0.20$，$se=0.02$），也是重要的中介变量：客观在线健康素养、易感性感知和年龄均能通过严重性感知影响自我保护意愿。用户估计自己遭遇健康威胁的概率越高，就越容易认为健康威胁严重，因此实施自我保护措施的愿望更强烈。尽管提高客观在线健康素养能略微削弱严重性感知，但这一路径对自我保护意愿的影响甚微，也易被直接作用抵消。至此 RQ3 得到充分解释，两类在线健康素养较弱地通过严重性感知影响自我保护意愿，其效果不如直接影响。

人口特征方面，性别和年龄能分别直接和间接影响自我保护意愿：年龄越大的用户越容易感到健康威胁严重，因此更愿意采取保护行动。用户随年龄增长也会在客观在线健康素养方面有所积累，因此自我保护意愿更强（$\beta_{indirect}=0.01$，$p\leqslant 0.001$）。相比之下，严重性感知路径施加的影响更为充分。至此，RQ4 得到充分解释，客观在线健康素养和严重性感知均是年龄同自我保护意愿关系的中介，但严重性感知提供的中介作用更强。从全局考虑，主观、客观在线健康素养更多发挥直接作用，较少通过严重性感知实现对自我保护意愿的影响；相对地，年龄主要通过严重性感知正向影响自我保护意愿，客观在线健康素养提供的间接作用较弱。

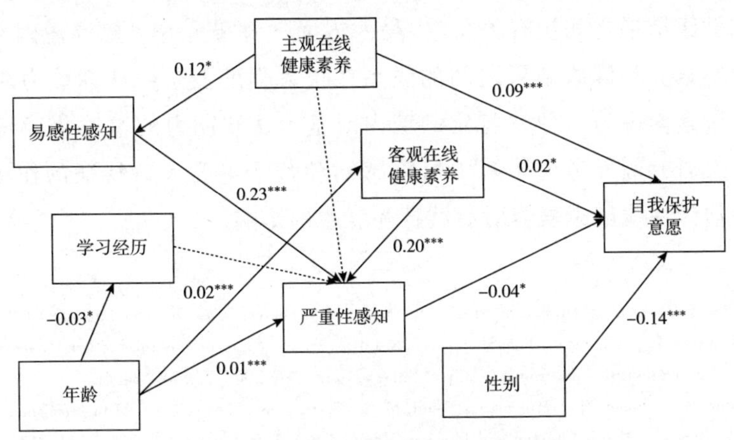

图 1　预测自我保护意愿的结构模型

注：虚线代表路径不稳固；$\chi^2/df=1.086$，CFI = 0.997，NFI = 0.964，RMSEA = 0.014；$n=413$；* 表示 $p\leqslant 0.05$，** 表示 $p\leqslant 0.01$，*** 表示 $p\leqslant 0.001$。

五　讨论

（一）对主要发现的讨论

本文通过在突发公共卫生事件背景下对中部五省在线健康社区用户的抽样调查，探索用户两类在线健康素养如何受个人因素的影响，又如何作用于后续的自我保护意愿。研究表明，eHEALS 代表的主观自评的在线健康素养不能反映客观测评的在线健康素养，二者关联较弱。如前文所述，健康素养作为一个复杂、跨学科的构念，涵盖了知识和能力的各个方面，很难仅通过由问项构成的量表得到准确估计。以往研究较少应用客观测评方法评估用户的健康素养，故本研究的操作也有待进一步检验，更不能因此否定经典 eHEALS 提供的主观信息。综上，同时设立主观和客观在线健康素养的评估方式，是一次积极的尝试、探索和进步。客观信息有助于消除主观反馈中的认知偏差和社会期望偏差，本研究呼吁今后的健康素养相关研究重视衡量方式的差异性，并对 eHEALS 和客观测评工具做进一步完善。

研究发现，其他条件不变时，主观、客观在线健康素养均能有效、正向预测突发公共卫生事件下的自我保护意愿。目前，学界尚不清楚健康素养和健康结果之间具体的影响机制是什么。一方面，有人认为，当健康素养和健康结果之间存在真正的关系时，过度调整可能会产生虚假的负面结果，即健康素养和健康结果之间没有关联。① 另一方面，对智力等主要混淆因素的研究表明，健康素养和健康结果之间的联系在很大程度上是由认知能力决定的②，可以将健康素养视为一种“特定领域内对基本认知能力的情境化衡量”③。鉴于此，本次研究额外考虑了威胁风险感知和若干重要人口特征的作用，以尽可能准确估计在线健康素养对后续行为意愿的影响。

① Bailey, S. C. , et al. , “Update on Health Literacy and Diabetes, ” *The Diabetes Educator* 5(2014): 581 – 604; Baker, L. , Wagner, T. H. , Singer, S. , Bundorf, M. K. , “Use of the Internet and E-mail for Health Care Information: Results from a National Survey, ” *Jama* 18(2003): 2400 – 2406.

② Mõttus, R. , Johnson, W. , Murray, C. , Wolf, M. S. , Starr, J. M. , Deary, I. J. , “Towards Understanding the Links between Health Literacy and Physical Health, ” *Health Psychology* 2(2014): 164 – 173.

③ Reeve, C. L. , Basalik, D. , “Is Health Literacy an Example of Construct Proliferation? A Conceptual and Empirical Evaluation of its Redundancy with General Cognitive Ability, ” *Intelligence* 44(2014): 93 – 102.

就个体因素而言，公众对突发公共卫生事件的严重性感知会强烈影响后续自我保护意愿，而易感性感知也能通过严重性感知对后续自我保护意愿产生间接影响。尽管提高客观在线健康素养会略微削弱公众对健康威胁的严重性感知，进而间接影响自我保护意愿，但相较于其直接影响，这一间接影响不值一提。本报告认为，单独使用客观试题评判公众的在线健康素养失之偏颇，但将这一变量完全交由公众自主报告更是缺乏可靠性。当研究者同时考虑并应用两种衡量方法时，它们各自的缺陷能够得到一定程度的弥补，并提供总体上更可信的信息：不论是自我感知的信心还是实际技能水平的提升，皆有助于增强面对突发公共卫生事件的自我保护意愿。此外，年龄的作用不可忽视。公众会随着年龄的增长具备更强的严重性感知，即年龄越大越认为健康威胁严重，大龄公众更愿意采取各类保护健康的措施。本研究尽管也发现了年龄同客观在线健康素养之间的正向关系，但根据经验，这种关系源于知识、阅历和技能，能够随时间的推移而得到积累，它们并未同自我保护意愿构成明显的中介路径，具体原因有待进一步探究。

从实践角度看，过度恐慌带来的严重性感知的增强虽然能迫使公众在自我保护意愿上做出反应，但它对于公众的在线健康素养（无论是主观还是客观）的提高几乎没有帮助。相比之下，若把严重性感知看成独立的因素，公众主观、客观在线健康素养的提高都能为健康结果和自我保护意愿提供稳定的帮助。这提示主流媒体的报道策略应强化科普框架的使用，适度弱化并减少威胁刺激，在充分平衡时效与准确的前提下，考虑受众的异质性，以振奋信心和传播健康威胁的科学应对知识为目标，培养公众在突发公共卫生事件中自觉产生保护意愿。

（二）局限与展望

本研究虽然为突发公共卫生事件语境下自我保护意愿同在线健康素养的关系提供了诸多见解，但研究本身存在局限性，其中之一是调查问卷的完成率不高。考虑参与者和未参与者可能存在某些固有的、内在特征层面的差异，未来研究应更注重调查响应偏误和社会期望偏差等问题的规避。

受制于调查窗口和研究预算，本研究未能使用科学分层抽样设计，亦未得到完全随机样本，尽管充满异质性的便利样本仍可用于假设检验，但所得结论的扩展受限。另外，单单依靠横截面数据不能对理论模型中涉及的因果命题做科学检验。后续研究应考虑纵向或实验数据，例如对同一在线健康社区的同一批用户做多次观测，有助于无偏因果效应的识别。本研究的另一局限在于参与者普遍具有较高的学历，这意味着他们的平均在线健康素养可能更高[①]，未来研究应进一步加强样本代表性。考虑到技术使用的社会影响[②]，不遗漏结构性因素亦十分关键。建议在未来的研究中，研究者持续关注社会文化层面的因素对自我保护意愿和在线健康素养的影响。

出于计划行为理论，自我保护意愿是实际行为选择的重要预测指标，但用自我预计的行动不等于真实客观的健康行为选择。自我保护意愿是个人自我指示执行特定的行动以达到相关结果的主观信念[③]，而实际保护行为则是实时行为决定的。意愿与行为的不一致广泛存在于多个健康场景[④]，故未来研究可以考虑设计诱导性调查并执行跟踪回访，缩短意愿与行为的一致性差距。本研究设置了在线健康素养测评以弥补 eHEALS 的缺陷，但客观测评的问项仍有完善的空间，今后研究应对此进行重复检验，构建更加科学可靠的测量结构。未来要对在线健康素养的概念有一个清晰的认识和把握，进一步考虑如何将变化的在线信息环境和具体实践嵌入概念，并将概念的维度体现在具体的测评问项中。本研究呼吁未来研究能够完善 eHEALS 的子部分，比如针对特殊疾病的高危人群或不同年龄段的人群等，以提升该量表的适用性。

① Baumgartner, S. E., Hartmann, T., "The Role of Health Anxiety in Online Health Information Search," *Cyberpsychology, Behavior, and Social Networking* 10(2011): 613 - 618.

② Zhou, T., "Understanding Online Community User Participation: A Social Influence Perspective," *Internet Research Electronic Networking Applications & Policy* 1(2011): 67 - 81.

③ Sheeran, P., Webb, T. L., "The Intention-behavior Gap," *Social and Personality Psychology Compass* 9(2016): 503 - 518.

④ Birch, D., Memery, J., "Tourists, Local Food and the Intention-behaviour Gap," *Journal of Hospitality and Tourism Management* 43(2020): 53 - 61.

• 媒介记忆 •

全球化时代企业改革发展的影像表征与数字记忆实践

——以B站“激荡四十年”系列视频为例*

王　润　侯　明**

摘　要：本研究以B站“激荡四十年”系列视频构建的数字记忆场域为探索空间，以全球化时代网民对改革发展进程中不同类型企业的认知为切入口，考察华为、可口可乐、万向三个企业的改革发展影像表征与数字记忆实践。研究发现，影像表征涉及以乡镇楷模、科创代表、外资引进为历史主题的三类企业形象；在视频影像与弹幕文本的记忆唤起下，网民基于自身的生命体验、地域感知以及改革开放的主流文化，形成“自豪”与“抵触”两种情感的企业记忆。当然，这两种企业记忆类型并非对立，网民回溯企业改革发展的历程，考察全球化时代企业交往的尺度，并在跨文化语境中重新审视“自我”与“他者”的动态关系，从而实现网民关于企业和国家的身份认同和数字记忆实践。

关键词：民族主义　数字记忆　跨文化　全球化　认同　跨国企业

一　研究缘起

改革开放这一以经济发展为主线的宏大历史事件是一代国人的共同记忆，许多重要的公司、企业伴随中国经济改革的巨浪应运而生，逐渐发展壮大，在普遍规律与现实国情中探索出一条中国式现代化道路。与此同时，20世纪末以来的全球化进程不仅为企业带来与世界进行广泛经贸交流的机会，也使

---

* 本文系国家社科基金青年项目“数字时代青年红色记忆实践中的国家认同培育路径研究”(21CXW022)、浙江传媒学院新闻传播研究院专项课题“数字化时代改革开放媒介记忆实践与话语建构研究”的阶段性成果。

** 王润，浙江传媒学院新闻与传播学院副教授，研究领域为媒介社会学、集体记忆；侯明，浙江传媒学院新闻与传播学院，研究领域为媒介记忆、跨文化传播。

企业面临国际市场跨文化沟通的挑战。就传播技术而言，新媒体平台的兴起促进了各国间的传播和互动，公众在全球化语境下全面审视企业的发展变迁，在新媒体空间追忆伴随改革开放和全球化的企业历史。

哔哩哔哩网站（以下简称“B 站”）作为当前中国重要的亚文化聚合与创作视频平台，涌现了许多反映时代主题的视频作品。这些作品一方面以其独特的创作风格形塑了重要事件的历史影像，另一方面基于平台的弹幕文化和评论机制形成了历史题材书写和公众记忆唤起的“数字记忆场”。“激荡四十年”作为 B 站人文知识区博主以吴晓波的《激荡四十年》为蓝本创作的历史回顾类节目，讲述了改革开放 40 年以来每一年的历史大事件，以企业人物的视角书写了当时的企业改革发展历程。该系列视频自 2020 年 6 月 22 日首期节目发布开始就引起广泛关注。截至 2023 年 7 月 20 日，该系列视频累计播放量 5789.6 万次，弹幕量总计达 70.8 万条。

本研究以该节目所建构的改革开放企业发展的影像内容为主要片段，试图对该视频中企业形象的影像表征、评论区网民的相关评论以及弹幕讨论进行话语分析，以全球化时代网民对改革发展进程中不同类型企业的认知为切入口，探究网民在面对他国和本国企业的改革发展历程时面向不同文化的数字记忆实践过程，考察网民身份认同和记忆唤起的动态建构过程。

二　文献综述：数字记忆实践、民族身份与跨国企业

（一）新媒体语境下的记忆实践

新媒体技术提供了数字化和跨时空的技术载体，使原有的记忆建构方式发生更新和变革。[①] Van Dijck 和 Neiger 等是数字记忆研究的国际领军学者，他们在著作中均指出，留存于相片和日记等介质中的材料逐渐成为个体认同形成与传播的载体，而数字时代技术也深刻影响着记忆的塑造过程。[②] 近年来，国内外涌现一系列互联网影响记忆实践的相关研究。Morris-Suzuki 对互联网、流行小说乃至漫画等当代传媒在记忆重塑中的作用进行了探讨，认为以互联

---

① 周海燕：《媒介与集体记忆研究：检讨与反思》，《新闻与传播研究》2014 年第 9 期，第 39～50 页。

② Van Dijck, J., *Mediated Memories in the Digital Age*, CA: Stanford University Press, 2007, p. 2; Neiger, M., et al. (Eds.), *On Media Memory: Collective Memory in a New Media Age*, New York: Palgrave Macmillan, 2011.

网为代表的媒介聚集与重塑了许多著名历史事件与典故。[①] Hemard 基于维基百科中的“编辑之战”对苏联历史话语书写权的争夺，讨论了记忆如何在社交媒体中被反复建构。[②]

国内学者刘于思对互联网时代网民集体记忆变迁进行了定量分析，该研究指出互联网为集体记忆的个人书写提供了可能性，进而与官方记忆展开争夺与协商。[③] 李红涛、黄顺铭则对南京三家媒体机构推出的线上公祭空间进行了考察，揭示了记忆生产在线上空间生成所依循的逻辑。[④] 席妍和罗建军则将社交媒体评论区视为一个哀悼空间，网民通过在其中进行日常化表达从而对哀悼意义进行协商，在该场域内生成民间记忆与官方记忆相融合的新的记忆秩序。[⑤] 可见，媒介的演化在不断重塑记忆实践方式，在新媒体语境下，数字记忆实践已成为当前的研究热点。而本研究中，新媒体语境下图像和视觉影像对记忆的重构和公众记忆实践也是值得探究的议题。

（二）全球化、数字记忆与身份认同

随着集体记忆不断被媒介重塑，民族身份与认同的研究也开始呈现传播和媒介的特征。学者多伊奇在《民族主义与社会沟通》一书中对民族认同、集体记忆和大众媒介之间的互动关系进行批判和思考。[⑥] 安德森则指出，在民族主义认同形成与记忆分享过程中，大众媒介处于核心位置，正是大众媒介通过图像和语言生产了民族主义所需的团结。[⑦] Billig 又在此基础上指出，在已成形的民族国家中，民族的地位是不断下降的，他用日常民族主义（Bannal Nationalism）来涵盖那些在西方国家中不被察觉的例行公事的实践、意识形态

① Morris-Suzuki, T. , *The Past Within Us: Media, Memory, History*, New York: Verso, 2005.

② Hemard, D. , “Design Issues Related to the Evaluation of Learner-computer Interaction in a Web-based Environment: Activities vs Tasks, ”*Computer-Assisted Language Learning* 19(2006): 261 – 276.

③ 刘于思：《民族主义、国家认同与数字化时代中国网民的集体记忆》，《全球传媒学刊》2015 年第 4 期，第 24 页。

④ 李红涛、黄顺铭：《一个线上公祭空间的生成——南京大屠杀纪念与数字记忆的个案考察》，《新闻与传播研究》2017 年第 1 期，第 5 ~ 26 页。

⑤ 席妍、罗建军：《社交媒体哀悼空间中的记忆书写与话语实践——基于@ xiaolwl 微博评论的分析》，《新闻界》2022 年第 2 期，第 40 ~ 48 页。

⑥ Deutsch, K. W. , *Nationalism and Social Communication*, Cambridge: MIT Press, 1966, p. 97.

⑦ Anderson, B. , *Imagined Communities: Reflections on the Origin Spread of Nationalism*, London: Verso, 1991, pp. 191 – 210.

价值观以及记忆。[①] 还有学者引入世界主义的概念来加深对于记忆与身份认同的理解和认识。[②]

数字时代分析数字记忆空间内的个体感知与情感实践，并探索其如何与集体记忆相连接，最终走向民族身份认同仍显得十分必要。[③] 当下，中国的民族主义可以理解为一种动态的过程。这种过程不仅包含了中国在不同历史阶段如何去理解自身，也包含了中国如何去理解自我和他者（尤其是西方）之间的关系，即“我们所谓的民族主义实际上是一种不断变化的自我和他者的关系”[④]，而这种不断变化的关系不停地重塑自身的身份认同。全球化与数字化语境下，原本的国家边界被打破，有学者引入世界主义的概念来对民族身份的生成进行补充，认为世界主义是一种与民族主义既相互竞争、冲突，又相互融合、混杂的一种理念。[⑤]

国内外学者纷纷对二者的关系进行讨论。外国学者 Kyriakidou 认为世界主义和民族主义指涉理解世界以及个体在世界中的位置的特定方式，并指出两者不是并列的，而是交替的。[⑥] 国内学者袁光锋在其研究中把两个概念界定为“谈论世界、个体在世界中的位置，以及‘我们’与‘他们’之道德关系的特定方式和讨论框架”，亦即两者都是关于“我们”以什么方式来想象与“他们”的关系。[⑦]

（三）企业作为记忆对象的研究

尽管记忆研究在新闻传播领域引起高度关注，但目前以公司、企业为记忆对象的研究相对较少，传播学领域的较多研究聚焦企业形象建构和策略，而非从社会记忆角度切入进行分析。过去有关企业形象尤其是跨国企业形象的研究集中于影响研究和策略研究，学者们致力于通过量化的方式呈现媒体

① Billig, M. , *Bannal Nationalism*, London: Sage, 1995, p. 6.

② Lindell, “American Perceptions of China and the Chinese: Do the Media Matter?” represented at the 65th Annual Meeting of the World Association for Public Opinion Research, Hong Kong, 2014.

③ 李红涛、杨蕊馨：《把个人带回来：数字媒介、社会实践与记忆研究的想象力》，《新闻与写作》2022 年第 2 期，第 5 ~ 15 页。

④ 李红梅：《如何理解中国的民族主义?：帝吧出征事件分析》，《国际新闻界》2016 年第 11 期，第 91 ~ 113 页。

⑤ 单波：《跨文化传播的问题与可能性》，武汉大学出版社，2010。

⑥ Kyriakidou, M. , “Imagining Ourselves Beyond the Nation? Exploring Cosmopolitanism in Relation to Media Coverage of Distant Suffering, ” *Studiesin Ethnicity and Nationalism* 3(2009): 481 – 496.

⑦ 袁光锋：《“国家”的位置：“远处的苦难”、“国家”与中国网民的“同情”话语》，《国际新闻界》2018 年第 7 期，第 16 ~ 36 页。

在跨文化传播实践中对于企业形象的建构以及如何制定企业的跨文化传播策略，发挥其在地化优势。学者陈欧阳通过对599位美国公众的调查，揭示了外媒新闻报道和公众的直接经验对中国企业在美形象认知的共同作用机制，为中美博弈背景下中国企业海外形象传播实践提供参考。[①] 关家莉则是从公关策略中分析跨国企业在不同文化中的生存之本，其研究指出企业的全球化程度、企业文化与企业的决策模式，对于其拟定的全球公关策略有相当大的影响。[②] 同时，成熟的跨国企业并不会强力地影响当地社会，相反地，运作良好的跨国企业，往往兼顾地方特性。

而真正将企业作为记忆对象的研究，当前多集中在历史学、档案学。例如崔晓强在其研究中利用口述史的方法讨论了安徽某钢厂企业下岗工人的社区记忆，同时将同一时区企业在媒介上展现出的集体记忆与之对比，探究二者之间的差异，研究国企工人在不同阶段的身份认同。[③] 赵安和刘琪则从档案记忆观的视角出发，针对企业档案资源建设的现状和不足，提出应采取多层次企业档案资源管理的模式，紧跟大数据发展步伐，为构建和维护社会记忆发挥更大的作用和价值。[④]

综上，以往的集体记忆和数字记忆实践研究，大多从大众传播和网络互动的视角进行考察，较少从全球化时代的民族身份和公众记忆唤起的视角进行研究。本文以网民对具有不同民族—世界属性的本国企业和跨国企业的认知和数字记忆唤起为考察对象，从而揭示数字记忆实践在跨文化和全球化背景下的复杂性。

三　研究方法与研究问题

（一）研究对象与选取标准

为服务于本文的研究问题，本研究拟选取“激荡四十年”系列视频中在

① 陈欧阳：《中国企业在美形象的影响因素研究》，《新闻与传播评论》2021 年第 3 期，第 118 ~ 128 页。

② 关家莉：《跨国企业类型与其全球公关策略关联的实证研究》，《新闻大学》2008 年第 4 期，第 108 ~ 114 页。

③ 崔晓强：《我国国有企业工人的社区身份建构与社会记忆研究》，硕士学位论文，西南政法大学，2019。

④ 赵安、刘琪：《档案记忆观视角下企业档案资源开发探究》，《机电兵船档案》2021 年第 5 期，第 68 ~ 70 页。

改革开放时期具有代表性的三个企业形象作为主要研究对象，这三个企业分别为华为、可口可乐、万向。企业选取标准如下：

（1）视频中表现出在改革开放这个关键节点做出贡献、体现出社会责任感的企业；

（2）延续至今仍具有一定市场占有率的、经历了时代考验的企业；

（3）在视频书写框架内体现出“民族性”的企业；

（4）在视频书写框架内体现出“国际化”的企业；

（5）企业形象方面，受众的解读框架与视频书写框架产生差异的企业；

（6）企业形象在弹幕与评论区有一定讨论度的企业；

（7）有“跨国经历”的企业。

根据研究问题拟列举以上七条企业选取标准，本研究将选取符合其中三条及以上的企业的形象进行进一步分析。通过对视频内容和弹幕、评论内容进行粗筛，拟选取华为、可口可乐、万向。而这三个企业又分别为：外国跨国企业（可口可乐）、中国跨国企业（华为）、本土民族企业（万向）。三个企业的形象之间性质各有差异，同时通过两两对比符合本研究对跨国企业形象的探究。

（二）数据来源与研究方法

本研究采用话语分析的方法，对“激荡四十年”系列视频中企业形象书写部分的视频内容进行视觉话语分析，对弹幕及评论区有关企业形象的相关讨论进行批评性话语分析，试探究网民对企业形象的差异性解读背后的原因。

数据采集方面，本研究爬取、清洗、整理了 1978～1996 年共 19 期“激荡四十年”系列视频评论区的 34075 条评论、34 万余条弹幕。为服务于研究主题——企业形象，本文将所选的三个企业相关视频下的数据进行整理。经合并整理后，视频数据为 1978 年、1980 年、1981 年、1982 年、1983 年、1984 年、1986 年、1987 年、1988 年、1991 年、1992 年、1994 年 12 期，共 17538 条评论、21 万余条弹幕。

为了避免过于主观地选择话语进行分析，在具体的研究过程中，研究者先整体阅读这些评论与弹幕资料，获取网民话语的整体认知，在此基础上对代表性的话语进行分析，尽力呈现网民话语的复杂性。将网民弹幕与评论文本进行汇总后，利用 Python 自定义编程，有目标地搜集与华为、可口可乐、万向三个企业相关的话语素材，爬取得到相关语句共 20058 条，再进行数据清洗，最终得到有效数据 12980 条。将数据进行初步词频分析（见图 1），并将讨论度高的词语进行主题分类，得到网民对三个企业的整体讨论度排序。词频分析显示，网民对三个企业的讨论度排序由高到低为华为、可口可乐、万向。

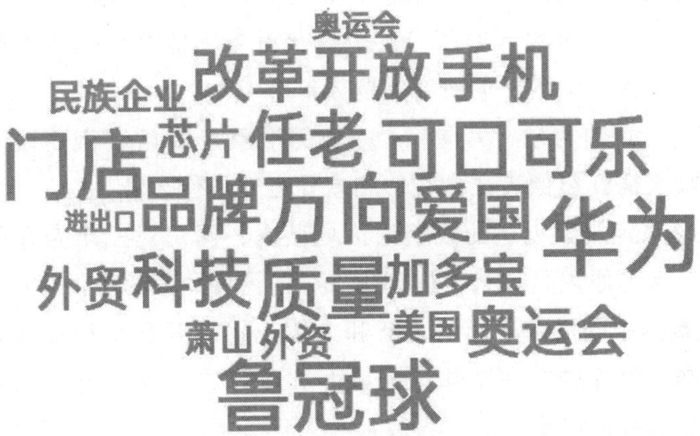

图 1　企业讨论文本词云

对于评论文本的情感倾向，本文采用台湾大学 NTUSD 极性词典对文本进行情绪词识别与标注，选取积极、消极情绪词两类，结合案例具体文本添加和调整部分自定义词汇，取两类情绪中命中次数最多的作为一条文本的情绪类别，均无命中的标为中性情绪。将以上与三个企业相关的讨论文本分别进行情感分析（情感分数值在 0 ~ 1），当结果大于 0.5，则说明文本的情感较为积极；当结果小于 0.5，则说明文本的情感较为消极。对与三个企业相关的每条评论进行情感打分，得到最终平均值，其中华为、可口可乐和万向的文本情感平均值分别为 0.433、0.578 和 0.746。可见，对于视频中的企业情感以及接受程度排序与对三个企业的讨论度相反，由高到低依次为万向、可口可乐、华为。

同时通过词云可以观测到，网民对于三个企业的讨论并不局限于企业本身，而是自发联想到与该企业有关的其他企业和历史事件，自身记忆与视频内容形成呼应。除了视频中书写的形象内容，网民对万向的认知途径大多来源于“典型报道”以及生活在萧山地区的区域性记忆，而对华为和可口可乐两个企业的认知途径则更为丰富，来源于多种媒体报道、生活购买经历与工作经历等。

（三）研究问题

本文主要基于“激荡四十年”系列视频中对改革开放时期企业（华为、可口可乐、万向）形象的影像表征和网民对这三个企业的讨论，以公众对企业的国家身份认知与情感分歧为切入口，分析网民关于民族国家身份认同和记忆唤起的动态建构过程，以及考察全球化背景下跨文化因素对数字记忆实践的影响。具体而言，本文的研究问题如下。

（1）华为、可口可乐、万向三个企业的形象在B站“激荡四十年”系列视频中如何被表征？影像表征的相似和差异之处是什么？

（2）在该系列视频创造的数字记忆场域内，网民对三个企业的情感表达与认知差异背后的原因是什么？体现出怎样的民族国家的身份意识？

（3）该案例中网民基于影像表征和个体记忆展开数字记忆实践，记忆实践的形成机制是怎样的？在全球化语境下对理解“自我”与“他者”的身份认同和记忆唤起有何启示？

四　视频中企业改革发展的影像表征

框架理论最早由美国社会学家欧文·戈夫曼提出，他认为框架是人们或组织对事件的主观解释和思考结构，是将社会真实转换为主观思想的重要依据。[①] 学者臧国仁从传播者角度对框架及其建构功能进行研究。他将框架的内在结构划分为3个层次，用以界定事件主题或媒介文本的总体基膜的高层结构框架，植入媒介事件中的情节归因、背景和评价的中层结构框架，潜藏在文本中的微观叙事符号的底层结构框架。[②] 本研究从传播者角度对“激荡四十年”系列视频中企业形象的影像表征进行分析，即采用臧国仁提出的形象框架进行分析。根据本研究的具体主题，本文又将高层结构框架归纳为历史主题（改革开放时期企业贡献程度）、将中层结构框架归纳为时代政策（与该时期政策的契合程度）、将底层结构框架归纳为民族符号（视频书写中企业民族性与全球性体现程度）。能够展示企业形象的符号，可以是一个故事，亦可以是一个人物。从视频中的具体内容来看，中国企业以其创始人为主要符号展

① Goffman, E., *Frame Analysis*, Cambridge: Harvard University Press, 1974, pp. 124 - 127.

② 臧国仁：《新闻媒体与消息来源：媒介框架与真实建构之论述》，三民书局，1999。

开故事线，外国企业则是以其发展轨迹为主要符号展开叙述。

（一）万向企业形象表征：乡镇楷模

在万向企业的形象表征中，首先，在视觉画面上采用其创始人鲁冠球的“获奖照片”，“美国《商业周刊》对企业的评价图片”，《乡土奇葩》、《半月谈》文章节选截图等图片和视频素材刻画其光辉时刻。其次，在文案描述中，当时的国家和媒体通过对其获得丰厚奖项的描述以及面对奖项时行为的刻画，将鲁冠球的形象再现为一个“冷静且有大局观的乡镇企业领导”。

> 1985 年，美国的《商业周刊》就以《中国新时代的英雄》为题报道了鲁冠球和他的万向节厂……1987 年，他当选中共十三大代表，在会议期间，作为唯一的企业界代表出席中外记者招待会，接受采访。
>
> 跟其他改革典型不同的是，面对鲜花、荣誉，这个修车匠出身的中年人从来没有头脑发热过。他拒绝把工厂的总部搬进杭州城……从“企业利益共同体”这个概念出发，鲁冠球进而提出了“花钱买不管”。
>
> 鲁冠球将自己应得的 25 万元承包收入全部捐献给了企业，他还参与建设了乡里的中学大楼、农贸市场和饲料加工厂。因为万向的发达，其所在乡还修起了贯穿全乡的大马路。
>
> ——“激荡四十年”（1988 年）

文案塑造中，用词情感倾向多为正面，“英雄”“典型”“鲜花”“荣誉”等词不仅体现视频对其形象的正面塑造，还暗示改革开放大背景下国家和主流媒体对鲁冠球本人及其企业的支持。在发展的关键节点，他冷静地在自己声誉的顶峰期完成对企业资本的界定，契合了当时的国家政策，没有丧失集体企业的性质，为日后企业转型奠定基础。

在视频建构的高层结构框架下，塑造万向的成功是历史需要的架构——改革开放时期的中国迫切需要一个“乡镇典型”。政府树立了一个成功发展的乡镇企业形象，并通过这一形象向人们传达政府有能力并且支持鼓励创办民族企业的信息。政府在保障这些企业富起来的同时，承担起带动周边百姓实现创收的责任和义务。而在中层结构框架中，该时代背景下万向企业的发展十分契合当时的政策轨迹，并展现其“民族企业”的身份。最终，在历史的推动与高度的政策契合之下，在底层结构框架中，鲁冠球“民族企业家”的身份形象得到了充分的表征。

（二）华为企业形象表征：科创代表

在华为企业形象的塑造方面，系列视频表征框架异曲同工。与对万向企业鲁冠球的表征相似，华为企业的视频画面包括“任正非参加全国科学大会的照片”“任正非个人纪录片画面”“华为线下门店视频”等，以创始人的创业故事为线索。画面从视觉上展示出华为的迅猛发展与任正非的个人创业故事。其中既有光辉的时刻，也有发展受阻的艰难瞬间，在正反对比中更能引起网民对其发展浮沉的共鸣。

文案显示，华为企业成长的关键转机来源于其突出的科技贡献以及成功的战略转型。

> 华为自主研发的大型交换机终于在这年（1992年）研制成功，当时国内的城市通信设备市场已经被阿尔卡特、朗讯和西门子等跨国公司把持，很喜欢读《毛泽东选集》的任正非想起了“农村包围城市”的战略，以低价和城镇市场为突破点，到年底，华为的销售额超过了1亿元。
>
> ——“激荡四十年”（1992年）

从“大型交换机”和“战略转型”两个关键词，以及“参加全国科学大会”“华为至今仍占有巨大市场份额”等短句可以看出，视频塑造了一个“以科技为第一生产力，同时灵活变通”的通信公司。其与政策的契合程度虽不如万向高，却也抓住了自身的发展点，实现了企业的迅猛发展。高层结构框架下，华为的企业贡献显然突出体现在其科技发展上，华为在电信行业与研发上的高投入占比，展示出该企业的科创决心。

> 20世纪90年代开始，华为已经在此时的电信行业露出了“锋利的钢爪”；华为在过去的十年坚持投入销售收入的10%以上用于研发，有超过2.5万名员工从事研发事业。
>
> ——“激荡四十年”（1997年）

从该段可以看出“科技先锋”就是当时时代背景下华为的企业定位，利用交换机生产以及通信设备研发，华为的业务收入一度从4000万元上涨到5亿元，做出了突出的经济贡献。但在经济迅猛发展的背后，其与当时的政策契合程度却远不如万向。

> 在电信行业，只要是能给华为带来业务的，它都来者不拒，亲自接待。华为的合资模式受到同行的攻击，被质疑是不正当竞争。在一个转型的时代，法制的滞后以及对灰色行为的宽容让无数企业家获得了超越式的成长和惊人的利益。而这中间隐藏的种种毒素同样让这些人无法从这种非正常的商业逻辑中挣脱出来。
>
> ——“激荡四十年”（1997 年）

从“来者不拒”“受到同行的攻击”“不正当竞争”“灰色行为”“毒素”等说法可以看出，中层结构框架内存在对企业负面形象的暗示。视频中事关该时期国家政策的契合层面，华为做出了一种模糊的选择。这种在其企业转型过程中的选择无可厚非，却成为其公众形象的争议点，在一定程度上削弱了其展现的民族性。当然，视频通过底层结构框架，试图对企业家任正非和华为企业的形象进行补救。

> 与同时代的企业家相比，任正非的超人之处是，在从事不无争议的原始积累的同时，他也正在进行一场坚定的自我救赎。他聘用中国人民大学的吴春波教授等人起草了《华为基本法》……日后被认为是改革开放以来，中国企业制定的第一部企业管理大纲。
>
> ——“激荡四十年”（1997 年）

尽管资本的原始积累过程存在灰色地带，但任正非的个人形象依靠《华为基本法》的出台回归正面。在“超人之处”“自我救赎”“第一部企业管理大纲”等类似的叙述中，任正非果敢、创新的形象和《华为基本法》的历史贡献得到了凸显。视频中企业形象表征的民族性也最终在摇摆中回归与彰显。

（三）可口可乐企业形象表征：外资引进

可口可乐企业的视频形象表征框架，与以上两个中国企业的主要区别在于底层结构框架中不再是以企业人物为线索，而是以改革开放时期作为外国企业入驻中国的可口可乐与其他中国企业，尤其是以主要竞品“健力宝”之间的竞争为线索，因此其整体的叙述框架也与以上两个企业略有差异。

在视觉画面上，视频中不仅有各种可口可乐的产品图片、广告视频出现，而且在展示其企业符号，如 LOGO 等元素时，会与百事可乐、健力宝等竞品共同出现，凸显改革开放时期外国企业在中国发展的环境十分严峻，即不仅要与他国竞品进入同一场域内争夺市场，还要面临本地民族企业的挑战。这一对比奠定了其在中国市场发展初期阻碍较大的基调。

而在文本建构上，视频的解说词指出，可口可乐入驻中国体现了当时社会背景下一个重要的历史事件，即早在 1972 年，中美贸易就已经恢复正常。也就是说，可口可乐之所以能够快速进入中国市场，是因为与适应了当时中国的对外政策和国际经贸环境。

> 可口可乐公司很早就将它的临时办事机构设置在了王府井街口的北京饭店里。亨达与中国粮油集团签订了第一份合同，获准向中国出售第一批瓶装的可口可乐。西方国家刚刚从经济萧条中走出，急需扩大海外市场……邓小平尝试用“巨额资本密集投入”的方式来迅速拯救中国经济……外资引进的热潮在全国掀起。
>
> ——“激荡四十年”（1994 年）
>
> 体育干部出身的李经纬在街边买了一瓶可口可乐，喝了一口之后萌发了做饮料的念头，他想到了运动饮料，并想出了一个朗朗上口的名字“健力宝”。随着可口可乐在中心城市的风靡，一些小型的饮料工厂也冒了出来，有些甚至直接冠上了可乐的名号。四川成都的天府可乐、河南的少林可乐、杭州的西湖可乐纷纷涌现。每当周末，可口可乐的职员就举着标有“可口可乐”商标的彩色气球，在北京各大卖场进行促销……这是中国现代市场上第一次卖场促销活动。
>
> ——“激荡四十年”（1984 年）

从上述话语可以看出，无论是从历史要求上还是从政策制定上，可口可乐作为跨国企业都抓住了发展机会。不仅如此，视频中可口可乐的贡献还突出体现在对他国企业的刺激以及营销手段的创新上。可口可乐进入中国市场，以其美式速度与营销方式促进了中国饮料行业的整体发展，除了投资带来的直接经济增长的贡献，也在间接的行业竞争中形成对本土企业的刺激，使健力宝一类的民营企业焕发活力。

作为他国企业，视频对可口可乐形象的刻画并不直接体现在对其企业发展的描述中，在该视频场域内，创作者更为关注的仍然是其对中国改革开放的历史贡献和时代价值，以及侧面对中国企业的刺激和激励。其书写的线索仍是沿着改革开放的发展主线，在民族性的框架内对该时期的企业进行形象建构。

三个企业在“激荡四十年”系列视频中的形象书写框架大体类似且书写篇幅相当，都是展开续写改革开放时期的企业故事，文案与画面也都是重点突出其在改革开放过程中的贡献与高光时刻。但在其策略选择的刻画上略有差异，重点突出其与改革开放时期政策的契合程度以及企业的民族性体现程度差异，本研究按照程度排序，将其建构差异进行对比。从表1中可以看出，在该视频场域内，企业的国家身份属性被削弱，其表征的形象也主要与其在改革开放背景下对经济发展所做出的贡献相关联。

表1　“激荡四十年”系列视频中企业形象表征框架

企业	高层：历史主题	中层：时代政策	底层：民族符号
万向	“乡镇楷模”	“由乡镇企业承担农村社会服务体系”	突出重围：鲁冠球
华为	“科创代表”	“《华为基本法》”	科技强国：任正非
可口可乐	“外资引进”	“走向外贸拉动型道路”	与健力宝的争夺

五　企业改革发展影像表征的网民认知与情感差异

通过对弹幕和评论的整体梳理可以发现，网民对三个企业的评价与讨论度均有较大差异。整体态度与情感倾向排序由高到低为万向、可口可乐、华为。这与视频中表征的企业形象有所差异，网民话语在这一过程中呈现区别化的表达。为探究以上现象的成因，本研究提取网民弹幕和评论材料后进行了话语分析。

（一）网民对万向企业的认知

在视频刻画与改革开放时期各类报道的建构中，鲁冠球与万向企业始终保持“民营之光”的形象，在网民的认知中，他们对该企业的描述也与视频内建构的形象一致。在网民表述中可以发现，除了借助媒体传播获得间接经验之外，个人经历也作为直接获取环境信息的方式而产生影响。在有关万向企业的讨论中，网友往往会提及自身的经历、身份信息和地域特征。

亲戚曾经在万向上班，是萧山的光荣，当时工资就已经高出一大截。（苦橙 TiAmo，2020 年 7 月 26 日）

浙江人，小时候经常看到这个企业的报道，印象很深。鲁冠球也算是我父母那个时代的偶像了，全浙江都以他为榜样。（聂鲁达新一，2020 年 7 月 27 日）

虽然没买过万向节，但浙江人基本上都听说过鲁冠球。什么是万向节？我听我爸说工厂叫万向。（七海逆行，2020 年 7 月 27 日）

网民对于万向企业的主要情感倾向，受国人的称赞与自豪感的影响，其背后的原因有以下几点。一是由于无论是在视频场域内外，万向与鲁冠球都是被民族性包裹的企业典型，不管在改革开放过程中对经济层面的营收，还是社会层面的示范，它们的时代贡献和民族性程度都得到网友的高度认可。二是在企业性质上，相较于可口可乐与华为，网友们并未直接与万向企业的产品打交道，更多的是通过媒体形塑和周边人的描述而对其企业留下印象及进行相关补充。而无论是前文分析的视频对万向企业形象的建构，还是当时媒体报道对万向企业形象的建构都是正面的。与此同时，在改革开放的历史发展过程中，万向始终没有进行外资引进，而是开创扎实地走民营发展的道路，展现一个纯粹的中国企业、民族企业的形象，因此网民对其认知框架与视频内建构的形象一致。

同时，从上述话语中可以看出，该企业同源地或者有家人、朋友等熟人曾在该企业任职的群体会更乐于参与万向企业形象的相关讨论。在国人身份的基础上，作为“萧山人”“浙江人”的身份进一步被展现。作为浙江企业，万向更多唤起的是该地域群体的社会历史记忆，作为“浙江之光”的万向企业天然带有唤起本地人自豪感与称赞情感的属性，这是一种地域身份认同的体现。学者塞缪尔·亨廷顿将人们的社会身份特性分为六类：归属性的、文化性的、地域性的、政治性的、经济性的、社会性的。[①] 其中，地域性是指所在街区、村庄、城镇、省份、国别、地理区域、州和半球等。地域身份认同正是在地域定位的过程中完成的自我建构。在网民的讨论中可以清晰地观察到这一特点，有关万向企业形象的讨论向地域议题偏移，在有关浙江的地域

① 〔美〕塞缪尔·亨廷顿：《我们是谁：美国国家特性面临的挑战》，程克雄译，新华出版社，2005。

定位中确立自己“浙江人”“萧山人”的身份定位。可见，该数字记忆场域内的“浙江人”共享改革发展时期万向企业蓬勃发展的成果，彼此之间依托该系列视频进行回忆、反思和互动，从而生成共享的意义框架和价值认知，实现该群体的地域身份认同。

（二）网民对华为企业的认知

对于华为企业的认知，网民话语整体呈现对创始人创业经历及其科研精神的称赞与认可，也充满对其企业发展方向与选择的抵触和不满。网民在弹幕评论中呈现的情感与记忆书写类型主要分为两种。第一种是对华为企业科研能力的称赞，唤起作为中国人的民族自豪式情感，并通过个人记忆书写对其“中国科研先锋”的形象进行补充。

> 华为的科研能力是中国的骄傲。（封印的幽灵，2021 年 11 月 26 日）
>
> 回头看发现任老真是有远见，改革开放时期就投入大笔资金到科研产业，怪不得人家科技能力世界领先。（观察小破站，2021 年 11 月 26 日）
>
> 华为是中国科研龙头企业，没有华为哪来的 5G。（Kobe2nd，2021 年 11 月 26 日）
>
> 只要中国一天有华为，通讯就不至于被美国碾压。（大肚王的黄，2021 年 11 月 27 日）

华为的企业形象与其世界顶尖的科技研发技术密不可分，其科研能力始终扛起了企业形象的大旗，树立了其“中国科研先锋”的形象。从多位网友的话语中可以看到，当提起“科研能力”“5G”等展示华为企业核心竞争力的语词时，他们首先表现出的情感是肯定与赞许，认为其当前的发展与世界地位是毋庸置疑的，“怪不得”“没有……哪来”都显现出较为强烈的情感意向。随后，这种对科研和企业能力的赞许，自然地与国家、民族话语关联起来，强化了网民作为“中国人”的情感表达和身份认同。在系列视频场域内，影像文本置于“中国改革开放”这一特定历史和情境，网民在观看视频时基于特定的文化系统唤起情感与记忆。“中国的骄傲”“改革开放”“中国科研龙头”等表述，背后是网民在数字记忆实践中自发地对企业民族性的情感表达与身份认同的确立。

第二种表现为与此前科技话题讨论时截然相反的态度，网民对华为企业在发展过程中的政策选择提出异议，认为其作为科技龙头企业却在发展中削弱民族性，抒发抵触情感，因而自发地表达购买华为产品或接触华为企业的个人经验，并且利用这些经历表现抵触与排斥的情感。比如多数网民表达了对当前华为企业营销手段、商品质量、政策选择的不满。

> 老产品还可以，新型号越来越交智商税；打着民族旗号，赚着民族的钱，今夜我们都是冤大头；营销太多了，高价低配，还不如买苹果或者小米。（彼岸焚花，2021 年 11 月 25 日）
>
> 交换机我知道，以前在电信局上班都用华为的交换机，一个传奇的开始，居然是康力的马仔。（iniesta68，2021 年 11 月 25 日）
>
> 原来从那时候开始就投机取巧，怪不得产品有越做越差的趋势。（科壳可磕，2021 年 11 月 25 日）

视频表征的框架中，华为企业在发展过程中曾一度为了生存，成为外企康力集团的代加工厂。这种企业行为与网民弹幕评论的不满相互呼应，一方面体现出华为企业的举动不符合其在网民心中科研龙头应采取的做法，另一方面网民也认为这是其作为民族企业对外企的妥协。当企业的历史选择与时代潮流发生错位，企业的民族性被大大削弱从而引起了网民的抵触情感。但与此同时值得关注的是，网民将华为的企业身份微妙地与民族主义解绑。这种“主动解绑”的举动暗含着网民在全球化时代对于跨国企业的包容性理解，同时间接展示出对本国价值观的维护与对自身民族立场的身份认同。比如网民的“打着民族旗号”此类表述体现出网民关注的只是华为企业自身的经历或者产品问题，而不会认为这种问题是民族和国家身份导致的。

抵触情感在数字记忆场域中经过唤起和碰撞，使网民对企业在全球化背景下的生存和发展产生了更加全面的理解和认识。这类企业的“特殊”表现不会延续网民的反感但会削弱其认同感，反而有可能在网民的积极反思中加强网民对国家的认同感。可见，在面对企业发展变革的历史时，网民的情感和身份认同的生成路径是十分复杂的。当然也由于在日常生活中，网民与华为企业的商品接触更多，网民的自身经验与记忆书写在弹幕评论的情感生成中占主导地位，受视频表征框架的影响则相对较弱。

（三）网民对可口可乐企业的认知

在对可口可乐企业的认知中，网民讨论的主要话题既有产品口味，也有将可口可乐与民族企业产品健力宝、西湖可乐等进行对比，还有特殊历史时期的对外贸易政策。其外企身份在改革开放时期曾被视为“资产阶级身份象征”，但在全球化时代，公众会自发对这种思维进行反驳，这一举动彰显出当前公众在数字记忆实践中多元文化认同感的提升。

对其产品的评价，网民话语呈现以下形式。

> 可口可乐 yyds，百事不行。（skylover 007，2021 年 5 月 18 日）
>
> 如果你喜欢可口可乐，我们就是朋友。（一口袋币，2021 年 5 月 18 日）
>
> 可口党集合！（我会吃烤鱼，2021 年 5 月 17 日）

弹幕评论表明，在跨国企业中可口可乐成功地以其超高的市场占有率和优质的产品获得了大部分网民的认可，尽管其营销手段、加工模式、企业风格都与传统中国企业大相径庭，但在记忆书写过程中，网民仍自发对其表示称赞。“yyds”“可口党”等网络用语被频繁使用，可口可乐的企业形象在调侃式的话语表征下更加贴近网民生活，网民将生活体验转化为生动的话语形式，在数字记忆场域中对可口可乐企业展开广泛讨论。

而在对可口可乐时代贡献的讨论上，网民的关注点不局限于可口可乐企业本身，而是将重点转移到其竞品，如国产的健力宝或国产可乐之上。

> 当时确实觉得健力宝比可乐好喝。（上公大没问题，2021 年 5 月 17 日）
>
> 也就是说当时没有可乐就没有健力宝。（雨田雷哥，2021 年 5 月 18 日）
>
> 我也喝过西湖可乐，味道还不错。（Cantique，2021 年 9 月 3 日）

以上话语展现出，网民往往将改革开放过程中的可口可乐企业与当时的民族企业进行对比，并同时进行个人记忆书写。“没有可乐就没有健力宝”这一表达，一方面展现出网民对民族品牌的重视，即在提到外企可口可乐时唤起了对国产健力宝的相关记忆；另一方面展现出网民对可口可乐这一外企做出的社会贡献的肯定。“没有……就……”展示出强烈的情感倾向，这种强烈的肯定在一定程度上是对“他者”的包容。网民对于可口可乐在改革开放时期对民族企业的刺激和促进作用表示十分认可，这种刺激和促进作用有助于当时的中国进行自主品牌的发展探索。网民通过可口可乐的企业案例直观感受到本土文化如何经由企业之间的协作发生重构，健力宝与可口可乐的竞争发展过程中，既有本土对外部特殊性的抵触，也有本土对外部普遍性的补充，最终在适应外部影响和环境变动的基础上，其在产品定位与营销策略方面都受到了外资企业不同程度的启发。

讨论话语中也有公众对于改革开放时期对外贸易政策的反思。1978 年 12 月，中美双方发表《中美建交联合公报》，建立大使级外交关系的第二天，第一批可口可乐敲开了中国大门。站在当前节点回望历史，会对当时可口可乐一类外企的发展速度表示惊叹，网民的弹幕评论体现的是对外企的包容态度和对经济全球化的支持。

> 市场的自由水流，缺口一旦打开便肆无忌惮的流通，给双方提供市场不是对本土企业的不自信，反而是引进技术，不这样做中国的经济实力还会落后几十年。（青星不言，2021 年 5 月 16 日）
>
> 贸易全球化是大势所趋。（神盾局扫地工，2021 年 5 月 17 日）
>
> 想当年，中粮引进可口可乐还被报刊指责说是引进腐朽没落的资产阶级生活方式，是卖国主义，现在看来这种思想才真是腐朽。（行走在乡间的路上，2021 年 5 月 17 日）

可见，在当前经济全球化的大背景下，网民对 20 世纪 80 年代外企引入的这段历史持更加包容的态度。网民在数字记忆实践中审视顽固的“他者”思维，并反思过往的社会观念和文化偏见可能带来的弊端。可以看出，网民透过影像看到了改革开放时期国家的历史选择，并在历史回望中进行了反思。对外国企业的支持并不必然导致对民族身份认同感的削弱，相反，亦有可能强化对民族与国家的认同感。对改革开放时期可口可乐企业做出的社会贡献的肯定，体现出全球化时代网民在民族主义立场之外，对跨国企业选择性的包容意识和对多元文化的认同感，在“自我”与“他者”的碰撞和理解中进一步推进自身国民身份意识和国家认同感的强化。

六　全球化背景下数字记忆实践机制与身份认同

在该系列视频场域内，影像文本被置于“中国改革开放”这一特定历史和情境中，与网民的生命经验形成碰撞与交互，为公众提供共享和书写历史的场所与空间，形成跨时空的数字记忆实践。B 站“激荡四十年”系列视频的影像表征，以及网民的弹幕评论构成了网民对改革开放时期中国企业发展沉浮的共同追忆和时代想象。网民个人化的记忆与改革开放宏大叙事相补充的场域，形塑了关于改革开放时期中国重要企业的“数字记忆社群”。

在该系列视频场域内（见图 2），网民所共享的主线事件仍是改革开放这一历史事件本身。在记忆实践中，“企业的时代贡献”串联起了网民记忆的主线，不同企业始终被认可和称赞的部分就是它们在改革开放时期的贡献；网民的自豪情感大体没有变化，并在观看视频和个人记忆书写实践中进行强化。不论是国企的华为抑或是外企的可口可乐，只要这些企业在当时的时代环境下做出贡献，网民就会呈现总体认可的态度，即在全球化时代，公众日益具有跨越国家身份的全球视野，不论国别和企业的属性，只要为世界特别是为本国的发展创造价值，对网民来说都是值得尊敬和认可的。

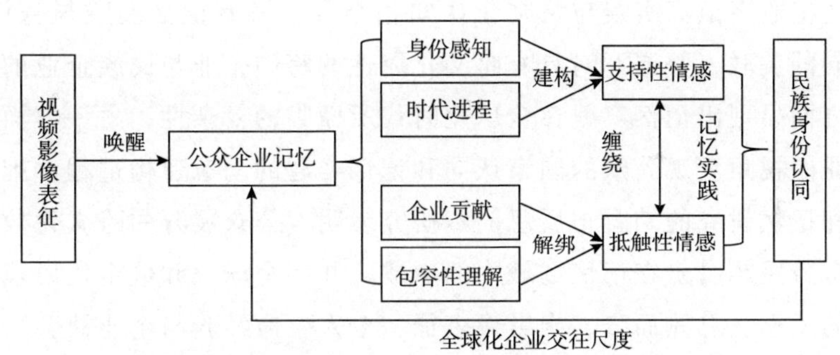

图 2　全球化背景下网民对企业改革的数字记忆实践模式

当然，在数字化和全球化时代，中外跨国企业的改革发展历程与公众的民族情感和社会记忆有着密不可分的关系。网民通过“激荡四十年”系列视频了解企业的发展历程并通过记忆实践进行反思，从而加深对“自我”与“他者”关系的理解。尽管每个民族共同体都有自己共享的民族和价值理念，但在全球化的语境下，不同文化的交融和经贸往来使国与国之间的边界变得日益模糊，公众日益在自身民族身份属性的前提下，对其他民族予以包容性理解。

在本案例中，网民对具有跨国属性的华为与可口可乐公司进行记忆书写实践的过程中，“民族”“时代贡献”的标签被网民以记忆的方式随时标注和摘下，可见在全球化时代，公众对企业身份的定义和建构是动态和摇摆的。中国网民保持对自身民族身份的认同与强化，同时在对不同企业的认知中加深对“他者”的理解。企业的贡献程度、商品质量等要素使网民在个体记忆书写过程中形成了对别国文化的某种包容性理解。这种理解基于企业发展和历史进程，使网民脱离了民族中心主义的思维特征；他者以经济活动对象的形式出现，不是异己的对立者，也不是同一的他者，而是在经济活动中平等的他者。改革开放时期的本国企业正是通过与外企的互动实现了自我升级与转型，这一事实让网民们清晰地了解到他者也是主体建构自我意义的必备要素。网民评论中呈现基于事实出发的包容性理解，并且通过弹幕互动与记忆书写得到强化，实现不同企业间对话协商的可能性，即打破了刻板印象，不再认为中国企业属于“我们”，而跨国企业和外企是“他者”，通过记忆实践的方式重塑了数字时代网民对于民族国家想象和跨文化交往“边界”的认知。

本文将数字记忆实践与跨文化认知相结合，考察记忆实践与身份认同、国家认同的关联，并展开对具有跨文化属性的跨国企业与民族企业的比较研究，一方面显现出记忆实践在全球化时代所面临的复杂性，另一方面则从跨文化沟通的视角反观公众的国家认同和记忆唤起的动态建构过程，推进跨文化传播和记忆研究的结合与反思。本研究表明，公众展开的跨文化数字记忆实践是自身民族身份在记忆场域中的生成，并在全球化和数字化语境下进行跨文化的反思。总体而言，当影像表征、个人生命经验与企业社会贡献相重合时，外企同乡镇企业、跨国企业一样，能够收获支持性情感。当然，当企业影像表征的形象与个人经验和社会记忆发生冲突时，公众会放大与企业有关的产品属性和民族特征，并在新媒体平台通过数字记忆书写的形式凸显出来。

值得关注的是，数字记忆实践中对跨国企业和外企部分行为的认可并不必然导致对本国民族身份和国家认同感的削弱。同样，对本国企业的差异化或抵触性情感也并不一定会削弱公众自身的国家认同感，公众在全面理解和积极反思中加强对本国价值观的维护和捍卫，从而强化了自身的国家认同感。透过影像表征与数字记忆实践，可以看到企业国际化的操作尺度与潜在张力，而公众正是在对历史关键节点上企业交往尺度的全面审视中展开数字记忆实践的，既关注不同企业改革发展在时代洪流中的位置和重要性，又加深对跨文化“他者”的理解，在积极的反思中加强对自身身份和国家认同的认识。

数字媒体对城市地方感的建构及空间实践的影响*

——以四川乐山为例

刘　娜　杨钰琳**

摘　要： 本文借鉴媒介与传播地理学理论，探讨三个问题：第一，数字媒体如何参与地方的再现与地方意象的生产？第二，数字化的地方再现与地方意象如何影响人们的数字地方感？第三，经由数字媒体中介的地方感如何改变人们的线下空间实践以及城市空间规划？本文的理论落点是对数字地方感的概念及其分析框架进行完善，并结合四川省乐山市的经验材料进行阐释与分析。本文提出了数字地方感的三维分析框架，即“媒体再现—地方感知—空间实践”，这三个维度紧密相连，循环互构；采用半结构化访谈、参与式观察、档案分析等研究方法，分析了乐山媒体再现从“美景”转变为“美食＋美景”的过程，阐述了不同人群的在地实践如何在“吃”与“游”之间权衡，并探讨了“媒介化地方”如何被纳入地方政策制定者的决策，促进城市规划与城市文化的更新。因此，数字媒体已然成为地方感建构和空间实践的核心场域，连接地方意义的动态重构与城市空间的改造，数字媒体逻辑亦成为数字时代城市发展与更新的内在逻辑之一。本文亦探讨了数字媒体逻辑带来的“可见性驱逐”，由此产生大量的“无地方”，在一定程度上弱化了人们经由地方与世界建立的丰富联系。

关键词： 数字地方感　空间实践　媒介化地方　“无地方”　乐山

一　引言

我们如何认识和了解一个地方？除了直接的亲身体验以外，各种类型的

---

* 本文是2022年度四川大学中央高校基本科研业务费项目“中国数字美食文化的国际传播研究”（批准号：2022skzx－pt209）的阶段性成果。

** 刘娜，四川大学文学与新闻学院副教授、硕士生导师，研究领域为数字美食、城市传播、国际传播等；杨钰琳，四川大学文学与新闻学院2021级硕士研究生，研究领域为城市传播、美食传播。

媒体成为人与地方相连的必要中介。在数字媒体全面介入人们日常生活的时代，这种“再现”（representation）+“实践”（practice）的双重路径为人们的地方感（sense of place）建构和空间实践带来了诸多变化。首先，数字媒体对于地方的再现在很大程度上建构了人们对于地方的感知与想象，尤其是遥远的、陌生的地方想象。其次，源于数字媒体的地方感知与想象对于人们在线下空间的具身实践起着至关重要的引导作用，这种空间实践进一步强化数字媒体的再现逻辑，调节地方及其内部空间的数字可见性，进而对城市空间的规划产生实质性影响。简言之，数字媒体逻辑已然成为数字时代人们的空间实践和城市发展的内在逻辑之一。

本文借鉴媒介与传播地理学理论，探讨三个问题：第一，数字媒体如何参与地方的再现与地方意象的生产？第二，数字化的地方再现与地方意象如何影响人们的数字地方感？第三，经由数字媒体中介的地方感如何改变人们的线下空间实践以及城市空间规划？这些问题无疑是宏大的、重要的且极具挑战性的，难以通过一篇文章或一个案例来提供充足的经验材料。即便如此，本文仍试图以数字媒体为中心，连接诸多理论概念中的接合点，尝试建构“媒体再现—地方感知—空间实践”的三维分析框架，完善数字地方感的概念内涵与分析维度。

本文选择四川省乐山市作为案例，是由于乐山自 2017 年以来在各类媒体上的再现经历了较为明显的变化，从以“峨眉山—乐山大佛”世界文化与自然双重遗产为代表的“旅游之城”悄然转变成了以钵钵鸡、豆腐脑、麻辣烫等为代表的“美食之城”。虽然乐山自古就拥有美食，但乐山美食在媒体空间的可见性和显著性在近几年才得以大幅提升，并迅速在新媒体平台形成对于既有文化旅游名城形象的压倒性优势，由此对该地的空间实践及空间规划产生了实质性的影响与再构。不同于重庆、西安、成都等借助短视频的急速传播而在短时间内获得极大曝光量的超大型“网红城市”,[①] 乐山属于四川省辖地级市，人口规模约 316 万人,[②] 城市综合发展水平位居全国四线城市之列，是一个较为典型的中型城市。与大型城市或省会城市相比，这类城市的公共

① 邓元兵、周梦琦：《技术、内容与制度：网红城市兴起的媒介逻辑分析》，《传播创新研究》2022 年第 1 辑，第 31 ~ 47 页。

② 《乐山市第七次全国人口普查公报（第 1 ~ 6 号）》，乐山市统计局网站，2021 年 6 月 7 日，https://stjj.leshan.gov.cn/stjj/tjgb/202106/095e5f2886e94b0aa6fd70dfa896ed40.shtml。

可见性和吸引力较为一般，城市形象的维度并不十分多元，城市发展速度也相对平稳。正因如此，乐山城市形象和城市规划的明显变化可以进行较为简单的归因，这为我们提供了一个理想的案例，用以观察数字媒体对城市地方感的改造与重塑，以及由此生成的数字地方感对人们空间实践的影响和对地方性和地方文化的影响。

基于此，本文采用半结构化访谈、参与式观察、档案分析等多种研究方法，对乐山在数字媒体平台的再现、不同人群对于乐山的地方感知及其空间实践进行经验分析，并结合乐山市政府关于城市发展的文件与规划，讨论其地方形象变化为空间规划和日常生活实践带来的影响。

二　地方与地方感

人文主义地理学奠基人段义孚教授在《空间与地方：经验的视角》一书中谈到，“‘空间’（Space）与‘地方’（Place）是人们熟知的表示共同经验的词语……地方意味着安全，空间意味着自由……空间和地方是生活直接的基本组成部分，因此我们对其习以为常”。[①] 空间与地方常常相互交融并互相转化，空间比地方更为抽象，意味着自由、开放与威胁，而地方则是封闭的、稳定的、人性化的、熟悉的空间。“与空间相比，地方是一个使已确立的价值观沉淀下来的中心。人类既需要空间，又需要地方。”[②] 从这两个概念的区分可以看出，地方与个体化经验、情感，个体对地方的熟悉、感知，等等密切相关。段义孚教授在《恋地情结》中提出了分析人地关系的四个基本概念，即感知（perception）、态度（attitude）、价值观（value）和世界观（world view），并以丰富的经验视角论述了人地关系的多种复杂影响因素，例如本地人与外地人之分、个体的生理差异性、物理环境、心理结构、个人体验及满意度等。[③] 因此，对于地方的理解，应该采取经验的视角，放在特定物理环境、文化语境和社会结构中进行探讨。

地方感是地方研究的一个重要概念，主要包括地方依恋（place attachment）、地方认同（place identity）、地方依赖（place dependence）、地方意象（place

① 〔美〕段义孚：《空间与地方：经验的视角》，王志标译，中国人民大学出版社，2017，第 1 页。
② 〔美〕段义孚：《空间与地方：经验的视角》，王志标译，中国人民大学出版社，2017，第 44 页。
③ 〔美〕段义孚：《恋地情结》，志丞、刘苏译，商务印书馆，2018，第 4 ~ 5 页。

image）等核心研究维度。[①] 既有研究还关注了满意度、归属感、安全感、社区情感、邻里关系、社会联系、对地方的适应性等多元维度。[②]

三　媒介与地方的关系

媒介与地方的关系的历史漫长而悠久，从早期的地图、书籍，到大众媒体时代的报纸、电视、广播，再到当今数字媒体时代的智能手机以及各种社交软件与位置软件，媒介不仅深刻地参与了地方的“再现”、地方知识的建构，还是“创造”地方的一股重要力量。然而，媒介研究与地理研究的学术交融源头虽可追溯至 19 世纪上半叶现代地理学创立初期，但迟至 1970 年人文主义地理学出现之后，才开始慢慢涌现。[③] 与实证主义地理学强调外在的物理现象不同，人文主义地理学认为“空间和地方不是某种外在的物理现象，而是介于主观与客观之间的社会存在”，[④] 因此，地方无法离开人的主观认知和经验独立存在。从知识社会学的角度来看，人的认知和经验除了来源于有限的亲身经验之外，大部分来源于外部世界提供的各种间接信息，媒体则在其中扮演着重要且必要的角色。

保罗·亚当斯在《媒介与传播地理学》一书中，围绕媒介与地方和空间的关系，绘制了媒介地理学的“四象限图”，区分出媒介地理学的四种研究路径，即空间中的媒介、媒介中的空间、地方中的媒介、媒介中的地方，分别对应交通地理学、虚拟地理学、非表征主义地理学、文化地理学。[⑤] 本文无意对不同的研究路径进行理论探讨，仅借此框定本文的研究路径为文化地理学，关注媒介中的地方意象及其对人们的地方感与在地实践的影响。

媒介对于地方意象的再现与创造，是人们形成、建构和改变地方感的重要来源，其中包含地方知识、地方经验、地方依恋、地方认同等。保罗·亚

① 唐文跃：《地方感研究进展及研究框架》，《旅游学刊》2007 年第 11 期，第 70 ~ 77 页。

② 盛婷婷、杨钊：《国外地方感研究进展与启示》，《人文地理》2015 年第 4 期，第 11 ~ 17 页。

③ 袁艳：《当地理学家谈论媒介与传播时，他们谈论什么？——兼评保罗·亚当斯的〈媒介与传播地理学〉》，《国际新闻界》2019 年第 7 期，第 157 ~ 176 页。

④ 袁艳：《当地理学家谈论媒介与传播时，他们谈论什么？——兼评保罗·亚当斯的〈媒介与传播地理学〉》，《国际新闻界》2019 年第 7 期，第 164 页。

⑤ 〔美〕保罗·亚当斯：《媒介与传播地理学》，袁艳译，中国传媒大学出版社，2020；袁艳：《当地理学家谈论媒介与传播时，他们谈论什么？——兼评保罗·亚当斯的〈媒介与传播地理学〉》，《国际新闻界》2019 年第 7 期，第 168 ~ 169 页。

当斯在谈及地方意象的媒介化时，敏锐地观察到："地方的经验同时被公共化和个体化，并且地方与地方的表征之间的边界也变得模糊不清。技术加剧了直接经验与媒介化经验的混杂。"① 媒介化的地方意象不仅是一种文本或表征，还是一种有效的行动中介，带来地方的改造，将媒介化的地方意象转变为实实在在的物理空间，促使人们对日常生活的空间实践进行不断调适。

在数字媒体技术全面介入日常生活实践的今天，城市的地方意象在很大程度上取决于地方的媒体可见性与意义建构。鉴于此，学者们将媒体使用和媒介逻辑纳入地方感的研究之中，提出了诸如"媒介地方感""数字地方感"等概念。例如，张丕万以媒介为切入点，参照地方感的理论框架，提出了"媒介地方感"概念，梳理出其分析框架，具体包括个体对地方的认知、依恋、认同等要素。② 该文对于媒介地方感的研究视角主要聚焦媒介的地方再现与地方媒介的生产功能，属于媒介的表征理论范式，未关注媒介如何影响人们对于地方的认知以及后续的日常实践活动。吴玮、周孟杰在地方感的既有分析维度上加入了媒介生活经验，提出了"数字地方感"的概念及其四个分析维度——媒介生活、地方意象、地方认同、地方依恋，凸显了媒介实践对于本地青年人地方感的诸多影响。③ 覃若琰在对网红城市青年打卡实践分析的基础上，提出了数字地方感的定义及其内涵，数字地方感，即"数字媒介时代，个体基于地方参与式的媒介书写实践而生成的动态地方感"，具备互文性、流动性、独特性等特征。④ 邓元兵、周梦琦从数字媒介的技术逻辑、内容逻辑、制度逻辑三个层面分析了重庆、成都、西安三个网红城市的生成机制，强调了媒介逻辑对于城市形象建构的重要作用。⑤ 曾一果、凡婷婷以西安城墙为例，强调身体离场情况下的媒介漫游能够生成媒介化的地方感，是数字时代人们感知遥远空间并与之形成情感关联的重要方式，进一步提出了"媒介

① 〔美〕保罗·亚当斯：《媒介与传播地理学》，袁艳译，中国传媒大学出版社，2020，第 144 页。

② 张丕万：《地方的文化意义与媒介地方社会建构》，《学习与实践》2018 年第 12 期，第 114 页。

③ 吴玮、周孟杰：《"抖音"里的家乡：网红城市青年地方感研究》，《中国青年研究》2019 年第 12 期，第 70 ~ 79 页。

④ 覃若琰：《网红城市青年打卡实践与数字地方感研究——以抖音为例》，《当代传播》2021 年第 5 期，第 97 ~ 101 页。

⑤ 邓元兵、周梦琦：《技术、内容与制度：网红城市兴起的媒介逻辑分析》，《传播创新研究》2022 年第 1 辑，第 31 ~ 47 页。

地方感”三要素，即人—媒介—地方的三维互动。[①] 该文将媒介实践置于地方感研究的中心，强调了媒介对于地方感形成的重要意义，与本文的研究思路部分相似，但就媒介地方感对于在地实践及地方性的影响，该文并未深入阐述。

尽管已有不少学者关注到媒介对于地方感的影响，但在对地方感的维度划分上仍旧延续人文地理学的概念，将其划分为地方依恋、地方认同和地方依赖等经典分析维度。这些分析维度在数字媒体时代是否仍然适用，或需要如何更新调整，是仍待解决的理论问题。此外，既有研究大多选取数字媒体呈现较多、可见性较高的“网红城市”作为观察对象，且聚焦于城市青年人的地方感研究。这一类人群的媒体使用程度较高、媒介实践能力较强、公共可见性较高，为我们理解数字地方感的概念提供了重要且必要的案例。然而，这些案例无法覆盖数字地方感概念的完整“图谱”，例如对特定地方熟悉程度较低的外地青年人的数字地方感，应该不同于本地青年人的数字地方感。因此，我们有必要扩展经验对象的类型与范围，在尽可能多元的案例中，丰富、完善数字地方感的概念内涵与分析维度。此外，有关数字地方感如何影响人们的具体行动和城市规划，相关的经验研究仍显匮乏。

四　数字地方感：媒体逻辑与分析框架

本文认为，以媒介化理论为出发点的地方感研究，应将“人地关系”放置在数字媒体的逻辑中进行考察。相应地，对地方感的维度划分也应在传统的地方依恋、地方认同、地方依赖等维度的基础上有所拓展和延伸。具体来讲，数字媒体带来的大量弱人地关系（如浏览陌生城市攻略、短途旅行、打卡等）需要被放置在数字地方感的维度之下进行讨论，分析维度应增加地方感知、适应、体验满意度、地方意象再创造等。对于数字地方感的研究，需要考察个体的数字媒体使用情况以及对于地方的熟悉情况，“媒介实践程度—地方熟悉程度”可以形成分析数字地方感的横纵坐标，由此划分出不同人群及其对应的数字地方感知与实践类型。此外，地方的公共可见性也会影响人们对于地方的认知与感受。因此，数字地方感研究应扩展至少三个维度：媒

① 曾一果、凡婷婷：《重识“地方”：网红空间与媒介地方感的形成》，《新闻与传播研究》2022年第11期。

体实践的程度、地方的公共可见性、地方的熟悉程度。同时，不论是传统地方感还是数字地方感，都离不开具体的空间场域。地方感研究需要回到空间中，重新审视“在地”以及“非在地”的人们在高度媒介化的当下如何对地方产生感知和互动。

列斐伏尔的空间生产理论对于本文厘清数字地方感的分析框架有所启发。该理论强调，空间不是外在的，而是被生产出来的，因此包含各种权力关系。在空间的社会生产过程中，三种类型的空间形成三位一体的空间概念：第一，空间实践（spatial practice），主要指通过各种类型的知觉对于物理空间的感知与经验；第二，空间的表象（representations of space），即通过知识、想象、符号、意象等对空间进行抽象化、符号化与概念化；第三，表征性空间（representational spaces），强调人对于空间的直接经验与亲身体验，以及由此发展的各种社会关系。[①] 夏铸九教授提出，理解列斐伏尔空间生产概念三重辩证性的关键在于，将空间视为一种社会实践，包含空间的物质生产、知识生产和人的自我生产三个层面。[②]

相应地，对于数字地方感的研究也应包括地方感知、地方意象、地方体验三个维度，三者同时存在，地位平等，并表现为一种持续进行的实践过程。据此，本文提出“媒体再现—地方感知—空间实践”三维分析框架，结合前文提到的数字地方感的新增分析维度，即媒介实践的程度、地方的公共可见性、地方的熟悉程度，本研究尝试为数字地方感搭建一个可行的理论框架。

既有研究大多着重阐述“媒体再现—地方感知—空间实践”三维分析框架中的一维或两维。例如，白晓晴、张艺璇对文旅直播的研究认为，文旅直播通过贯通物理空间、想象空间和第三空间的旅行经验，生成了一种三重空间的“跨媒介地方”。[③] 这一概念强调了人的主观感知、经验及想象对于生成媒介化地方的重要性，但用以演绎该理论框架的经验材料和案例主要来自线上的数字化实践，缺少对于地方经验的研究。张铮、周敏聚焦流动青年的社

---

① 〔法〕亨利·列斐伏尔：《空间的生产》，刘怀玉等译，商务印书馆，2022。

② 夏铸九：《重读〈空间的生产〉——话语空间重构与南京学派的空间想象》，《国际城市规划》2021 年第 3 期，第 33 ~ 41 页。

③ 白晓晴、张艺璇：《文旅直播与跨媒介地方的生成》，《南京社会科学》2022 年第 9 期，第 173 ~ 180 页。

交媒体使用与流入地地方感建构的关系，采用问卷调查法发现，社交媒体使用能够增加流动青年的社会资本，进而对流入地地方感的建构发挥积极作用，其中地方感的测量围绕地方依恋、地方认同、地方依赖三个维度展开。[①] 这项研究倾向于媒体使用研究，采用既有的地方感分析量表，并未对地方感或数字地方感的概念进行延伸。吴红雨、潘忠党研究了杭州“西湖之声”城市电台塑造出的有关杭州的声音景观，将“声景”视为人们开展社会活动和塑造社会关系的地方，通过对广播节目制作者和节目内容的分析，认为该节目增强了人们对于城市的地方感和城市共同体的认同。[②] 这一研究路径契合了保罗·亚当斯所言的“媒介即地方”，媒介不仅“再现”地方，还“创造”地方。然而，该文的重点并不在于分析数字媒体逻辑对于地方感的影响，经验研究对象是广播这类传统媒体。魏然探讨了位置媒介的多元化使用如何影响人们的城市地方经验，如何建构人们的地方感，从而实现地方认同。[③] 该文将位置媒介嵌入地方感研究的经验视域，强调了媒介、身体与地方的内在统一关系，但并未对数字地方感的概念进行理论探讨。

综上所述，既有研究既充分肯定了数字媒体对于地方感的重要影响，也对丰富多元的具体案例进行了分析，但整体上，数字地方感的理论概念和分析维度尚待进一步更新完善，尤其缺乏关于数字地方感如何影响人们的空间实践和城市发展规划的经验研究。这种重媒体再现或媒介表征而轻具身实践的研究视野，在一定程度上阻碍了人们的理论想象力与经验分析能力。

本文认为，在完善数字地方感的概念内涵和分析维度时，应将数字媒体逻辑深度嵌入地方感的传统分析框架之中，并将地方感这一概念扩展至更广泛的人群进行研究。据此，本文将“数字地方感”界定为人们经由各种类型的数字媒体（如社交媒体、位置媒体、新闻媒体等）实践而形成的动态地方感，包括媒体再现、地方感知与空间实践三个维度，三个维度紧密相连、相互影响，循环互构。相应地，数字地方感的影响因素主要包括媒体的实践程

① 张铮、周敏：《“他乡客”如何“融新城”？——微信使用与当代都市流动青年地方感建构的关系探究》，《新闻与写作》2022 年第 1 期，第 58 ~ 67 页。

② 吴红雨、潘忠党：《绘制一座城市：一项城市广播电台的个案研究》，《新闻与传播研究》2022 年第 4 期，第 73 ~ 92 页。

③ 魏然：《媒介漫游者的在地存有：位置媒介与城市地方感》，《新媒体与社会》2017 年第 4 辑，第 285 ~ 299 页。

度、地方的公共可见性、地方的熟悉程度等。至于三类因素的具体影响方向及强度，尚待实证研究进一步检验。

此外，数字地方感的主体应包括广泛而多元的人群，尤其是大量处于弱人地关系之中的“陌生人”（如外地人）或“熟悉的陌生人”（如外出工作的本地人），而不再限于传统概念中对地方相对熟悉的本地人。原因之一是，当代社会的高流动性，使得传统社会中较为稳固的人地关系变得松散，“本地”以及“本地人”的界定处于动态变化当中，人们对于一个地方的依恋、依赖和认同也在随之变化。原因之二是，如今我国互联网普及率高达 74.4%，手机网民规模达 10.47 亿人，[①] 智能手机高度普及，数字媒体介入社会生活的方方面面，对于地方的了解、感知和实践无不受到数字媒体的介入和影响。有赖于此，本地人和外地人的地方感差距正在缩小，尤其是在公共可见性较高的大城市或网红城市，媒介化的地方经验与亲身在地经验往往高度融合，难以分而视之，有时媒介化经验对人们在地实践的影响甚至更强。因此，数字地方感的主体应尽量囊括广泛的人群，在对特定地方的分析之中，着重考察人们的媒介实践程度和地方熟悉程度对于数字地方感的影响。

本文依据这两类因素的强弱，划分出数字地方感研究应关注的四类群体，并列举了相应的代表性人群（见图 1）。需要说明的是，由横纵坐标划分出来的

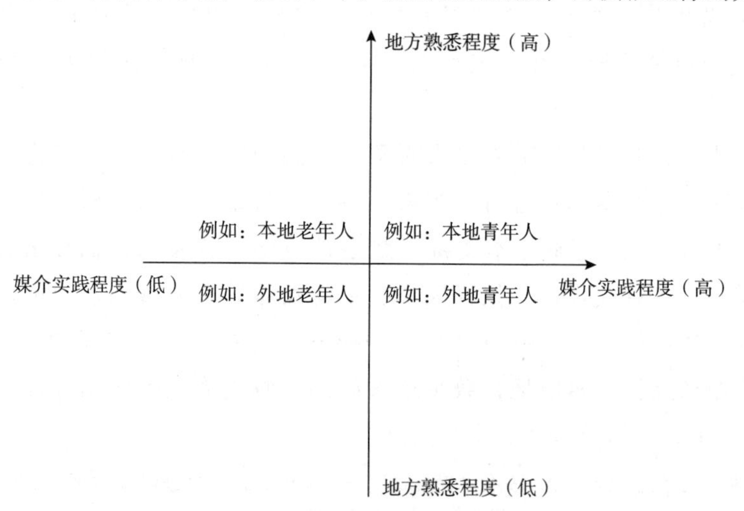

图 1　数字地方感的研究主体划分

---

① 《第 50 次〈中国互联网络发展状况统计报告〉》，中国互联网络信息中心网站，2022 年 8 月 31 日，http：//www. cnnic. net. cn/n4/2022/0914/c88 – 10226. html。

四类群体在本质上并无明显界限，在高度流动的社会生活中，这些群体的身份在不断转换和流变，常常处于交叠融合的状态，且常常相互影响。例如，本地人在数字媒体上对地方的再现影响外地人的地方感知，外地人的在地实践和对地方的再现也会影响地方中特定地点的可见性与显著度，进而对地方经济和社会生活产生长远的影响。后文以四川省乐山市为案例，阐述不同人群的数字地方感如何相互建构、互相交织，共同对地方的形象呈现、在地实践和城市规划产生影响。

五 研究方法

本文综合采用半结构化访谈、参与式观察、档案分析等研究方法，分析了乐山的媒体再现、不同人群对于乐山的地方感知和在地实践，以及乐山市政府进行的历时性空间规划与城市发展规划，尝试将前述有关数字地方感的“媒体再现—地方感知—空间实践”三维分析框架放置在具体语境与特定案例中进行经验考察。

首先，本文采用半结构化访谈法探究不同人群对于乐山的认知、感受与在地实践。本文作者之一是乐山本地人，便于收集本地人群的相关信息，因此访谈对象的选择从作者的朋友、同学、家人开始，以滚雪球的方式扩展访谈对象，力求在地域、年龄及学历跨度上呈现最大差异化。访谈时段从 2022 年 4 月持续至 2023 年 3 月，共计访谈 29 人，包括 14 位乐山本地人和 15 位外地人（包括四川省内外地人和外省人）（见表 1）。两类人群的访谈提纲有所差异，但整体都强调人们在地方感知和在地实践方面的具体情况。访谈提纲主要包括两个部分：对于乐山的认识、了解与感知，以及形成地方感知的主要渠道和方式，重点囊括了媒体使用与实践的具体情况；在乐山的在地实践情况，例如到访的地点、路线、旅行规划、个人观察和感受，以及在地经验的媒介再现等。

其次，本文采用参与式观察法考察乐山在数字媒体平台的再现，并多次到乐山市各街区进行实地观察。媒体再现的材料主要来自大众点评、小红书、抖音、微信等媒体平台的文字、图片及视频文本。本文作者以“乐山”为关键词在不同媒体平台进行搜索，查看热门帖文及平台推荐帖文的内容，以获得对乐山媒体形象的初步描述。同时，结合访谈材料，进一步补充媒体再现的资料。此外，本文作者之一由于是乐山本地人，对于地方的发展变化及日常生活有亲身体验与充分的在地经验，能够在研究中从第一视角进行观察，将地方经验、地方感知与地方性的改变相结合。

最后，有关乐山的档案分析材料来源于乐山市政府和乐山市统计局网站等发布的《乐山市志》（1995～2006 年），乐山市统计公报（2003～2021 年），《乐山统计年鉴》（2001～2022 年），乐山市“十二五”“十三五”“十四五”规划纲要，等等。同时，有关乐山的重要媒体报道列入本文二手资料的分析范围，例如《乐山日报》《四川日报》《成都商报》等媒体文本。

表 1　访谈对象信息

序号	访谈编号	性别	年龄	职业	学历	属地
1	L1	女	24 岁	学生	硕士在读	四川乐山
2	L2	女	23 岁	学生	硕士在读	四川乐山
3	L3	女	23 岁	中学教师	本科	四川乐山
4	L4	男	26 岁	研究所员工	硕士	四川乐山
5	L5	男	21 岁	学生	本科在读	四川乐山
6	L6	女	51 岁	退休人员	中专	四川乐山
7	L7	女	48 岁	保险销售	中专	四川乐山
8	L8	女	46 岁	供电局员工	大专	四川乐山
9	L9	女	40 岁	瑜伽老师	大专	四川乐山
10	L10	女	24 岁	学生	硕士在读	四川乐山
11	L11	女	22 岁	学生	本科在读	四川乐山
12	L12	女	23 岁	学生	大专	四川乐山
13	L13	女	24 岁	企业员工	本科	四川乐山
14	L14	男	23 岁	学生	硕士在读	四川乐山
15	F1	女	23 岁	学生	硕士在读	四川成都
16	F2	女	23 岁	学生	硕士在读	安徽合肥
17	F3	女	23 岁	学生	硕士在读	重庆
18	F4	女	24 岁	杂志编辑	本科	四川绵阳
19	F5	女	22 岁	学生	硕士在读	江苏盐城
20	F6	女	22 岁	学生	硕士在读	广东广州
21	F7	男	23 岁	医生	本科	内蒙古呼伦贝尔
22	F8	男	48 岁	公务员	高中	湖南娄底

续表

序号	访谈编号	性别	年龄	职业	学历	属地
23	F9	女	62 岁	退休人员	中专	贵州贵阳
24	F10	女	40 岁	企业员工	高中	湖南长沙
25	F11	男	23 岁	企业员工	本科	浙江绍兴
26	F12	女	24 岁	企业员工	本科	广东深圳
27	F13	女	25 岁	教培机构员工	本科	湖南长沙
28	F14	女	49 岁	家庭主妇	初中	湖南常德
29	F15	女	45 岁	农民	初中	安徽合肥

注：访谈编码 L 标记为本地人，F 标记为外地人。

六　研究结论

依循前文数字地方感的“媒体再现—地方感知—空间实践”三维分析框架，后文首先简要介绍乐山旅游业发展的大致历程，再分别阐述乐山的媒体再现、不同人群对于乐山的地方感知以及在地实践的变化情况。

（一）乐山旅游业发展历程

乐山市地处四川省西南部，境内岷江、青衣江、大渡河三江汇流，水资源和矿产资源丰富，是四川重要的工业城市，主导产业包括光电、材料、化工和食品加工等。1975 年至今，乐山三大产业中，工业和建筑业产值占地区生产总值的比重一直保持在 40% 以上，1975～2017 年长期处于三大产业之首；自 2018 年起，服务业首次超越工业和建筑业，开始保持 40% 以上的产值占比。①

从以上数据来看，乐山主要是一座工业城市，“旅游城市”这一标签虽然深入人心，但旅游业的发展却较晚。乐山境内最著名的旅游资源是峨眉山与乐山大佛，峨眉山是中国佛教四大名山之一，乐山大佛始建于唐代开元年间，是世界上现存最大的一尊摩崖石像。1996 年 12 月 6 日，联合国教科文组织世界遗产委员会将峨眉山—乐山大佛列入《世界遗产名录》，乐山成为全国第三

① 《乐山统计年鉴（2022 年）》，乐山市统计局网站，2022 年，https：//stjj. leshan. gov. cn/projectall/2022/YEARBOOK2022. HTM。

个、全省第一个拥有“双遗产”的城市。2003 年 7 月，四川省政府印发《“中国第一山”国际旅游区规划建设方案》，明确将峨眉山建成“中国第一山”，将峨眉山旅游区作为全省五大旅游区之首加以培育和发展。[①] 此后三年，乐山市政府“把旅游产业的定位，从单纯的培育经济支柱提升到贯彻落实科学发展观，统筹经济社会发展的全局高度，摆到了推进乐山新跨越的重要位置”。2006 年，乐山市旅游经济总量位居全省第二，占全市 GDP 的 21.86%。[②] 旅游业开始成为乐山的支柱产业，乐山的“旅游名城”品牌也逐渐打响。图 2 展示了 2006～2020 年乐山市旅游综合收入占全市 GDP 的比重。[③] 2007 年，乐山市旅游综合收入首次突破 100 亿元。2008 年的低点估计是受到汶川地震的影响。2009～2019 年，旅游综合收入占比逐年上升，2017 年及其之后的占比均超过 50%。旅游业成为撑起乐山经济发展名副其实的“半边天”。2022 年 2 月，国务院发布《“十四五”旅游业发展规划》，乐山成为四川省唯一入选的全国重点旅游城市。

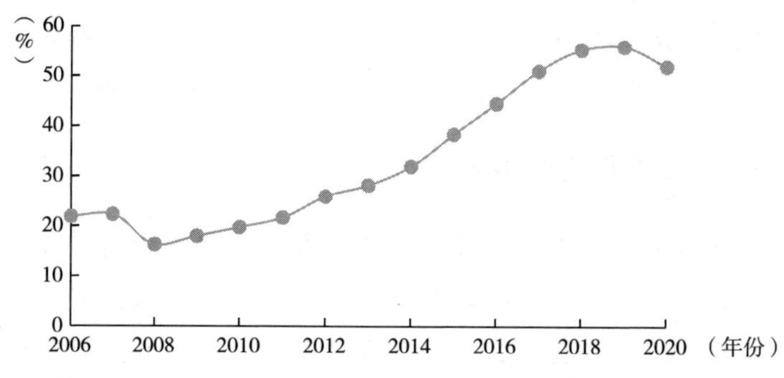

图 2　2006～2020 年乐山市旅游综合收入占全市 GDP 的比重

乐山旅游业发展的重点一直围绕峨眉山和乐山大佛两大景区，但发展方向随时间推移有所变化。2011 年乐山市政府工作报告中提到，“十二五”时期总体目标任务包括推进“观光旅游向休闲度假旅游跨越”。[④] 这应是旅游业发展方向的第一次调整，即从单纯的名山名佛观光旅游向休闲度假综合旅游转

① 乐山市地方志编纂委员会编纂《乐山市志》（1995—2006），电子科技大学出版社，2011，第 59 页。

② 乐山市地方志编纂委员会编纂《乐山市志》（1995—2006），电子科技大学出版社，2011，第 61 页。

③ 乐山市 GDP 和旅游综合收入的数据来源于 2006～2020 年乐山市统计局发布的统计公报及统计年鉴，参见乐山市统计局网站，https：//stjj. leshan. gov. cn/stjj/tjnj/list. shtml。图 2 中呈现的旅游综合收入占比由本研究计算得出。

④ 乐山市地方市编纂委员会编《乐山年鉴 2012》，九州出版社，2012，第 21 页。

变。2016 年，乐山市“十三五”规划纲要中提出“全域旅游”的概念，意在以峨眉山和乐山大佛两大景区带动周边地区的旅游业发展。2021 年，乐山市“十四五”规划首次提出“美食旅游”，并将其列入十大旅游新业态之一。2022 年 5 月，乐山市商务局发布《乐山市“十四五”美食产业发展规划》，该规划是乐山市有关美食产业发展的第一个五年规划，总体目标是“努力将乐山建设成为独具‘嘉州’美食文化发展格局的全国美食地标城市，积极争创‘世界美食之都’”。由此可以看出，乐山市政府在旅游产业发展方面的工作重点是“美景 +”战略，即以峨眉山、乐山大佛两大景区逐渐向外辐射，在美景的基础上，增加休闲、康养、美食等发展方向。

乐山对于美食产业发展的战略性重视，大致始于 2019 年。这一年，乐山推出 6 条国际旅游精品线路，其中包括新增的“乐山美食之旅”，重点打卡张公桥好吃街、东大街、顺城街、嘉兴路等，以美食带动旅游。[①] 2019 年 11 月 16 日，乐山举办国际半程马拉松赛，主题即为“美食美景嘉州马，山水人文扬天下”。[②] 2020 年 9 月，乐山开通首条旅游美食公交专线，串联起高铁站、各大美食街区、乐山大佛等地点。[③] 2020 年，乐山获评四川特色美食城市、全国特色美食地标城市。[④] 至此，乐山的城市名片不仅有“旅游名城”，还有“美食之城”，而“美食”之名在很大程度上得益于各类媒体对于乐山的再现及其引发的在地实践。乐山市政府对于美食产业发展的重视和城市规划的调整之所以集中出现在 2019 年之后，是因为受到乐山诸多变化的影响。

（二）媒体再现与地方感知：从“美景”到“美食 + 美景”

长久以来，“乐山”这一地名与“大佛”紧密“捆绑”。这种社会记忆从何而来？或许一部分社会记忆可以溯源至初级学校教育。小学三年级语文课本（西南师范大学出版社版本）中的《乐山大佛》，或许是一部分从未到过乐山的外地人对于此地的初始记忆。学校教科书之所以是重要的记忆之所，[⑤] 是因为老师要求学生们反复朗读、理解、背诵书中的内容，这种集体记忆实践留下的

---

① 中共乐山市委党史和地志研究室编《乐山年鉴 2020》，新华出版社，2020，第 265 页。

② 中共乐山市委党史和地志研究室编《乐山年鉴 2020》，新华出版社，2020，第 339 页。

③ 中共乐山市委党史和地志研究室编《乐山年鉴 2021》，新华出版社，2021，第 31 页。

④ 中共乐山市委党史和地志研究室编《乐山年鉴 2021》，新华出版社，2021，第 200 页。

⑤ 〔美〕伊维塔·泽鲁巴维尔：《时间地图：集体记忆与过去的社会面貌》，黄顺铭译，四川大学出版社，2023。

印象，远深刻于偶然瞥见的大众媒体报道。

近几年，乐山在各类媒体上的再现呈现较为明显的转变，乐山美食的可见性和美誉度大幅提升，甚至与传统美景的吸引力不相上下。这主要得益于大众媒体和社交媒体的传播。2014 年 4 月，《舌尖上的中国》第二季播出两位乐山养蜂人在旅途中制作乐山嫩豆花；2016 年 8 月，中央电视台中文国际频道播出乐山牛华镇麻辣烫；2018 年 2 月，《舌尖上的中国》第三季聚焦乐山牛华镇麻辣烫。借助该纪录片的强大影响力，乐山美食在全国的知名度有了一个较大提升。此后，中央电视台科教频道《味道》《探索·发现》栏目、财经频道《生财有道》栏目，湖南卫视《天天向上》栏目，《人生一串》烧烤纪录片、《早餐中国》纪录片，等等，频繁聚焦乐山美食，进一步提高了乐山各类美食店铺的可见性与知名度。与此同时，借助大众点评、小红书、抖音等数字媒体平台的博主推广与位置媒体的定位和导航功能，乐山美食的吸引力大有超过传统旅游景区之势，“乐山好吃”“乐山纯吃攻略”“乐山一天吃八顿”等标签频繁出现。至此，乐山的媒体再现与美食相生相伴，影响人们的地方感知。

在本研究的访谈中，问及对于乐山的初始印象，几乎所有受访者会首先提到“乐山大佛”，这种印象主要来源于小学和中学的语文、地理等课本，以及去过乐山的熟人介绍。与此同时，多位受访者谈到近年各类社交媒体上呈现的乐山形象增加了美食维度，平台推送、首页推荐、搜索时的关联词等都包含了各类乐山美食，“美食”成为乐山的新标签。

> 小时候主要通过父母了解乐山，知道乐山有乐山大佛这些著名的景区。长大了主要通过社交媒体、朋友的“安利”了解乐山，知道乐山的钵钵鸡、甜皮鸭都很好吃。互联网越来越发达嘛，乐山的美食就传得越来越广，而且美食确实是互联网的一个流量密码，这样就形成一个循环，乐山美食多这个形象就留下了。（受访者 F1）
>
> 小时候的印象就是乐山大佛，现在对乐山的印象就是网红美食城市，我常用的微博和 B 站上面随时能刷到乐山的内容，主要是旅游攻略或者美食地图。（受访者 F4）
>
> 之前跟同事、朋友提起乐山，大家可能就只想到乐山大佛，但后来再提到乐山，别人都会有印象，说这个地方美食很多、小吃很多。我记得《舌尖上的中国》好像就有乐山的美食，好像是跷脚牛肉吧，记不太清了。（受访者 F8）

由于地方熟悉程度较低、亲身在地经验较为缺乏，外地人对于乐山的印象与感知更加明显地受到媒体再现的影响。上述三位受访者均提及对乐山感知的变化，典型的关键词从“乐山大佛”转变为了“美食”。这一转变包含了两个层次：一是传统地方感知维度的增加，即从“美景”转变为“美景＋美食”；二是传统地方感知的更迭，即“美食”不仅是一个新增的标签，而且重要性超过“传统美景”标签，成为人们地方感知的首要维度。

然而，对于乐山本地人来讲，“美食”并不始终是这座城市的重要标签。或许因为长期生活于此，衣食住行都习以为常，谈及乐山是一座美食之城，大多数本地人的反应是“以前并不这么觉得”。

> 乐山有乐山大佛嘛，在早年间大家没发现它吃的好吃，后来才慢慢地就是“美食”也是它的城市标签了。有社交媒体之后我们才逐渐地把“美食”作为我们的城市标签。（受访者 L1）
>
> 长期以来是一座旅游城市吧，最近几年在社交平台火起来才逐渐觉得是美食城市。自从出去读了大学，然后在别的地方上班之后，就感觉家乡的吃的真的算得上美食。“美食”这一标签主要还是最近在 B 站上或者在抖音上看到的，乐山美食是四川美食当中比较有特色的一个种类。（受访者 L4）
>
> 小时候乐山感觉还只是旅游城市，佛教之类的，包括 2016 年刚进大学，跟大家谈到我是乐山的，大家的第一反应基本上是乐山大佛，但是现在第一反应都是说乐山（的美食）很好吃。（受访者 L10）

本地人的地方感知主要来源于长期的亲身在地经验，但可以明显看到，近几年数字媒体平台对于乐山美食的凸显以及外地人地方感知的塑造，反过来影响了本地人的地方感，在他们相对稳固的地方感知维度上增加了新的面向。本地人地方感的“被动更新”表明，当地方公共可见性增强时，地方熟悉程度与地方媒体再现之间显现动态互构的循环过程。当地方再现被数字媒体深度介入时，本地人的地方熟悉程度便相对降低了，人地关系相对疏离，亲身体验与媒介化经验混杂互嵌，本地人逐渐成为地方之中“熟悉的陌生人”。

> 如果你就在乐山的话，你可能有一天会感觉，诶？这家店就是我刚

刚路过的，怎么在网上那么火啊？就是大家都来吃就会有一种“异域”的感觉，在网上说的那个乐山和现实生活中的乐山还是有差别的。（受访者 L1）

“异域”是一个很有意思的隐喻。对于本地人来讲，大量人排队打卡乐山美食，这是一种此前不常见的新型地方文化景观。地方再现的新标签，与在地实践的新形态，共同疏离了本地人建立的长久稳固的地方感。曾经熟悉的、安全的、亲切的地方，变成了本地人观看、凝视的他乡。其间产生的距离感的远近，在很大程度上与媒体介入程度的高低相关。

一座以工业为主的城市，其标签长期是“旅游城市”，近年来又变成“美食城市”，这种转换发生的关键时间节点大致在 2018 年前后。2018 年 2 月，《舌尖上的中国》第三季播出了乐山牛华镇麻辣烫，乐山美食的知名度有了质的“飞跃”。与此同时，大众点评、小红书、抖音等数字媒体平台的迅速风靡和位置媒体的大量使用，是乐山美食成为网红打卡点的必要条件。这些个体经验的分享，形成一股强大的传播力和引导力，催生了以流量为底层逻辑的网红经济。网红及其背后的商业资本和平台资本，成为人们在地实践的“向导”，通过告诉人们去哪里、吃什么、如何玩，“规定”了人们的线下空间实践范围与路线，也因此悄然形塑了不同地点的可见性。地方中不同地点公共可见性的转换，隐含着“凸显”与“遮蔽”的空间生产逻辑，进而产生“吸引”与“驱逐”的在地实践结果。

（三）在地实践：“吃”与“游”的权衡

对于大多数外地人来讲，去一座陌生城市旅行，或多或少会围绕“吃喝玩乐住行”进行提前规划。在有限的旅行时间内，以“吃”为主还是以“游”为主，往往会产生截然不同的行程规划及在地实践。在小红书 App 搜索关键词“乐山”，选择显示“最热”帖子，超过一半帖子的封面图片是美食，并配有“纯吃攻略”“乐山美食”“一天打卡 12 顿”等标题，抖音平台亦是如此。

前文谈到外地人缺乏足够的在地经验，对于地方的感知更多依赖媒体再现。当地方的媒体再现高频率、高密度地围绕美食展开，就容易形成一种“主流化”效应，即“乐山美食”成为乐山的首要标签。在这种数字地方感知的影响下，许多外地游客去乐山游玩的主要目的是体验美食，打卡各大网红餐馆，因此提前做好“美食攻略”成为出行前的必要准备。图 3 是受访者 F1 制定的乐山三日游旅行规划。这个规划不同于以旅行社为代表的传统行程规划，其特点在于只包括一日三餐的内容及路线，而未囊括峨眉山、乐山大佛等传统景区的游玩。从某种意义来讲，各类美食街区与餐馆已经成为新的“景区”。

2022年4月29日	2022年4月30日	2022年5月1日
赵鸭子甜皮鸭（新村总店）	小豆海棠	海汇源烧麦
二妹油炸	四方豆腐干	游记肥肠汤
蛋烘糕	跷脚牛肉	九妹凤爪
三鲜冰粉	老街咖啡	
适当喝点小酒	鞠婆婆	
二哥烧烤馆/徐烧烤	古真记钵钵鸡	
	牛华八婆麻辣烫	

图 3　受访者 F1 的乐山三日游旅行规划

其实没有具体玩什么景点，可能吃完饭在河边散步，然后试图窥探一下河对岸的乐山大佛的一角，其他要说玩什么可能就是打麻将了。除了玩这些就是在吃饭，抓紧时间把所有想吃的都吃到吧。（受访者 F1）

吃，包括甜皮鸭、跷脚牛肉、冰粉、油炸串串，其实也有准备去峨眉山和乐山大佛，但是五一一个是假期短，另一个是人超多，我们觉得太累，就选择纯吃。具体店铺我真的想不起来了，匠牛跷脚牛肉，还有个什么小妹跷脚牛肉，甜皮鸭吃过太多家了，冰粉都是一买就走。纯吃，没有景区。（受访者 F5）

将各类美食街区或餐馆视为必去打卡的新景点，这种在地实践方式不仅是外地旅行者的普遍选择，也成为本地年轻人重新探索家乡美食的新方式，这些在地探索与实践延展或重塑了他们既有的地方感知与地方认同。

一些很新式的网红店，我不知道在哪里，我就会去小红书上搜一搜不了解的新店或者是一些比如说甜品店、咖啡店，它不属于乐山传统的这种美食的话，就会去搜来看一看它们的评价怎么样。（受访者 L1）

我也会去打卡那些网红店，虽然之前我没有听说过，但是我也会去那些比较火的地方吃。但是节假日的时候就会避开那些地方，比如说张

公桥好吃街我之前经常去吃，后来他们说外地人才去吃，我就不去吃了。（受访者 L2）

在某种程度上，通过数字媒体来感知地方并进行在地实践的频率越高，本地人与外地人的地方感知就会越趋同。但吊诡的是，在这种“感知趋同”的影响下，本地人与外地人的在地实践反而会形成一定的空间区隔。以张公桥好吃街为例，此地有一座建于康熙年间的石拱桥，旧时店铺林立、商贾云集，是乐山地区一个重要的商贸区。2000 年前后，乐山市市中区开始旧城改造，餐饮商家陆续入驻，美食聚集带来兴旺的人气，这里成为许多本地人的“美味回忆”。近年来，随着游客数量的大量增加，张公桥好吃街的名声渐起，成为外地游客必去的打卡点，这反而将部分本地人“驱逐”出去。乐山本地受访者频繁提及张公桥好吃街是“外地人去的地方”“给外地人推荐的地方”等。与此相对的是，大众点评、小红书、抖音等数字媒体平台上的乐山美食攻略不少以“本地人带路的小店”“本地人推荐”“本地人私藏”等为标题。抛开博主是否真为本地人这一问题，这些帖子的传播策略就是通过凸显本地人与外地人的空间区隔，来强调美食推荐的“正宗”与“正当”。因此，空间区隔的媒体再现成为一种独特的传播资源，同时影响外地人和本地人的地方感知及其在地实践。

以吃为主，打卡美食街区，这种旅行方式是媒介实践程度较高的年轻人的普遍选择。智能手机使用程度较低的老年人，则较少受到数字媒体平台上网红美食打卡风潮的影响。他们一般不会制作特别详细的旅行规划，也很少排队购买特定食物，对于美食的选择，主要通过询问亲朋好友或者本地人的方式，并充分考虑地点的近便性。对于这一群体来讲，“吃”的重要性低于“游”。

我们如果去的话，因为离得比较近，应该就是自驾，时间上比较灵活，如果想看景点的话，可能会提前查一查，但都不太会查得很详细，大概这样。（受访者 F9）

出去玩的话，我一般比较喜欢自然风景好的地方，我喜欢去看一看风景，对于那些美食，还有一些比如说特色的小吃之类，吃一些就行了，不会说特意去，我对这些的兴趣没有去自然风景好的地方玩的兴趣大。（受访者 F15）

由此看出，媒介实践程度和地方熟悉程度的不同，能够区分出不同类型的在地实践，主要体现为“吃”与“游”的权衡。就媒介实践程度来讲，对数字媒体更为熟悉的年轻人的旅行方式以“吃”为主，美食的重要性高于美景，各类美食街区与餐馆是他们必去打卡的新景区，这与数字媒体平台上的乐山再现大致保持一致。相较之下，智能手机使用程度较低的老年人则仍然保持以“游”为主的传统旅行方式，且行程规划较少受到媒体再现的影响。就地方熟悉程度来讲，本地人由于对当地的传统景区较为熟悉，很多人有多次游览经历，因此在地实践体现为以“吃”为主。外地游客对于峨眉山和乐山大佛等景区的游览，大多属于“一次性消费”，即去过一两次之后就不太会再去，这与美食消费的重复性形成了鲜明对比。相较之下，“吃”仍然是外地人在地实践的主要类型。

事实上，峨眉山与乐山大佛两大传统景区的获客能力客观上在逐年减弱。2000～2020年，乐山市接待旅游人数逐年增长，从2000年的468万人次增至2020年的7071万人次。[①] 与此同时，两大景区的接待人数占比却波动下降，由2002年的最高点60.8%降至2020年的5.5%（见图4）。其中一个重要的“分流”渠道就是美食，“纯吃不游”“多吃少游”的体验分享几乎成为各类媒体平台发帖的主流。

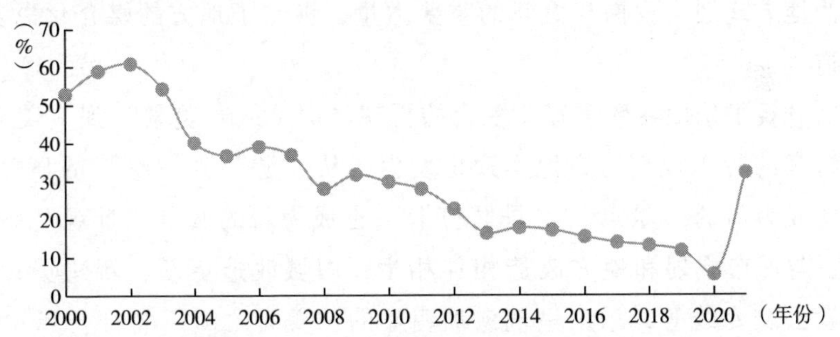

图4　2000～2021年峨眉山与乐山大佛两大景区接待人数占全市总接待人数的比重

传统景区的式微与“美食景区”的出现或许互为因果，而媒体则在其中扮演着不可或缺的中介角色。本研究的所有受访者几乎都谈到，这种“美景”向“美食”的转化，极大地受到媒体对于乐山再现的影响。当“美食”这一

① 2011～2021年《乐山统计年鉴》，乐山市统计局网站，https：//stjj.leshan.gov.cn/stjj/tjnj/list.shtml。

标签几乎成为乐山的代名词，这座城市其他面向的公共可见性就被相对削弱了，产生“可见性驱逐”。当这种“驱逐”由线上观看转化为线下实践、当人们的在地实践由线上攻略所决定，就逐渐会产生一种螺旋式增强的“媒介化现实”，进而生成“媒介化地方”。其中，数字媒体逻辑贯穿“媒介化地方”的生成与壮大，其最显著的特点是线上媒介实践（如观看视频、点赞、收藏、转发、发帖等）与线下身体实践（如旅行、打卡、探店、体验等）的合二为一，密不可分。[①] 进一步地，在“媒介化地方”的媒介实践与身体实践，形成了一种虚实交融的地方感知，地方的媒体再现、个体感知与在地实践三位一体，促成地方性的重构与更新。相较于少数高可见性的“媒介化地方”，城市里大量未被数字媒体再现的地方逐渐沦为“无地方”（placelessness），[②] 它们客观存在，但人们对此既缺乏了解，也难以产生细致的感知与丰富的认同。

（四）地方规划：以“美食”之名重构更新

一座城市中不同地点的公共可见性和吸引力天然地存在差异。数字媒体通过再现地方的方式强化、增强或者弱化特定地点的可见性，进而影响人们的在地规划与具体实践。人们拍摄、记录、分享与传播具身的在地体验，形成新的地方再现，如此循环往复，“媒介化地方”得以生成。因此，数字媒介实践成为地方规划、重构与更新的重要力量，参与了地方的媒介化以及地方性的再造。

前文分析了乐山在数字媒体平台的再现经历了从“美景”到“美食”的转变，游客的行程规划与在地实践也发生了从“游”到“吃”的显著变化，美食街区成为新的“景点”，“排队打卡”也成为新的城市“景观”。这一系列变化，与城市规划和地方改造相伴相生，旧城改造更新、新建美食街区、开通美食公交专线等，乐山呈现愈加明显的“美食之城”特征。当“美食”成为老牌旅游城市焕发生机的新密码，政府围绕“美食”进行城市更新、重建与调整也是顺势而为。

在前几年，市区还是以功能性的规划为主，比如说这一块是市政府

① 孙玮：《我拍故我在　我们打卡故城市在——短视频：赛博城市的大众影像实践》，《国际新闻界》2020 年第 6 期。

② 〔加〕爱德华·雷尔夫：《地方与无地方》，刘苏、相欣奕译，商务印书馆，2021。

区，那一块是商业区，但是现在很多围绕着一些美食集群，或者说商业区也是以美食或者旅游为中心点，然后周边建一些商业区。（受访者 L4）

政府对一些街区的门牌进行了统一的重整，以前老公园那边小吃都是随意摆在路边的，现在整洁了很多，包括张公桥好吃街那边也是重新修整过，以前都很乱，也不会说是美食街，但最近几年打造了好几个美食街，比如嘉州长卷天街，感觉都是后来新建的。（受访者 L1）

张公桥好吃街、上中顺特色街区、王浩儿河鲜美食街、嘉州长卷天街、嘉兴路美食街等美食集中的街区都经历了重新规划与打造，并增加了沉浸式美食剧场、美食直播体验、深夜食堂、非物质文化遗产美食展等新兴业态。2021 年 8 月，乐山市发布的“十四五”规划将“美食旅游”列为十大旅游新业态之一，其中重点提到“改造一批传统美食街区，新建一批美食街区，不断提升特色美食街区环境，丰富美食街区文旅业态”。在此基础上，乐山市出台了首个“美食产业发展规划”，将美食产业视为“线上互联网连接线下的最大入口”，在空间布局上构建“一心、一环、一片”美食产业空间，并对市内 9 区（市）县的美食产业发展重点进行了定位与规划，以此带动周边地区上下游产业发展。[①] 由此看到，美食不再是一种消费形式或一种旅游业态，而是成为更新城市建设、规划区域发展的关键抓手。

硬件设施的规划与建设必然带动一系列美食文化活动的开展，由此促进城市文化的更新。“美食产业发展规划”中提到，推进美食文化的传承与活态保护、美食文化展、非遗美食申报、全民“食育”教育等，兴建美食博物馆、美食文化体验基地，绘制区域美食地图，举办美食节、美食评选，等等，这一系列以政府为主导的文化更新行动，借助数字媒体的力量，或将显著更新城市面貌与地方文化，创造出一座独具特色的“美食之城”。

综上所述，乐山数字媒体平台的再现与人们的在地实践形成了虚实结合、循环强化的地方体验与地方感知。对特定地点的反复呈现、打卡、体验与分享不断强化这些地点的媒体可见性，将客观的地方转变为包含数字媒体逻辑的“媒介化地方”。乐山的城市形象由此发生了重要转变，一同变化的还有地

① 《乐山市“十四五”美食产业发展规划》，乐山市人民政府网站，2022 年 5 月 13 日，https：//www. leshan. gov. cn/apistatic/lsswszf/xxgkcontent/zwgk_ content_ 20220513170638 - 446838 - 00 - 000. shtml？ id = 20220513170638 - 446838 - 00 - 000。

方经济发展模式、城市空间规划以及城市文化。数量巨大的普通网友、大型数字媒体平台、地方政府三者合力使“媒介化地方”成为城市的现实与主流。

七 结语

本文结合媒介与传播地理学理论，以四川省乐山市为案例，建构数字地方感的“媒体再现—地方感知—空间实践”三个维度分析框架，探讨了数字媒体如何通过介入地方再现的方式，影响人们的地方感知及其在地实践，并进一步创造出“媒介化地方”，促进城市规划与地方文化的更新。数字媒体不仅拓展与丰富了人们认识和了解一个地方的途径与信息，还由此产生了新的数字地方感，这种地方感与数字媒体逻辑紧密相连，以陌生人的弱人地关系为主导，对人们的线下空间实践起着重要的引导作用。更进一步，数字地方感及其引发的空间实践，又会对城市的媒体再现和城市规划产生深远的影响。因此，媒体再现、地方感知、空间实践三个维度相互影响，循环互构，共同组成数字地方感的分析框架，而互构过程的关键点在于“媒体再现”。从这一意义来讲，数字媒体已然成为地方感建构和空间实践的核心场域，连接地方意义的动态重构与城市空间的改造，数字媒体逻辑亦成为数字时代城市发展的内在逻辑之一。

当数字媒体逻辑嵌入地方感与地方性的改造当中，地方的媒体可见性就成为一个至关重要的维度。凸显何地、隐藏何处，是不同地方或地方中不同地点围绕可见性进行的象征性竞争（symbolic contest），其背后是不同行动主体对于空间权力与权利的争夺。对一地可见性的凸显意味着对另一地可见性的剥夺；对少量地方的高密度再现，意味着对大量其他地方的“可见性驱逐”。当“媒介化地方”逐渐演变成为真实的地方，那些未进入数字媒体视野的真实地方的公共可见性就相对被剥夺了。地方的不可见，导致人与地方联系和互动的机会减少，长此以往，这些地方就可能成为看不见的“无地方”，它们客观存在，但人们对此视而不见、毫无感知，更难对其产生认同感。

加拿大地理学家爱德华·雷尔夫曾在出版的《地方与无地方》一书中提出“无地方”这一概念，用以批判现代社会中地方意义的消亡。[①] 在“无地

① 〔加〕爱德华·雷尔夫：《地方与无地方》，刘苏、相欣奕译，商务印书馆，2021。

方”之中，人们难以获得真实的意义与切身的感知，对地方认同也缺乏体会，地方的本真性被削弱、压缩，而地方的景观化与同质化则愈加明显。2021年，雷尔夫教授在一篇新作中提出“数字迷向”（digital disorientation）的概念，认为数字媒体带来的信息和图像超载、虚假信息流行、真实世界与虚拟世界的模糊，以及个体归属感的意见极化，从根本上弱化了我们与周遭生活世界的关联，因此对于人们的地方感知与经验起到的是“迷向”（disorient）而非“导向”（orient）的作用。[①] 当数字媒体成为人们认识、了解、感知地方的必经渠道，“媒介化地方”向真实地方演化的趋势就难以阻挡，“数字迷向”也就越容易发生，它迷惑的不只是人们与某个特定地方的联系，而是人们与整个真实世界的联系。

在地方性与地方文化面向上，“可见性驱逐”与“数字迷向”同样存在。以乐山美食为例，川菜文化研究专家、特级厨师胡晓远教授在一次访谈中说：“虽然《舌尖》带火了乐山美食，但麻辣烫、钵钵鸡、豆花都是乐山美食中很小的部分，更多有文化内涵的菜品还没有得到关注。”[②] 当美食体验集中于视觉、味觉等感官刺激，其文化延展性就被弱化了。这种对于美食文化面向的忽视，本质上受到数字美食（digital food）发展逻辑的影响，其中一个关键特征是商业资本联合素人美食博主，借助数字媒体平台的流量运作逻辑，潜移默化地塑造人们的饮食偏好与选择，进而影响地方美食产业的发展。那么，我们如何超越“数字迷向”？雷尔夫教授指出，重视在真实地方的亲身体验，并充分认识到地方差异，或许是拯救地方感的可行“解药”。

本文的贡献主要有两点。首先，既有研究大多将这些在数字媒体上具有高可见性的城市归为“网红城市”，并探讨媒体在其中扮演的重要角色。本文进一步将“网红城市”这一标签剖解，阐述乐山城市标签的转换、媒体在其中扮演的关键角色，以及媒介化的在地实践对于城市发展的影响，即“媒介化地方”对于地方性的影响，在一定程度上推进了数字地方感分析框架的完善。其次，本文增加了历时性档案分析，将城市发展的媒介化进程与地方政府的政策制定及调整过程联系起来，增加了媒介地理学研究的现实意

---

① Relph, E.,“Digital Disorientation and Place,” *Memory Studies* 3（2021）：572 - 577.

② 《起底乐山味道》，乐山市文化广播电视和旅游局网站，2019年7月8日，https://swglj.leshan.gov.cn/whgdl/lswd/201907/749fe79aa776446194c5753021f674b0.shtml。

义。本文的不足之处主要在于未收集到地方政策制定者的一手访谈资料，因此在媒介逻辑如何影响地方规划发展的推论上稍显薄弱。未来研究可扩大经验材料的收集范围，并在其他类似的案例研究中批判地检验本文提出的分析框架。

自述与他述：时空视角下中美两国长江叙事的比较研究*

辛安怡　付瀚爽　郭雅楠**

摘　要： 自古以来，河流滋养自然世界与人类文明。河流的重要价值彰显了河流叙事的必要性，而河流叙事也日益成为我国讲好中国故事、传播中国声音的重要一环。但我国河流叙事、时空叙事与我国国际传播能力建设的迫切需要之间存在较大的差距。基于这一背景，本研究选取中美两部长江纪录片为研究对象，以扎根主义为依托，采用个案研究、比较分析、文本分析的方法，从中美长江纪录片的叙事对比中挖掘河流叙事在时间、空间命题中的功能与潜力，致力于为我国国际传播中的叙事实践提供理论支撑与路径依托。研究发现，中外纪录片在河流叙事表征中存在显著差异，但在叙事景观转化与底层叙事逻辑中形成耦合。从河流叙事的差异进一步深入至时空领域，研究发现中美河流叙事的起点、思维模式、自然观念等因素影响着中美两国的长江叙事实践。基于上述分析，研究从叙事元素的选取、全方位叙事体系的搭建、人类命运共同体想象的建构三个方面为我国国际传播中的河流叙事提供参考建议。

关键词： 河流叙事　长江故事　时空叙事　长江纪录片　长江文明

一　问题的提出

自古以来，河流滋养人类、孕育文明，对世界各地的物质生产、精神

---

*　本文系国家社科基金后期资助项目“数字化时代世界性通讯社的权力体系研究”（项目号：20FXWB027）的阶段性成果。

**　辛安怡，中国传媒大学传播研究院硕士研究生，研究领域为国际传播、传播理论、叙事；付瀚爽，中国传媒大学媒体融合与传播国家重点实验室硕士研究生，研究领域为国际传播、纪录片；郭雅楠，中国传媒大学国家传播创新研究中心助理研究员，研究领域为科技与媒介社会学、社会互动、社会创新与创业。

文明发展起着极为重要的作用。河流也以深厚的文化与情感意涵逐渐成为各个国家社会变迁、民族精神形塑与集体记忆存续的见证者与记录者。河流叙事（narrative）既是生态的叙事，也是文明的叙事，其叙事的底层逻辑映射出不同文明孕育的时间观与空间观。国际传播语境下的河流叙事也是不同文化背景下的时间观与空间观的传递过程。时间与空间是物质存在的基本形式，也是物质运动的两个基本维度，可以说，掌握了河流叙事的主动权，就意味着掌握了时空叙事，进而在时间与空间维度逐步为勾勒和描绘全球范围内的真实图景提供可能。但从河流叙事的发展现状来看，相较于以英、美为代表的发达国家，我国河流故事的言说仍处于弱势与被动的地位。

由于长江独特的自然地理环境及其对我国物质生产、制度文化、民族精神的重要意义，国际社会普遍将长江视为了解和研究中华文化及中国社会的重要窗口。习近平总书记在全面推动长江经济带发展座谈会上指出，“长江造就了从巴山蜀水到江南水乡的千年文脉，是中华民族的代表性符号和中华文明的标志性象征，是涵养社会主义核心价值观的重要源泉。要把长江文化保护好、传承好、弘扬好，延续历史文脉，坚定文化自信”[①]。基于我国现阶段河流叙事缺位的现实境遇与河流叙事的重要性，讲好长江故事已成为我国国际传播能力建设的重要命题。

通过对研究背景的梳理，本研究初步确定了研究的基本构想，并进一步明晰了本文的研究目的：通过对比中外河流叙事的过程与方式，挖掘河流叙事在时间、空间上的功能与潜力，从而为我国国际传播中的叙事实践提供理论支撑与路径依托。基于此，本研究提出三个研究问题。

（1）中美长江纪录片在河流叙事中呈现什么样的差异与共性？

（2）中美河流纪录片是如何通过河流叙事建构起时间观和空间观的？影响时空叙事的因素有哪些？

（3）我国应如何通过河流叙事建构时空叙事体系，从而掌握时空叙事的主动权？

① 《习近平在全面推动长江经济带发展座谈会上强调　贯彻落实党的十九届五中全会精神　推动长江经济带高质量发展》，百家号“央视新闻”，2020 年 11 月 15 日，https://baijiahao.baidu.com/s?id=1683423146951298514&wfr=spider&for=pc。

二 文献综述

叙事，即叙述某个事件。在所有的文化语境和不同的历史时期中，人类社会都存在不同形式的叙事作品，小至交谈中的手势、对话，大至家国历史和民族记忆，都蕴含叙事的印记。伴随结构主义的兴起，法国批评家兹维坦·托多罗夫于1969年首次使用了叙事学（Narratology）的概念，标志叙事学作为一门学科诞生。[①] 20世纪下半期，哲学社会科学呈现整体的“空间转向”[②]，叙事学也因此将时间、空间这一底层逻辑纳入叙事研究的范畴。正如赫尔曼曾指出的，时间与空间是叙事的基本维度，且这种叙事结构的建构大部分是在非语言层面进行的。[③]

河流兼具地理与时空双重维度上的广延性，与人类社会密不可分，也作为重要的叙事主体参与现代叙事话语体系的方方面面。蒋林欣指出，“河流具有流动性、诗性、介于城乡之间的媒介性、独立性、依存性、开放性、绵延性等特征……在现代化、城市化的进程中，在传统农业文明向现代工业文明、商业文明的转型过程中，在各种现代话语的审美观照下，河流空间的这些特性才更为凸显”[④]。在河流叙事中，河流意象不再只是一种自然存在与客观物态，而是成为自我生命的象征与代名词，承载起对于生命体验与家园世界的多重感知和理解。[⑤]

聚焦于长江叙事则可发现，河流的多重特质使长江意象发挥着重要的叙事价值。叙事元素方面，长江在各类叙事元素中起到连接作用，使得具体的内容，即人、景、事相互交融，小说文本构成了一个可感可知的时空综合体。[⑥] 叙事空间方面，长江在地质学空间、时空体空间及精神空间三个维度实

① Prince, G. , *Narratology: The Form and Functioning of Narrative*, Walter de Gruyter, 2012, p. 3.

② 冯雷：《理解空间：现代空间观念的批判与重构》，中央编译出版社，2008，第1页。

③ Herman, D. , “Toward a Transmedial Narratology, ”*Narrative Across Media: The Languages of Storytelling* (2004): 47 – 75.

④ 蒋林欣：《河流：独特的现代文学乡土空间》，《社会科学家》2016年第6期，第146～150页。

⑤ 赵树勤、杨杰蛟：《河流·情人·城市——虹影与杜拉斯小说意象的文化解读》，《中南大学学报》（社会科学版）2015年第5期，第204～208页。

⑥ 曾小月：《〈饥饿的女儿〉中的“长江”叙事及其美学价值》，《华文文学》2019年第3期，第71～76页。

现了对当下社会的全景式映射。[①] 邵培仁等在论及“空间”概念时指出，“一方面应将空间视为具体的物质形式……同时，它又是精神层面的建构，是关于社会、生活和文化等意义的阐释，往往具有观念形态的特征”[②]。由此可见，长江这一意象既包含实体长江的再现，也包含长江沿岸的人文社会、历史文化、价值理念等精神意涵上的再现，这也提示我们应探寻长江叙事背后的情感依托与价值追寻。孙百卉认为，长江意象已经成为彰显中华文化和展现国人情感的重要载体，并指出长江叙事的核心是爱国主义。[③] 曾小月也指出：一方面，叙述者的血脉缘由、故乡情结与成长地理促成了长江书写的完成；另一方面，长江叙事源于中国传统思维中的水崇拜与女性文化的天然联结。[④]

在长江故事讲述的多种形式中，纪录片以优美的画面与配乐、细腻的情感表达，以及较强的知识传递功能，在文学、电影等多种媒介形式中脱颖而出。史密斯认为，纪录片为全球社会提供了一个平衡、多维的交流平台，观众可通过观看纪录片代入他人情绪与背景，从而进行自我反思和跨文化间的观念分享，进而更好地实现人与自然世界的和谐相处。[⑤] 孙百卉也肯定了长江纪录片的叙事价值，认为长江叙事是一个有体系、有历史的再现世界，而长江纪录片“在叙述的时间维度上，延展着长江叙事的生命……在叙述的空间维度上，拓展着长江叙事的体量”。[⑥] 但诚如列斐伏尔指出“空间是政治的”，建构主义视角下的长江叙事依然是“选择性呈现”的结果，看似平和的河流叙事背后依然隐含着民族主义、意识形态与价值观争夺等问题。纪录片中隐含了“视觉殖民性”（coloniality of seeing），创作者以欧洲为中心，凝视正在消失的当地人的世界，其剪辑和叙事操纵了“展示什么”、“看什么”和“怎

① 程鹏飞：《〈长江图〉的三重叙事空间》，《电影文学》2019 年第 15 期，第 86 ~ 90 页。

② 邵培仁、杨丽萍：《转向空间：媒介地理中的空间与景观研究》，《山东理工大学学报》（社会科学版）2010 年第 3 期，第 69 ~ 77 页。

③ 孙百卉：《中国电视纪录片“长江叙事”谱系中的〈长江之恋〉》，《中国电视》2020 年第 2 期，第 79 ~ 82 页。

④ 曾小月：《〈饥饿的女儿〉中的“长江”叙事及其美学价值》，《华文文学》2019 年第 3 期，第 71 ~ 76 页。

⑤ Smith, N. J. , “A Balance of Perspective in Global Society: An Argument for‘ Reverse Ethnography’in Documentary Film, ”*University of Otago*(2011) : 6 – 8.

⑥ 孙百卉：《中国电视纪录片“长江叙事”谱系中的〈长江之恋〉》，《中国电视》2020 年第 2 期，第 79 ~ 82 页。

么看”。[①] 河流纪录片传达了叙述者的价值观[②]，从这一意义而言，河流纪录片“不是真理的记录，而是建构出来的人造产物”[③]。

三 研究设计与类目建构

扎根理论是一个归纳的过程，是从下往上将资料不断地进行浓缩的方法。[④] 扎根理论中的“编码”指的是，通过将事件与事件、事件与概念、概念与概念之间进行连续比较，对资料进行概念化，以形成类属及其属性。[⑤] 依据扎根理论的指引，本研究在综合对比国内外30余部长江纪录片后，选取我国央视纪录片《话说长江》（1983）与美国国家地理频道纪录片《大河与生命：长江篇》（*Rivers and Life*：*The Yangtze*）（2009）为研究样本，采用个案研究、比较分析及文本分析的方法对中外纪录片的长江叙事进行探析。研究的类目建构借鉴格拉斯“三级编码”（即开放编码、轴心编码、选择编码）法，具体流程如图1所示。

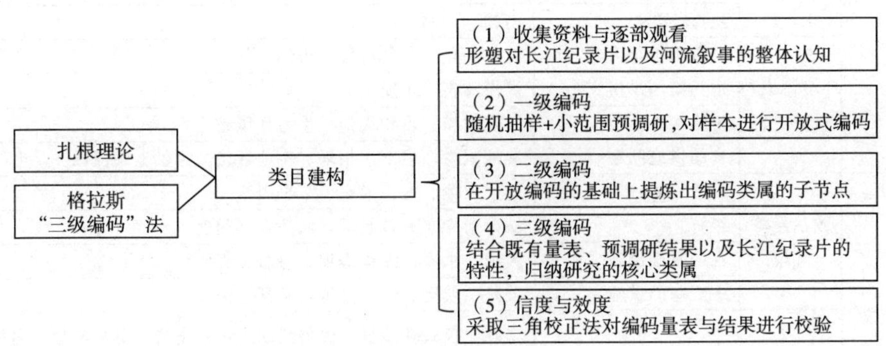

图1 研究的类目建构流程

① Gustavsson, A., Giordano, M., “The Pilaga of the Argentine Chaco through an Exoticizing and Ethnographic Lens: The Swedish Documentary Film Following Indian Trails by the Pilcomayo River,” *Journal of Aesthetics & Culture* 1(2013): 21562.

② Akbar, R. R. F., “Konstruksi Isu Lingkungan Dalam Film Green Warriors: Indonesia The World's Most Polluted River,” *Jurnal Riset Jurnalistik dan Media Digital*(2021): 127 – 134.

③ Gebremichael, D. S., “A Discourse Analysis of Aljazeera's Documentary‘ Struggle over the Nile’”, Addis Ababa University, 2015.

④ 陈向明：《扎根理论的思路和方法》，《教育研究与实验》1999年第4期，第58~63页、第73页。

⑤ 陈向明：《扎根理论在中国教育研究中的运用探索》，《北京大学教育评论》2015年第1期，第2~15页、第188页。

编码过程参考了 Beerli 和 Martin 的目的地形象感知量表①及 Lam 等的河流目的地形象感知量表②。在综合考量研究问题、研究目的及研究的可操作性，以及进一步考察一级、二级编码的概念类属之后，研究构建出 6 个核心类属，分别为：自然资源、生态环境、环境污染与自然灾害、政治经济环境、文化环境和社会环境。本研究的编码类目如表 1 所示。为确保研究的信度与效度，研究者在编码过程中采取三角校正法对编码量表与编码结果进行校验。

表 1　本研究的编码类目

	理论编码	聚焦编码	开放式编码
自然环境	自然资源	水能资源	水文（水位、径流量、汛期）、水系（流程、流向、流域面积、支流、河网、河道）、水质、航运价值
		生物资源	动物、植物
		矿产资源	矿产丰富
	生态环境	气候	温度、湿度、降水量、天气
		地形地质	高原、平原、山地、盆地、地震带
		地貌特征	冰川地貌、峡谷地貌、三角洲
		景观	岩石、瀑布、山峰、日出、夕阳、白云
		生物多样性	植物、动物
	环境污染与自然灾害	气象灾害与大气污染	气候变化、空气污染、极端天气
		水污染与洪涝灾害	洪涝灾害、水质污染
		生物多样性减少	过度捕捞、生物灭绝、生态环境破坏
		食品供应问题	湿地减少、地下水枯竭、耕地数量减少、土壤侵蚀
人文环境	政治经济环境	政治	国家政策、意识形态、军事因素
		经济	城市街景、人口数量、经济发展程度
		水利基础设施	大坝、水库、沿岸堤坝、灌溉工程
		一般基础设施	公路、航运、通信设施、教育、医疗
	文化环境	非物质	宗教、仪式和节日、民俗活动、传统技艺、历史典故、名人传说、文学、音乐戏曲、道德、法律
		物质	建筑、文物古迹
	社会环境	生产方式	生产工具、生产方式
		生活方式	衣、食、住、行

① Beerli, A., Martin, J. D., "Factors Influencing Destination Image," *Annals of Tourism Research* 3(2004): 657-681.

② Lam, J. M. S., Choo, L. S., Oh, Y. L., et al., "Investigating River Destination Image by Using Tri-component Model: A Case of Malacca River-the Venice of the East," *International Journal of Sustainable Society* 3(2020): 238-252.

在确立编码类目表之后，研究者将纪录片导入质性分析软件 NVivo 12 进行逐帧分析与编码，逐一呈现中外长江纪录片中的核心类属及其子节点之间的编码结果，进而探究中外长江文明的叙事框架与逻辑。

四　相似与存异：中外长江纪录片的叙事比较

（一）从自然环境到人文环境的长江叙事表征

斯图亚特·霍尔曾指出，人类的器物用具、思想观念、行为方式均属于文化的符号或文本，从这一意义而言，文化是由符号或文本构成的。霍尔认为，文化的基本功能就在于表征（representation），即为通过媒介对既存事物准确的或歪曲的反映，这种反映在不断“呈现”“图式”“描绘”客观事物。[①] 表征的呈现过程实质上是文化通过符号系统进行意义生产的过程[②]，其通过持续流动的媒介图像、叙事、信息为人类提供集体性的观察、理解和感受方式，并在媒介想象和叙事中连接来自世界各地的人群，从而塑造出一个全球化的生活图景。[③] 本研究引入“叙事表征”这一概念，对《话说长江》与《大河与生命：长江篇》的画面、元素及解说词等表征进行编码（见表2），并以此为基础展开分析。研究发现，中外长江纪录片的叙事表征各有侧重。

表 2　《话说长江》与《大河与生命：长江篇》叙事表征初始编码的对比

	理论编码	聚焦编码	《话说长江》		《大河与生命：长江篇》	
			代表性初始编码	占比	代表性初始编码	占比
自然环境	自然资源	水能资源	流域面积、航运量、水能蕴藏量、河流长度、支流、水系、水量	1.22%	流域面积、河流长度、支流水能、水电	1.03%
		生物资源	鱼群、两岸植被	1.22%	鱼群、两岸植被	1.35%
		矿产资源	煤炭、石灰石、白云石、黏土、矾	1.32%	矿物质、沿岸矿产资源	0.33%

① 〔英〕斯图亚特·霍尔等：《表征与媒介》，《文化研究》2013 年第 1 期，第 217～232 页。

② Orgad, S., *Media Representation and the Global Imagination*, Polity Press, 2012, p. 10.

③ Gaonkar, D., “Toward New Imaginaries: An Introduction,” *Public Culture* 1(2002): 1 – 19.

续表

	理论编码	聚焦编码	《话说长江》		《大河与生命：长江篇》	
			代表性初始编码	占比	代表性初始编码	占比
自然环境	生态环境	气候	温和、湿润	0.15%	降雨、晴朗、温暖	0.33%
		地形地质	山地、湖泊、高原、平原、岛屿、三角洲、峡谷、盆地、丘陵	4.15%	地震带、林地	1.03%
		地貌特征	冰川、峡谷	1.44%	梯田、悬崖	1.03%
		景观	河流、高山、白云、岩石、日落、蓝天、日出、雾气、瀑布、冰块	26.05%	河流、高山、太阳、蓝天、雾气、树木、白云、阴天、岩石、山村景色、亭子	23.82%
		生物多样性	树木、鱼、松杉树、雪莲、熊猫	2.44%	野生动物、崇明岛飞鸟、淡水鱼、鲟鱼	1.35%
	环境污染与自然灾害	气象灾害与大气污染	暴雨	0.08%	极端天气、闪电、尘土	2.07%
		水污染与洪涝灾害	洪水	1.12%	洪水、受灾的百姓、被淹没的建筑、被淹没的文物、救援者、工业垃圾、长江污泥、工厂与生活废水	12.04%
		生物多样性减少	—	—	过度捕捞、浮游生物减少、长江鲟鱼灭绝、白鱀豚减少	4.32%
		食品供应问题	泥沙沉积侵占耕地	0.02%	土壤侵蚀、污泥堆积	2.71%
人文环境	政治经济环境	政治	国家领袖、水利工程与相关政策	0.18%	中国国旗、国家领导人、政府政策、政府官员、财政拨款	3.01%
		经济	城市（如山城重庆、瓷都景德镇、江城武汉、杭州、扬州、镇江、南京、上海、苏州）、商业（如街道、高楼、商铺、灯牌）	12.71%	城市（如重庆、上海等）、商业（如高楼大厦、广告灯牌、城市街景、商业街等）、车流	5.70%

续表

	理论编码	聚焦编码	《话说长江》代表性初始编码	占比	《大河与生命：长江篇》代表性初始编码	占比
人文环境	政治经济环境	水利基础设施	三峡大坝、水库、蓄水灌溉工程、葛洲坝、都江堰、巨型船闸	3.86%	长江大坝、大坝泄洪、水力发电设施	7.79%
		一般基础设施	高架桥、公路、长江大桥、跨江大桥、铁路	2.44%	公路、建筑、立交桥、电缆、跨江大桥、天桥	4.39%
	文化环境	非物质	文学作品、历史典故、戏剧、元谋人、石刻铭文、龙舟比赛、纳西族服饰、蜀绣技艺、彩绘	7.83%	长江历史、僰国古文化、有关僰人悬棺的历史传说	1.03%
		物质	佛像、古建筑、塔、文物、猿人牙齿化石、随县编钟、乐山大佛、僰人悬棺、古代崖葬墓群、大足石刻、白帝城、岳阳楼、汨罗龙舟、栈道、陶瓷	12.20%	僰人悬棺、古建筑、寺庙、文化遗址	3.01%
	社会环境	生产方式	船只、工厂、渔民捕鱼、农民、耕地、船工、水车、水田、水牛、稻谷、棉花、磨坊	12.53%	建筑工地、工人、纤夫、驳船、工厂、船运、稻田、农民、渔民、卡车、工程师、挑货工	12.64%
		生活方式	人群、游船、孩童、游船的青年人、叼着长杆烟枪的老年人、嬉笑的孩童、热闹的茶馆	9.10%	人群、游轮、逛街的年轻人、沉默的老年人、玩耍的孩童、背着孩子的母亲、在江边眺望的中年妇女、行走的路人、欣赏风景的姐妹、相拥而泣的兄弟、背着扁担的老妪、卖菜的小贩、简陋的窗户、土灶	11.04%

《话说长江》更侧重对长江人文环境的呈现，纪录片中人文环境类目（60.9%）的比重明显超过自然环境类目（39.2%）。在自然环境类目下，《话说长江》侧重于生态环境类属的呈现，纪录片通过高原、湖泊、平原等不同地形地质的相互映衬，以及日出日落、云卷云舒的自然气象变化，为观众呈现长江两岸的自然风貌与特色景观，勾勒出优美动人的长江山水图。在人文环境类目下，文化环境类属与社会环境类属的表征呈现占比较大。文化环境类属的表征以唐古拉山脉的冰川之源为起点，由东向西顺流而下，从上游以三星堆、蜀绣为代表的巴蜀文化，到中游以鱼米之乡著称的荆楚文明，再到下游经济、艺术蓬勃发展的吴越文化，以地理空间为引线串联起长江两岸灿若星辰的辉煌文明。社会环境类属中，有关长江沿岸居民生产方式的呈现最为突出，尤其是农业生产相关的表征占据主体，纪录片通过农民耕地、稻谷丰收、水牛开垦等画面，呈现长江两岸人民勤劳、土地肥沃的景象。此类社会环境类属的表征颇具生活化与人情味，视频中多次出现喧嚷的人群、乘坐游船的游客、玩闹的孩童、叼着长杆烟枪的老年人等，此类画面从个性化的微观视角呈现两岸民生百态，传递出平静、温馨、舒适的生活氛围。

而《大河与生命：长江篇》中的人文环境（48.6%）与自然环境（51.4%）两类编码类目的比重较为均衡，在展现长江沿岸自然环境之余，也关注对人文环境的形塑。但与《话说长江》不同的是，《大河与生命：长江篇》的自然环境类目表征在呈现长江两岸自然风光之外，更关注长江的环境污染与自然灾害类属表征。纪录片中多次出现洪水导致的灾难场景，如奔涌的河流，决堤的大坝，流着眼泪的灾民，被洪水淹没的耕地、建筑与文物，等等。

（二）从实体长江到想象长江的叙事景观

1967 年，法国思想家居伊・德波在《景观社会》中提出“景观社会”的概念，认为当代社会已经从生产阶段发展到了一个独特的景观阶段，影像中的景观运用与消费已经成为一种普遍的方式融入人们的生活。美国学者凯尔纳结合美国社会的各种文化现象，进一步提出了“媒介景观”，认为“媒介景观”指“能体现当代社会的基本价值观、引导个人适应现在生活方式，并将当代社会中的冲突和其解决方式戏剧化的媒介文化现象，它包括媒体制造的各种豪华场面、体育比赛、政治事件等”。[①]

纪录片从诞生至今，始终追求用纪实手法还原世界的真实状态。对河流类纪录片而言，纪录片创作者通过对河流本身及河流的周边环境进行客观纪录与艺术加工的过程，逐步完成了河流叙事及更深层次的时空建构。邵培仁认为，景观是人们基于自己的世界观及与他人的关系创造、表述和解释的结果，在社会现实中，媒介中的阐释与再现能够加速和深化景观的意义呈现。[②] 从这一意义上来看，纪录片一方面通过对时空的艺术性呈现展现真实的地理奇观，另一方面通过打破受众原有的时空限制，建构起独特的社会景观和心理景观。

中美两国的长江纪录片经过前期策划、中期拍摄以及后期剪辑等步骤，在动静结合、远近交替等拍摄技术的辅助下，将客观现实景观转化为拟态景观。当客观长江景观透过镜头转换为拟态长江景观并呈现给观众，观众受选择性接触、理解与接收的认知影响，将“长江”意象的理解内化为自身的观点与主观意识，此时的长江就以主观形式存在于观众的认知中，转换为主观意义上的长江景观。

从客观长江景观转变为拟态长江景观，最终形成主观长江景观，这一过程体现了中外纪录片对长江景观的转化过程（见图 2）。从这一意义上来看，中外长江纪录片通过拍摄手法与镜头语言为观众建构起有别于现实的长江景观，在国际传播语境中建构出观众心目中截然不同的长江社会景观与心理景观。

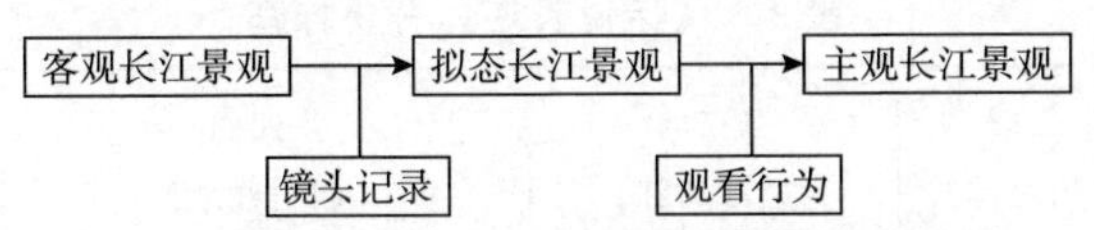

图 2　中外长江纪录片中长江叙事景观的转化

（三）以长江文明为起点，连接大河与世界的底层叙事逻辑

长江径流广远、气候适宜，优厚的自然地理条件催生了以“巴蜀—荆楚—吴越”[③] 三大文化区为代表的长江文明，并滋养着悠久的中华文明。透视

① 〔美〕凯尔纳：《媒体奇观：当代美国社会文化透视》，史安斌译，清华大学出版社，2003，第 2 页。

② 邵培仁：《景观：媒介对世界的描述与解释》，《当代传播》2010 年第 4 期，第 4～7 页、第 12 页。

③ 冯天瑜、马志亮、丁援：《自然与人文双优的长江文明》，《华中师范大学学报》（人文社会科学版）2019 年第 1 期，第 57～65 页。

中外长江纪录片的底层叙事逻辑可以发现，中外长江叙事在时空意义上形成耦合——以长江文明为起点，在时间与空间维度共同连接起大河与世界，建构起长江文明讲述的底层叙事逻辑。

从时间维度来看，长江见证了中国社会与中华文明的变迁和发展，长江绵延的历史就是中华文明的历史。当创作者的关注点从纷繁芜杂的社会生活调转至生机盎然的大江大河时，纪录片通过对河流及河流的周边环境进行客观纪录与艺术加工，将河流灵动的生命特质与宽容和包容的属性带入大众视野。在观众观看影像的过程中，长江相关的史料、传说隐入影像逐渐凝结为实体意象，并转化为观众对长江的记忆符码，为观众呈现不可复现的长江历史。《大河与生命：长江篇》与《话说长江》作为承载记忆、记载历史的重要影像媒介，两部纪录片厚重的历史价值在个体记忆、家国情怀乃至族群想象的书写与塑造中具有重要价值。正如居伊·德波所言，“生活的方方面面以无限堆积的景观的方式呈现自身。曾经直接存在的、鲜活的一切已经全部转化为再现……一切都被景观所浸染，无一幸免”[①]。

从空间维度来看，长江为分散的中华文明走向聚合提供了条件，使辽阔大地上的不同文明走向海洋、连接至世界各地，并最终形成一个整体。中外长江纪录片均以镜头为指引，自东向西展现长江沿岸的景观风物变化，这一特点显著见之于《话说长江》的分集标题（见表 3）。《话说长江》的第一回

表 3 《话说长江》分集标题

第一回 《源远流长》	第二回 《巨川之源》	第三回 《金沙的江》	第四回 《四川盆地》	第五回 《岷江秀色》
第六回 《成都漫步》	第七回 《峨眉凌云》	第八回 《从宜宾到重庆》	第九回 《大足石刻》	第十回 《川江两岸》
第十一回 《壮丽的三峡》	第十二回 《长江第一坝》	第十三回 《荆江览古》	第十四回 《洞庭天下水　岳阳天下楼》	第十五回 《从赤壁到文赤壁》
第十六回 《庐山独秀》	第十七回 《瓷都景德镇》	第十八回 《佛教圣地九华山》	第十九回 《飞红滴翠记黄山》	第二十回 《古都南京》
第二十一回 《漫话扬州》	第二十二回 《镇江三山》	第二十三回 《太湖平原》	第二十四回 《黄浦江畔》	第二十五回 《走向大海》

① 〔法〕居伊·德波：《景观社会评论》，梁虹译，广西师范大学出版社，2007，第 3～4 页。

《源远流长》对长江进行总体概览，之后的每一回剧集均遵循空间顺序，以《巨川之源》为出发点，展现长江奔涌而下，汇入五大洲四大洋的“雄姿”。但空间排列中也不乏时间美学的交织，《话说长江》每一回的内容都以时间为主线，在历史与现实的交织中展露长江之姿。

五　中美两国长江叙事的影响因素探析

中外纪录片的长江叙事映射着来自不同地缘政治、历史文明、时代背景的主体对长江理解的差异，这种差异进一步导致了纪录片对长江意象的“选择性呈现”，并直接影响了从实体长江到想象长江的多层次景观勾勒。本研究将从以下三个方面探寻中美两国长江叙事的影响因素。

（一）叙事起点差异：长江故事的主体与大河叙事的分支

杨义曾指出，“中国叙事文学基于圆形思维的深层文化心理结构……中国比较完整的叙事作品的深层，大多运行着这个周行不殆的‘圆’。也就是说，中国人情不自禁地把自己文化心理的深层结构，投射到叙事作品的潜隐结构上了”[①]。对于中华民族和中国人民而言，长江的重要意义远超任何一条普通的河流，在历史长河滚滚向前和地理疆域的演进中，这条哺育了万千生命的河流逐渐成为民族情感和家国情怀的重要依托与象征。而这种“移情”与“投射”恰好解释了中外长江纪录片在叙事起点中的异质性。

自述视角下的长江是河流叙事的主体。首先，在特定时代背景下，《话说长江》成为振奋民族精神、激发爱国情怀的象征。20 世纪 80 年代正值我国改革开放的起步阶段，我国的经济、文化与政治面临历史性巨变，在这一背景下，民众对民族振兴、国家富强、生活幸福产生了强烈的憧憬与期待。CCTV 在此时推出《话说长江》，实则是将长江作为讲述中国历史演进、民族发展、文明成长的纪录片叙事的窗口，将中国经济发展、社会变迁、人民生活的各个维度融汇于长江故事讲述的方方面面，从而实现“以微知著”的传播效果。其次，《话说长江》关注中华文化特色，实现了对长江意象的拆解与重构，最终实现了长江故事的全景呈现。《话说长江》在剧集主体结构的设置中，主要

① 杨义：《中国叙事学：逻辑起点和操作程式》，《中国社会科学》1994 年第 1 期，第 169 ~ 182 页。

以省、市级代表性地理人文景观为划分依据，对长江的干流、支流河段进行拆解，将宏大的长江故事拆分为独立的叙事单元。但这种拆解并不意味着每个叙事单元是孤立僵化的，所有的叙事单元在独立讲述长江故事的同时，以长江文明为引线，以长江的线性结构串联起沿岸的人文社会风貌，向观众展现了长江全流域的人民生活图景与时代发展故事。

而在“他述”视角下，长江作为世界大河叙事中的分支，与作为叙事主体的长江具有本质差异。一方面，《大河与生命：长江篇》作为美国国家地理在大河叙事领域的典型尝试，出发点是探究世界范围内河流与人类之间的复杂关系。因此，该系列将世界六条大河划分为六个叙事单元，每一个叙事单元具有相对独立性与较为完整的叙事结构。其叙事目的在于通过对独立叙事单元的逐一分析，归纳河流在人类发展历程中的重要作用及其对人类文明孕育的重要意义。其叙事的逻辑起点在于探寻不同流域、不同洲际大河的共通性，以及宏观层面的人与自然、自然与文明命题。在这一叙事逻辑的指引下，《大河与生命：长江篇》中的“长江”被视为大河叙事的参与者，与同系列中的亚马孙河、恒河、密西西比河、尼罗河、莱茵河并列，以世界著名大河的共同身份出现。另一方面，叙事起点的不同在时间维度上对河流叙事产生影响，具体体现在纪录片篇幅长短的差异以及对抽象时间不同程度的凝练。《大河与生命：长江篇》将长江作为世界大河叙事的单元之一，直接导致了长江叙事的主要内容和纵深延展必定受篇幅制约的影响，这种“有所取舍”的叙事体现了纪录片创作者对长江议题的“选择性呈现”。与《话说长江》相比，《大河与生命：长江篇》着墨于自然灾害和工业发展对长江的破坏和对流域内人民生活造成的影响，纪录片呈现对长江意象片面性表述、刻板化表达的叙事特征。

（二）思维模式差异：民族精神载体与美式思维印记

“纪录片之父”格里尔逊将纪录片定义为“对事实的创造性处理”。[①] 纪录片被“创造性处理”的过程，不可避免地被赋予了国家和民族的显著特征。中、美两国受不同地缘背景、文化传统、意识形态和社会背景的影响，思维模式产生差异，这种思维模式的差异直接体现在两国的长江叙事中。

① Grierson, J., “The Documentary Producer,” *Cinema Quarterly* 1(1933): 7 – 9.

《话说长江》借由长江意象呼唤了中华民族精神，建构起中华民族身份，这一过程包含三个层次：首先是对长江自然地理知识的介绍与呈现，在长江的水文特征、地貌景观、气候特点等信息的传达中勾勒出“自然长江”的真实样貌；其次是通过对沿岸居民日常生活的呈现，以小见大地对中国人民的生活方式与生活图景进行铺陈，刻画出中国人民的真实形象；最后是对中华民族悠久历史的回望，纪录片通过对物质文化及非物质文化的双重呈现，展现中华民族悠久、灿烂、辉煌的历史和丰厚的文化底蕴。

王瑛指出，思维方式的不同是影响中西叙事差异的重要因素，认为“思维方式是文化特性的一种表征，思维方式往往决定言说方式。说到底，叙事方式本质上是思维方式的具体化”[①]。《大河与生命：长江篇》作为承载创作者思维方式的艺术形式，其叙事方式、拍摄视角都不可避免地体现出明显的时代特征以及“以西方为中心”的思维印记。《大河与生命：长江篇》借人文社会表征的铺陈为长江赋予社会空间属性。创作者通过乌云密布的天气、雾气浓重的环境、加速凝练的视频时间，以及高画面空间密度烘托出长江沿岸压抑、紧张的环境氛围，在无形中深化了长江的社会空间属性。[②]

（三）自然观念差异：“天人合一”源流与“天人相分”思想

中、美两国长江叙事的差异还受两国自然观念的影响。中国古代神话中的“河神”等意象与先秦诸子“上善若水”“智者乐水”等思想，蕴含了中国先民的朴素河流观，以及对水利之于农耕、游牧、渔业、商业等人类活动的价值意义探寻。而人与自然的关系也早在中国古代“道法自然”“天人合一”等观念中有所体现，主张人与自然的和谐相处，其影响一直延续至今。改革开放后，生态理念在当代中国日益得到重视，环境保护的话语地位逐步提升，人与自然的关系在新的历史节点上有了新的发展。在此背景下诞生的《话说长江》也将生态保护的观念融入其叙事中，在展现长江自然之美的同时，凸显长江与流域内人民和谐共生，其中就包括以农业生产为代表的叙事表征。

① 王瑛：《空间叙事：中国叙事学学科建构的逻辑基点》，《华南农业大学学报》（社会科学版）2016 年第 3 期，第 121 ~ 129 页。

② 李道新：《电影叙事的空间革命与中国电影的地域悖论》，《当代文坛》2011 年第 2 期，第 12 ~ 17 页。

与中国“天人合一”的自然观不同，西方自然观伴生于海洋文明的形成和发展，注重从生存需要出发对自然规律加以把握和利用。西方的自然观多提倡自然为人所利用，即征服自然，是一种“自然界”和“人”相对立的自然观。[①] 这一“天人相分”的自然观念在科学技术持续发展的近现代，依然产生着一定程度的影响，体现在《大河与生命：长江篇》的长江叙事中，就是其有意将长江与人民的生产生活进行分离，甚至强调河流对人类社会造成的影响。人与自然的关系在中、美两国思想源流中截然不同的表述与流变，是两国长江叙事产生差异的重要原因。

六　时空视角下长江故事讲述的参考建议

基于中外长江纪录片的对比，本研究认为我国长江故事讲述可从以下三个方面逐步寻求突破。

（一）选取自然、亲切、具有文化适应性的叙事元素

王鑫指出，“他者”关于中国的叙事存在从历史到逻辑的定式，诸如个人叙事的偏见与历史语境的缺席、奇观化的处理方式以及政治归因的叙事框架等，共同制造了理解中国的“盲区”。[②] 在面对国际传播境遇下自我与他者的巨大差异时，探寻自我讲述与他者叙事中的共通话题成为我国国际传播的关键一环。基于这一考量，在充分考虑他国的文化背景、话语体系、生活方式之后，选取具有文化适应性的微观话题和视角进行切入，更易创造出一个相互理解、和谐共通的话语空间。

以中国故事讲述的传播实践为例，2011 年《中国国家形象宣传片》（人物篇）登上美国时代广场的广告大屏并循环播放近万次，该纪录片选取 50 位各行各业的代表来展示中国社会的方方面面，试图向海外受众展示真实的中国形象。对比来看，从小处着眼的微观视角更能从生活的细微之处触动受众的情绪，从而引起受众的兴趣。如聚焦于中华饮食文化的《舌尖上的中国》

① 贾文龙、张卓艳：《中西方自然观的历史演进及发展愿景探析》，《黑河学刊》2017 年第 1 期，第 93 ~ 95 页。

② 王鑫：《从自我陈述到他者叙事：中国题材纪录片国际传播的困境与契机》，《现代传播》（中国传媒大学学报）2018 年第 8 期，第 119 ~ 123 页。

等，此类纪录片以食物为出发点，在一道道中华美食的视听化呈现中刺激受众的多重感官，潜移默化地传递了中华传统“天人合一”的伦理哲思。相较而言，聚焦于微观视角的传播内容更具亲和性与贴近性，因此在国际传播中更易为“他者”所看见、所理解，以及所接受。因此在长江故事的对外讲述中，我们应将庞大的、抽象的、概念化的“硬”命题细分为更为柔和的子命题，选取受众易于接受的微观视角切入，将其转化为具有亲切感的内容，从而弥合自我与他者之间的文化差异。

此外，在当前复杂多变的国际传播格局中，倘若要实现海外受众接受良好的传播效果，则必然要从海内外受众共同的生命体验、情感经历、思想观念出发，以人类的天然情感为纽带进行连接，从而在对话、沟通与相互理解中寻求跨文化群体间的共通意义空间。这种以情感逻辑为基点、以心理认同为导向的共情传播形式，更易在潜移默化中满足目标受众的深层情感需求，达到精神境界的共鸣与互动。正如吴飞教授指出，当理解受阻，共识难达，承认无望，分配的正义亦有障碍，那么人类首先建立一种与他者共在的理念，并努力发展共情的关爱，将有利于摆脱对外传播中“对空言说”的传播困境。[①] 以《话说长江》为例，在河流的叙事主题之外，视频文本及画面更多地记录了河流两岸的动物、植物与生态环境的变化。在第五回《岷江秀色》中，观众既跟随镜头一同游历了九寨沟的湖光山色、高山湖畔，又以“在场者”的姿态体悟了当地的风土人情、生活百味，有一步一色绚烂多彩的石灰岩湖底、有憨态可掬吃着竹子的熊猫幼崽、有春种秋收耕田劳作的繁忙，也有孩童脸上扬起的灿烂笑颜。这种自然的、生动的画面牵动着人们的情绪，在观众心中勾勒出一幅独立于世俗纷杂的世外桃源图景，在静谧祥和的氛围中唤起人类心底对大自然的亲近爱戴与情感感召。

（二）搭建时空美学逻辑下的全方位叙事体系

国际传播在特定的时空范畴内发生作用，时间、空间的话题实质上也隐含于国际传播的底层逻辑中。但在国际传播竞争日益激烈的当下，连续的时间观、传统的空间观已无法阐释全球多元、无序、复杂的社会现象，也无力解决蔓延全球的时代性焦虑与群体性不安。因此，若要使中国故事触达来自

① 吴飞：《共情传播的理论基础与实践路径探索》，《新闻与传播研究》2019 年第 5 期，第 59 ~ 76 页、第 127 页。

不同国家的受众，实现低文化折扣的、具有共情力的跨文化传播效果，则必须要突破时空的桎梏，建构符合世界范围内时空美学逻辑的全方位叙事体系。基于前文的分析，本研究认为国际传播中或可采取以下两种思路，在时空相互映射的弹性空间中构建时空叙事体系。

一方面，在国际传播中应摒弃单一僵化的时空叙事方式，在时空互动中探寻多元叙事方式。时间与空间是不断变化且相互连接的，若要建构全方位的时空叙事体系，必须要把握时间与空间的互动关系。基于时空流转的弹性与流动性，跨文化叙事既要以河流为线索纵向连接“历史”与“现在”，又要以河流为指引横向联通“边缘”与“地方”。因此，在叙事元素选取的基础之上，河流叙事应牢牢把握时空叙事这一底层逻辑，通过多元艺术手法对客观时间、空间进行加工，创造出独立于自然时空范畴的叙事时空，从而通过空间延续、时间凝固等再叙事、再想象的过程，观众突破时空限制去感知久远的历史与未知的远方。

另一方面，在国际传播中彰显中国时空美学的特质，搭建具有共通性的时空美学底层逻辑也尤为必要。世界各国、各民族因地缘环境、历史文化、思想传统以及社会背景的差异，逐渐形成了差异多元的审美习惯和美学观念，因此国际传播中往往面临文化误读、文化折扣等现象。但伴随全球化进程的推进，东西方的思想观念与文化传统在媒介的参与下实现交融互动，世界范围内时空美学的底层逻辑也走向融合。我国学者朱志荣曾指出，“审美的时空是审美之象生存的基础，既体现了宇宙的根本大道，又反映了主体的心理内蕴”[①]。在探寻中国美学的时空观时，他指出，“中国人总是将审美对象视为一个生命的有机整体，而审美时空便是这个生命整体圣训的感性氛围……正是在这种感性氛围中，主体实现了其审美的最终目的，即主体精神突破了现实时空的束缚，从有限中获得无限，从瞬间中获得永恒”[②]。基于前文的分析，蕴含人性观点与人文关怀的中国审美时空与自由平等、和平与爱的普通价值观具有较高一致性，因此在搭建全球共性的时空美学逻辑中也要彰显中国时空美学的底蕴，在时间、空间与生命意识的交融中实现更易被海外受众接受的传播效果。

---

① 朱志荣：《中国美学的时空观》，《文艺研究》1990 年第 1 期，第 60 ~ 65 页。

② 朱志荣：《中国美学的时空观》，《文艺研究》1990 年第 1 期，第 60 ~ 65 页。

（三）以河流叙事为起点建构时空视角下的人类命运共同体想象

列斐伏尔认为，空间既是被生产的，也具有生产性。在世界各国的历史文化中，河流作为自然历史与人文历史的参与者、见证者与记录者，就是“被生产”出来的象征产物。伴随历史的演进与地缘政治的演化，河流作为联通自然世界与人类社会的引线，在无形中生产和连接集体意识。

在新技术不断涌现、现代性和全球化浪潮不断加深的当下，全球社会面临全方位的不确定性，从牛顿的绝对时空观到爱因斯坦的相对论时空观，再到现代性带来的时空压缩、时空分延等现象，人类的时间观与空间观也在悄然发生改变。正如吉登斯指出，从前现代社会到现代社会的演变中，时间从空间中分离出来，在这一过程中，人类的社会关系从地域化情境中得以抽离出来，这也构成了“脱域”（disembedding）概念，人类在脱域中跨越时间和空间的限制，重新整合社会关系与连接。[①] 王昀与陈先红也指出，关于讲好中国故事的问题意识，应当超越排他性的“走出去”考量，将自身置于国际公共话语空间来重新理解文化资源的分配。[②] 在这一背景下，对人类命运共同体的追寻将突破时间、空间的限制，成为全球性的、被大众普遍接受的共通情感。由前文的分析可见，河流在时间维度上具备串联古今的灵活性，在地理维度上具有跨民族、跨国界的广延性，河流与时间、空间的共通性为河流构筑全球范围内的时空观提供可行性。因此，以河流为叙事主体、以时间空间为底层逻辑建构具有全球视野的人类命运共同体想象，应成为我国长江故事讲述的未来目标与终极愿景。

① 〔英〕安东尼·吉登斯：《现代性的后果》，田禾译，译林出版社，2000，第 18～23 页。

② 王昀、陈先红：《迈向全球治理语境的国家叙事：“讲好中国故事”的互文叙事模型》，《新闻与传播研究》2019 年第 7 期，第 17～32 页、第 126 页。

• 智能传播 •

生存媒介的技术伦理：以平台公司“数字遗产”政策设计为中心的分析*

骆世查　郑　怡　陈思帆**

摘　要：随着数字媒介的更迭，新世代将累积愈加丰富、复杂的数字痕迹，一个审慎的人生也将面临对互联网生活的管理与盘点。数字遗产的出现为检视人们对当前乃至未来的社会交往与生活价值的理解提供了契机。然而，数字生存的方式各异、数字生活的边界未定、数字足迹的价值不明、数字行为的规范模糊等状况，无不提醒我们应该为数字遗产的伦理道德背景做出说明。由是，本研究以平台公司的数字遗产政策设计为中心，结合案例分析、深度访谈与焦点小组，尝试探讨此种社会技术系统对人们处理和理解数字遗产具有怎样的影响。研究认为，作为交流机制的数字遗产提醒我们关注数据生成、存续与终止的多重限制与平台相关政策“设计物”在安全、责任、正义方面潜在的道德意涵。

关键词：生存媒介　技术伦理学　政策设计　数字遗产

一　引言：数字遗产与数字生存

经历了疫情的沉寂，2023 年春节档上映的《流浪地球 2》引发了久违的热议，其中除了片名主线“流浪地球计划”引人注目之外，副线“数字生命计划”也在拯救地球文明的过程中扮演重要角色。若说上载生命（UI）和数字永生（DI）尚属科幻，那么数字生存乃是当前的日常，互联网已经成为当前世代赖以栖居的地方。我国近 11 亿名网民每日至少 4 个半小时都是在互联

---

* 本文是四川大学中央高校基本科研业务费 2022 年基本科研项目“媒介哲学视野下新闻创新的技术感知研究”（批准号：20827041F4393）的成果。

** 骆世查，博士，四川大学文学与新闻学院副研究员，研究领域为媒介哲学、媒介史；郑怡，四川大学文学与新闻学院本科生，研究领域为新媒体与社会；陈思帆，四川大学文学与新闻学院本科生，研究领域为新媒体与社会。

网上度过的。[①] 无怪乎年轻人对自己在互联网世界的生命经历愈加重视，甚至00后也开始立遗嘱，其中虚拟财产占比达17.3%。而截至2021年12月31日，中华遗嘱库共计收到445份遗嘱的内容涉及“虚拟财产”。此外，2021年初施行的《中华人民共和国民法典》（第127条）确认了网络虚拟财产的法律意义。[②] 2021年末施行的《中华人民共和国个人信息保护法》，也为网络平台妥善处置个人网络账号提供了法律依据。而早在2019年，南京市便已开发了“数字化生命遗产库”，将逝者生前的简历、文字与影像等转化为数字化信息资料，通过云空间技术永久保存。[③] 更有学者提出，元宇宙中数字遗产对于个体、国家以及人类层面具有重要意义，随着元宇宙的不断发展普及，数字遗产不会停留在概念层面，必然会成为大众生活中重要的一部分。[④]

未来，我们的数字生命只会更丰富，一个审慎的人生也将不得不面临对互联网生活的管理与盘点。在此意义上，数字遗产的出现为检视人们对当前乃至未来的社会交往与生活价值的理解提供了契机。正如彼得斯（John Durham Peters）所言，任何时候凡涉及对数据和外部世界的管理，我们就会遇到媒介。媒介是我们“存有”的基础设施，而数字媒介指向了各种最为基础的功能——规制和维护，这些功能体现出数据怎样支撑着我们的存在。[⑤] 数字遗产作为媒介是数字生存的一种导航和指引，凡具有成为数字遗产的潜在事物无不关联着数字生存。在中文学术界对数字遗产与数字生存的理论辨析所在多有，本研究试图通过政策评估，更为经验性地探讨数字遗产何以关乎生存。

二　文献探讨

（一）作为生存媒介的“数字遗产”

所谓生存论取向的数字遗产研究直到近十年才真正成为传播与媒介研究

---

① 《第50次〈中国互联网络发展状况统计报告〉》，中国互联网络信息中心网站，2022年8月31日，http://www.cnnic.net.cn/n4/2022/0914/c88-10226.html，最后访问日期：2023年1月30日。

② 高越：《我们将如何继承与保护数字遗产?》，《中国妇女报》2022年11月16日。

③ 王美莹、靳昊、杜克成：《数字遗产：在“云端”留住爱与记忆》，《光明日报》2022年4月6日。

④ 胡胜、郭芸雅、李宇轩：《元宇宙背景下的数字遗产的概念发展与展望》，《大众文艺》2022年第17期。

⑤ 〔美〕约翰·杜海姆·彼得斯：《奇云：媒介即存有》，邓建国译，复旦大学出版社，2020，第9~26页。

领域的焦点之一，最具代表者如瑞典学者拉格奎斯特（Amanda Lagerkvist），她于 2016 年发表了一篇宣言式论文《生存媒介：论数字被抛境况》[①]，随后又于 2022 年将其扩展为一部专著《生存媒介：一种极限境遇的媒介理论》，由牛津大学出版社出版。她的研究兼具理论性与经验性，基于海德格尔（Martin Heidegger）、雅斯贝尔斯（Karl Jaspers）、阿伦特（Hannah Arendt）、彼得斯等人的存在主义哲学论述，拉格奎斯特搭建起一套探索极限境遇（limit situations）的媒介理论框架。她认为，正是在这些生命受到限制甚至威胁的时刻，我们才能感受到生存媒介的意蕴，这一境况一方面让我们缓停下来，进入不同的等待模式，沉思生命的意义，另一方面激发某种行动和能动性，驱动我们寻求更高程度的存在与知识。[②] 卡斯凯特（Elaine Kasket）于 2019 年出版的一本书在 2020 年被译成中文，《网上遗产》，她从心理学的角度结合自身从业、研究、私人经历等探讨了数字时代我们应该如何面对死亡，尤其是分别讨论了围绕数字遗产的情感表达、使用行为、隐私保护、社会影响、心态变化、媒介记忆等问题。这是为数不多的专门以数字遗产为主题的中文译著，有趣的是该书最后还提出了十条心理学意义上的建议，可谓一种务实的数字生存之道。

国内最新研究多以文献爬梳见长，经验性证据仍有完善空间。例如章戈浩从生存媒介研究视角评述了传播与媒介研究领域是如何处理死亡问题的。他大致总结了三类数字生存研究：第一类是关注媒介的功效与功能，第二类是关注媒介表征或某类行为，而所谓生存媒介研究是第三类，关注的是死亡与媒介、生者与死者、数字来生与后人类死亡的关系问题。[③] 周裕琼与张梦园的成果似乎是这后两类研究的结合，一方面她们将两个豆瓣小组的线上哀悼行为作为主要分析对象，另一方面她们竭力发掘数字媒介的情动属性，凸显数字化死亡的文化意涵，即既是网络分身在数字世界的死亡，也是死亡的数字化。[④] 陈刚与李沁柯的论文侧重理解数字遗产的多重价值属性，他们巧借“复调”格式以逝者生前协商行为（序曲）、死后遗产安置（间奏）、重新理解爱与生死

① Lagerkvist, A. , "Existential Media: Toward a Theorization of Digital Thrownness," *New Media & Society* 1 (2016).

② Lagerkvist, A. , *Existential Media: A Media Theory of the Limit Situation*, New York: Oxford University Press, 2022, p. 8.

③ 章戈浩：《传播与媒介研究的死亡盲点：一个生存媒介研究的视角》，《全球传媒学刊》2020 年第 7 期。

④ 周裕琼、张梦园：《数字公墓作为一种情动媒介》，《新闻与传播研究》2022 年第 12 期。

边界（终章）三个主要部分串联起众多关注数字遗产的财产属性、文化属性、媒介属性等方面的文献。[①] 高嘉遥和蒋璐璐的文章则开宗明义地将数字遗产背后的联结、交互和展演视为一种媒介化生存。[②] 尽管恐有失焦之嫌，但其论述使数字遗产研究与更主流的社会文化传播议题相连接。姜红、胡安琪与方侠旋的研究以实证的方式展开，以李文亮微博为例探讨了生者如何在其上“持续联结”，尤其是文末他们指出数字媒介带来的并不是数据的不朽，作为“第三持存”，数字媒介不仅记录痕迹，而且使交往关系得以延续，故而真正不朽的是数字交往关系。[③]

这些研究的共通之处是，从“生存”的角度来分析数字遗产的意义和价值。这首先便提示我们数字遗产与传统遗产的显著区别，如果说后者处理的多是“身后”争议，那么前者则反映某种“当前”反思。具体而言，作为生存媒介的数字遗产离不开数字媒介技术，然而既有研究未能阐明技术与技术之间的不同，至少基于微博和微信的数字生存有明显区别。譬如有学者就指出，诚然微博和微信都有种种自媒体信息传递功能，但“群”是微信的最大特点，它以熟人关系为基础，形成了形形色色的组合关系。“群”的关系是并置的，重点在于空间的展开，而“群”与“圈”也会产生联系。[④] 职是之故，不同技术平台的数字生存亦有不同样态，可供累积的数字遗产自有殊异。因此，本研究以国内外主要技术平台公司为调查单位，除了对经验证据搜集可行性上的考虑，还期望凸显不同技术平台在形塑数字遗产上的区分度。在此之前，许多针对法理和管理问题的现实层面研究也不能不提。

（二）技术伦理学视野下的“数字遗产”

当前，对“数字遗产”的研究在很大程度上未能响应彼得斯所谓的“最为基础的功能”，而主要集中在其法律问题和记忆问题上。针对前者，除却若干颇为雷同的关涉“继承问题”的学位论文之外，有学者梳理了国

① 陈刚、李沁柯：《穿梭时空的对话：作为媒介“安魂曲”的数字遗产》，《新闻记者》2022 年第 11 期。

② 高嘉遥、蒋璐璐：《联结、交互和展演：数字遗产的媒介化生存》，《当代传播》2021 年第 5 期。

③ 姜红、胡安琪、方侠旋：《生死界面：与逝者的数字“交往”》，《传播与社会学刊》2022 年第 62 期。

④ 孙玮：《微信：中国人的“在世存有”》，《学术月刊》2015 年第 12 期。

内外主要互联网平台的数字遗产保护与管理策略，[①] 以及国内外典型数字遗产保存实践项目的经验，[②] 还有学者从探索逝者隐私共治机制的角度做出尝试[③]。早年数字遗产研究的综述也表明，大多数成果涉及数字遗产的相关法律法规。[④] 针对后者，学者多就数字媒介技术、平台、机构在记忆建构中的角色和挑战等方面进行探究。[⑤] 这些研究的对象与传统遗产一样都位于“身后”，但数字遗产的主体或对此感兴趣的人往往并非要正式料理身后事，而是展现出对自身在互联网上生命经历的某种“当前”反思，毋宁说这正是拉格奎斯特所提示的生存问题，但数字遗产在其中要么是数字技术逻辑延伸下的自然产物，要么是一种较为抽象的社会—文化性的存在，有时则是走向一种纯思辨的哲学推演。[⑥] 同样针对政策、法规、功能、策略等，一种生存伦理上的观照亦不可或缺。研究者普遍认为数字遗产有可能带来伦理问题，但往往语焉不详。

我们赞同技术伦理学的基本立场，生存媒介研究不能仅诉诸抽象化的、本质论的探讨方式。按格伦瓦尔德（Armin Grunwald）的说法，道德和伦理有所不同，道德可以被描述，并且指的是实际的价值维护、观念信仰、行为准则和次序，而伦理则是关于这些道德内容的反思理论。[⑦] 基于数字媒介技术的数字遗产具体到不同平台公司层面，理应抽绎出不同的道德成分。技术伦理学的目的是建立一套技术评价和决策的规范基础，为经过伦理思考的负责任的决策提供帮助。这里的技术指的不是一个分析对象，而指涉与其打交道的过程，评估和反思的正是该过程的影响和后果。评估不是为了告诉人们该不该拟定数字遗产，也不是为了指导人们如何合法管理数字遗产，而是为人们当下的数字生存和实践提供咨询，让那些可能成为数字遗产的范畴、边界、

---

① 马梦婕、杨佳妮：《国内外互联网平台的数字遗产保护与管理策略研究》，《新媒体研究》2021 年第 7 期。

② 聂云霞：《国内外数字遗产长期保存实践与推进策略研究》，《信息资源管理学报》2013 年第 3 期。

③ 顾理平、范海潮：《作为“数字遗产”的隐私：网络空间中逝者隐私保护的观念建构与理论想象》，《现代传播》（中国传媒大学学报）2021 年第 4 期。

④ 阳广元：《国内数字遗产研究述评》，《图书馆理论与实践》2018 年第 6 期。

⑤ 周耀林、刘晗：《数字记忆建构：缘起、理论与方法》，《山东社会科学》2020 年第 8 期；冯惠玲：《数字记忆：文化记忆的数字宫殿》，《中国图书馆学报》2020 年第 3 期。

⑥ 刘琴：《生死叠合：离场记忆的情感仿真、拟化同在与数字永生》，《现代传播》（中国传媒大学学报）2022 年第 9 期。

⑦ 《引言和概览》，载〔德〕阿明 · 格伦瓦尔德主编《技术伦理学手册》，吴宁译，社会科学文献出版社，2017，第 15 页。

标准、规范、理由更加清晰透明。技术伦理学就是关于技术及其社会应用的“实际对话”的澄清者、倡导者、促进者和信息员。[①] 这一取径为数字遗产背后的生存媒介实践提供了可论辩与可沟通的空间。

三　研究方法与问题

纳根伯格（Michael Nagenborg）在论及技术伦理学中的评估媒介时指出了三个方面：首先，媒介作为交流机制，技术伦理学将其看作一个社会和技术系统，评估其中行业/职业/专业伦理；其次，媒介作为社会制度，尤其是在西方社会连接政府和民众，技术伦理学将其看作一种民主的必要条件，评估其中的内容管控等；最后，媒介作为文化传承，技术伦理学将其看成德布雷意义上的媒介圈，评估其中主导媒介与文化传承的关系。[②] 本文立足若干家平台公司的政策设计，着重处理“交流机制”层面的问题。具体而言，不同平台公司实际上也是各有差异的社会—技术系统，透过政策设计表达各自对数字遗产的理解。但这里的职业伦理与传统研究媒体记者伦理不同，这些设计与制定数字遗产政策的平台从业者更多与技术相关，并非以面向公众传递信息为己任。并且，即使围绕技术相关人士做伦理分析，亦不同于20世纪80年代业已兴起的工程师伦理学，如果一定要将这些人视为技术工程师，那么更接近于维贝克（Paul Verbeek）笔下的“设计者”，他认为技术设计是做伦理学的一种形式。“设计者可以利用道德想象、脚本方法和虚拟现实技术，他们能够积极地将设计过程中的用户包含在内。”[③] 正因如此，我们认为平台公司的数字遗产政策，绝不只是设计师或工程师的意向投射，尽管他们的意见和讨论起到重要作用，事实上这些政策就是“设计物”，不仅设计权限，也设计功能，当它们约束数字生存时，政策设计就是最重要的道德行为。

政策分析作为方法并不鲜见，有两类常见路径：一是聚焦政策文本，如

① 《引言和概览》，载〔德〕阿明·格伦瓦尔德主编《技术伦理学手册》，吴宁译，社会科学文献出版社，2017，第11页。

② 〔德〕米夏埃尔·纳根伯格：《媒体》，载〔德〕阿明·格伦瓦尔德主编《技术伦理学手册》，吴宁译，社会科学文献出版社，2017，第547页。

③ 〔荷〕彼得·保罗·维贝克：《将技术道德化：理解与设计物的道德》，闫宏秀、杨庆峰译，上海交通大学出版社，2016，第147页。

王炎龙等对社会组织政策文本、广播影视法律法规和政策等的分析[①]；二是聚焦人物主体，如“法规（政策）影响评估”（Regulatory Impact Assessment），尤为注重影响施行评估品质的内外部因素[②]。在此基础之上，我们也希望尽可能对数字遗产形成综合性的理解。为解决所谓标准与规范的问题，本研究分阶段采用了案例研究、内容分析、深度访谈、焦点小组等多种方法。据卡斯凯特的分类，有可能成为数字遗产的包括五项内容，即数字资产、数字档案、数字自传、数字传记和数字卷宗。[③] 数字资产指的是具有内在财务价值的数字存储材料或资产。数字档案指的是电子邮件和信息历史记录、存储的文档和图片等。数字自传是指由个人进行回忆、有意识地上传的网络材料，当事人知道这些材料会被其他人看到（并进行相应的管理）。数字传记则是关于你的、与你有联系的、其他人可以看到的、在你死前或死后撰写的个人资料。数字卷宗指的是通过 Cookie、指纹识别跟踪、算法、本地存储对象编译的个人信息。基于这一分类，在第一阶段中我们搜集了分散于互联网的数字遗产实践个案并构建了内含 70 余项案例的案例库。为凸显数字遗产的书写主体和可见性，我们对案例进行了“主动与被动”“私人与公共”两层维度的划分，并基于平衡原则整理筛选出了最具代表性的案例进行分析。

此外，为了将公众意见充分纳入评估框架，第二阶段我们从三个渠道收集经验材料：第一，我们对一位生前订立数字遗嘱的 B 站用户和四位法律工作者进行了线上线下访谈（见表 1），获得了公众和专业人士对数字遗产的基本认知和态度倾向；第二，我们开展了 3 场焦点小组访谈，参与者横跨 70 后、80 后、90 后和 00 后四个年龄段（见表 2），在跨代际的多人交流互动中讨论形成数字遗产应有的标准和规范；第三，我们利用爬虫搜集并分析了《三联生活周刊》官方微博发布的“当 90 后开始立遗嘱”的话题评论、B 站出品上映的《三悦有了新工作》影视评论等分散在各大社交媒体平台上有关数字遗产议题的文本，作为质性研究的补充和印证。具体到本文，我们又进一步调

① 王炎龙、刘叶子：《政策工具选择的适配均衡与协同治理——基于社会组织政策文本的研究》，《四川大学学报》（哲学社会科学版）2021 年第 3 期；王炎龙、李玲：《媒介规制与媒介生产：一种把关的制衡——基于 2006～2016 年广播影视法律法规和政策的分析》，《新闻大学》2018 年第 5 期。

② 曾国峰：《通传会“法规影响评估”的运作与限制》，《中华传播学刊》2022 年第 1 期。

③ 〔英〕伊莱恩·卡斯凯特：《网上遗产：被数字时代重新定义的死亡、记忆与爱》，张森译，海峡文艺出版社，2020，第 37 页。

查了国内外重要社交媒体平台的政策文本与设计师、工作人员的周边材料等，以及政府相关项目资料。前期调研给我们留下的一个深刻印象是，相关机构人士对数字遗产往往不以为意。无论是电话咨询还是线下交流，他们要么是照章办事，对数字技术的特性不加考虑，机械诉诸法律程序，要么不屑一顾，“你们自己把聊天记录或密码交给想给的人不就行了吗”。这些现实情况透露出的信息是，我们完全可以自由且自主决定数字遗产的处理，无论是立遗嘱还是自行提前处置。显然，这几乎与所有技术伦理学文献的论述都相悖。本研究权且聚焦社会—技术系统层面的控制伦理，着重探讨的问题便是平台公司如何通过政策设计影响我们对数字遗产的处理和理解。

表 1　线上与线下访谈对象

访谈对象		访谈形式
遗嘱库访谈	成都遗嘱库	线下访谈
	浙江遗嘱库	线上访谈
已经订立遗嘱者	27 岁金融行业	线上访谈
法律援助咨询	12348 热线电话	线上访谈
	北京法律援助中心	线上访谈

表 2　焦点小组访谈开展详情

第一场焦点小组			第二场焦点小组			第三场焦点小组		
姓名	年龄	职业	姓名	年龄	职业	姓名	年龄	职业
朱女士	70 后	公司职员	叶女士	70 后	政府机关	陈先生	70 后	教师
吴先生	80 后	公司职员	唐女士	00 后	学生（本科在读）	叶先生	80 后	医院行政
陈女士	00 后	学生（本科在读）	姚先生	90 后	学生（研究生在读）	李女士	70 后	文员工作
郭先生	00 后	学生（本科在读）	王先生（a）	70 后	教育管理	郑先生	90 后	外联工作
李女士	00 后	学生（本科在读）	王女士	90 后	金融行业	杨女士	00 后	学生（本科在读）
张先生	90 后	计量检定	王先生（b）	80 后	金融行业	曹女士	80 后	银行工作
任先生	80 后	教育行业				蒋女士	00 后	带货主播

四　结果与讨论

（一）“制造”安全：不确定性范式下的平台安全承诺

1. 数据生成过程中的隐私与利弊权衡

从主体能动性的层面对网络中生成的数据进行划分，大致可以分为以用户为主导的，基于用户自主意识制作、上传、分享或转发的内容数据，以及以平台为主导的，基于 Cookie、Beacon 等相关网络隐形追踪技术跟踪记录的用户使用行为及效果数据。后者因其数据采集的隐蔽性和信息的私密性而饱受诟病，再加上大型互联网不时出现的数据外泄丑闻，让用户对平台的信任度大打折扣。为了加强用户隐私安全保护，各国纷纷出台相关个人信息保护政策，各大平台的信息采集技术也做出了相应的调整，如知乎 2018 年上线的《知乎 Cookie 指引》表明，用户若在非登录状态下浏览知乎产生的 Cookie，该平台将在一个月内删除。[①] 南方航空公司等企业官网也以醒目的方式提醒用户网站正在运行 Cookie 追踪他们的信息。但是，这样的功能设置更多地只起到“安慰剂”的作用，并没有在实质上改变用户和平台在信息采集上的不对等地位。在焦点小组访谈中，嘉宾对于浏览记录这类数字卷宗的处理态度呈现不以为意、功能导向和隐私导向三种倾向。

> 应该是注意到网上浏览痕迹的数据的。但是这个注意到也没有什么。因为，自然地使用互联网肯定会产生一些痕迹。（任先生，第一场焦点小组）
>
> 网上浏览的痕迹是有删除的。但删除不是为了删除自己的痕迹，主要是因为电脑卡了，或者手机内存不够了。（朱女士，第一场焦点小组）
>
> 我平时有注意网上浏览痕迹的数据，因为涉及一些隐私嘛。以前会定期清理，比如说经常使用的搜索引擎什么的。后来觉得这样挺麻烦的，我就开了浏览器里的无痕浏览模式。（李女士，第一场焦点小组）

部分嘉宾也意识到了网络隐形追踪技术的存在，并表示会有意识地使用

① 《知乎 Cookie 指引》，知乎，2018 年 10 月 30 日，https://www.zhihu.com/term/cookie，最后访问日期：2023 年 1 月 30 日。

无痕浏览模式等措施来规避平台的数据搜集，然而面对正文冗长繁复、充满制式化语言、“不同意即不能使用”的不平等隐私协议，以及披露隐私就能获得的即时娱乐和生活便利，多数人又不可避免地陷入“隐私悖论”的困境，即网络用户虽然感知到隐私风险的存在，但不会采取有效的隐私保护行动。[①]而通过政策与功能设计，这一悖论可在一定程度上破解。

在面向手机应用开发者的隐私设计指南中，安卓和 iOS 都提倡权限和数据的最小化。Apple（苹果）明确写道应尽可能只收集“完成给定任务所需的最少量用户或设备数据”，“不要出于不必要或不明显的原因，或者因为您认为以后可能会有用而试图获取或收集数据”。[②] 这些具体的措施包括仅在需要时请求权限、仅请求有限的而非完整的访问权限（如不请求“照片”或“通讯录”等受保护资源的完整访问权限[③]）、仅在应用前台运行时收集数据。

此外，它们还对位置信息、摄像头和麦克风调用、粘贴板访问、通讯录访问等敏感权限的请求格外警惕。例如，安卓[④]和 iOS[⑤] 都提倡尽量减少使用位置信息，如有必要，也尽可能只请求大致位置而非精确位置，大致位置信息访问权限足以满足定位用户所在城市等大多数与位置相关的用途。安卓和 iOS 都要求应用仅限在前台使用时才能访问摄像头和麦克风，并且访问时设备上都会出现一个提示，告知用户摄像头和麦克风正在被调用。

应用不应有以“不接受就无法使用”相要挟，逼迫用户接受权限请求的“霸王条款”。安卓和 iOS 都要求开发者在用户不允许访问所请求数据的情况下，提供合理的回退或降级方式，为不同意的用户提供替代解决方案，例如，若用户拒绝共享位置，开发者需要提供手动输入地址的功能。iOS 更进一步要求，如果应用不包含基于账户的重要功能，开发者需要允许用户在不登录的情况下以游客身份使用。

谷歌和苹果作为主流手机操作系统的运营者和规则制定者，都在系统这

---

① 李兵、展江：《英语学界社交媒体“隐私悖论”研究》，《新闻与传播研究》2017 年第 4 期。

② 《保护用户的隐私》，苹果网站，https：//developer. apple. com/cn/documentation/uikit/protecting_the_ user_ s_ privacy/，最后访问日期：2023 年 3 月 4 日。

③ 《App Store 审核指南》，苹果网站，2022 年 10 月 24 日，https：//developer. apple. com/cn/app-store/review/guidelines/#legal，最后访问日期：2023 年 3 月 4 日。

④ 《隐私设置最佳实践》，谷歌，2022 年 10 月 19 日，https：//developer. android. com/privacy/best-practices? hl = zh-cn，最后访问日期：2023 年 3 月 4 日。

⑤ 《隐私 – 管控 – Apple（中国大陆）》，苹果网站，https：//www. apple. com. cn/privacy/control/，最后访问日期：2023 年 3 月 4 日。

一最基础的层级上为数据收集与权限获取划下了红线、为隐私保护筑牢了根基。他们不仅给出了原则规范，还提供了具体程序开发的实操指南。这些技术规范反映了人们关于隐私安全的基础共识，即数据收集和权限使用的最小化、对数据的使用保持透明、保护你收集的数据、让用户控制自己的数据，尽管这在数字媒介使用中往往难以实现。

软件搜索了一个什么关键词，可能当你打开另外一个软件的时候，那个软件就会推给你想要的那些东西，所以说有时候我看到这样的情况还是会觉得很瘆人。（蒋女士，第三场焦点小组）

类似经历常常是人们谈论隐私安全时的热议话题。此类跨应用的个性化广告跟踪是凭借设备识别码实现的，在 iOS 系统中，它被称为 IDFA（Identifier for Advertising，广告识别符）[①]。2021 年 4 月，苹果推出的 iOS 14.5 和 iPadOS 14.5 系统限制了应用对 IDFA 的获取，应用若想要在其他公司拥有的应用和网站内跟踪用户，必须先获得用户的准许。[②] 此举引发了应用开发者和广告公司的担忧，广告平台本可以通过 IDFA 记录用户点击、购买以及转化次数，下载完应用程序之后的留存、付费，等等相关信息，实现广告归因和衡量广告投放效果。一年后的报告显示，iOS 14.5 及以上版本的设备上，授权率大致稳定在三分之一。基于设备识别码的跟踪是整合用户个人数据、挖掘数据价值的利器。对广告商而言，已授权用户的价值是非授权用户的两倍以上。[③] 应该说，大数据技术挖掘并分析用户的数据与数据之间的关系，用户散落在网上的个人行踪、社会交往网络、价值观点等都有可能被算法进行规律性地整合并精准地映射现实，整合型隐私的隐匿特点导致了被侵害的无感性。在一部荷兰的迷你纪录片《我爱阿拉斯加》中，一位编号#711391 的搜索者生前三个月的搜索记录以影片的形式被呈现出来，通过“背痛”“胸腔积气”“永远不要承认有婚外恋”等碎片化的搜索词条加以数据分析就还原出了“一

① “IDFA”, Adjust, https: //www. adjust. com/zh/glossary/idfa/, last accesses date by 4Mar. 2023.

② 《如果 App 请求跟踪你的活动》，苹果网站，2023 年 2 月 22 日，https: //support. apple. com/zh-cn/HT212025，最后访问日期：2023 年 3 月 4 日。

③ 《苹果的 IDFA 授权：一年后的现状》，PubMatic，https: //go. pubmatic. com/idfa-impact-report-2022-cn? utm_ source = media&utm_ medium = organic_ social&utm_ campaign = Apac-2022-China-IDFA-Infographic&utm_ content = idfa_ infographic_ cn，最后访问日期：2023 年 3 月 4 日。

位被疾病困扰、对家庭不忠”的女性形象。[①] 这种技术手段被广泛应用于商业活动中，在提高企业生产效率的同时，引发了侵犯用户隐私权和造成数据垄断非正义的质疑，如何平衡数据开放共享下的经济发展和公平正义下的人格尊严将成为技术发展的新课题。

除了用户主动书写的数字自传、浏览记录等网络自动跟踪技术被动记录的数字卷宗等遗产之外，算法的智能推演正通过用户行为数据的挖掘与再利用，生产出新的缅怀价值，算法逻辑下的内容组织形式本身也成为一种数字遗产，拓展了人们对于数字遗产范围的界定。访谈中有人提到，自己在听歌时会有意识地标记自己喜欢的音乐，向推荐算法表达自己的喜好，让个性化歌曲推荐越来越准，自己通过这个方式也逐渐认识到真正喜欢的音乐风格是什么样子的，这个“懂自己喜好”的音乐账号已成为数字生活中重要、珍贵的所有物，若账号注销会带来很大的损失。用户在与算法的互动、交流、合作中，找到了自己的听歌口味。听歌口味作为数字生活的财产，对应的实体是存储于平台数据库中的一份个性化配置文件，它是用算法输出的数据库内条目倾向性、关联度等程序语言来描述的，这种描述可能比“摇滚风格”“古典风格”等自然语言描述更为精确，若要转译成自然语言可能造成大量信息损失，因而只有在这一音乐平台的载体上，它才能最准确地呈现全貌、最大化地发挥价值。焦点小组访谈中也有嘉宾表示，歌单也算数字遗产，会留给亲友，供人缅怀。

> 我有那种整理好的歌单，我也有这个习惯，就是会分门别类的、特地去整理歌单什么的，我觉得这个也算是数字遗产。（蒋女士，第三场焦点小组）

算法生产出的个性化“节目单”作为数字遗产时十分脆弱，存续、悼念都依赖平台的支持，但目前平台对这类遗产的保护并不完善。作为数字遗产的个性化歌单还预示着一种可能：算法借助翔实的用户数据，有朝一日能不再限于音乐偏好，而是能完整地还原逝者的全貌，逝者依托数据与算法实现仿真、虚幻的永生，深刻改变追悼形式乃至生死之界。

---

① “I Love Alaska: The Heartbreaking Search History of AOL user #711391”, Submarine Channel, Aug. 2006, https://submarinechannel.com/minimovie/minimovie-i-love-alaska/, last accessed date by 5Mar. 2023.

2. 数据保护的政策呈现与功能设计

本研究选取了 9 家国内主流社交媒体平台的隐私或个人信息政策，以隐私中最为关键的个人敏感信息为例，对比分析了各平台条款中的阐述及呈现策略（见表 3），发现超半数平台只做了总括性的说明，即笼统地援引法律条款，并未有针对性地告知用户平台在信息收集、处理过程中具体涉及的个人敏感信息数据类型，但诸如 B 站、豆瓣等平台的条款中不仅对相关概念做了详尽举例，还采用了加粗斜体等方式来突出重点，平台对隐私政策的设计在某种程度上可以反映出平台对用户隐私的重视程度。

表 3　9 家国内主流社交媒体平台的隐私或个人信息政策

平台	个人敏感信息方面描述方式
腾讯	总括说明
百度	总括说明
阿里巴巴	总括说明
字节跳动	总括说明 + 举例说明，对部分个人敏感信息加下划线处理
B 站	总括说明 + 举例说明，对全部个人敏感信息用括号注明并加粗
新浪	总括说明 + 举例说明，对全部个人敏感信息加粗处理
豆瓣	总括说明 + 举例说明，对全部个人敏感信息加粗斜体处理
小红书	举例说明，对全部个人敏感信息加粗处理
知乎	总括说明

资料来源：《腾讯隐私政策》，腾讯，2021 年 12 月 3 日，https://privacy.qq.com/policy/tencent-privacypolicy，最后访问日期：2023 年 3 月 4 日；《百度隐私政策总则》，百度，2022 年 4 月 26 日，https://privacy.baidu.com/policy，最后访问日期：2023 年 3 月 4 日；《阿里巴巴（1688）隐私政策》，阿里巴巴，2022 年 11 月 15 日，https://terms.alicdn.com/legal-agreement/terms/suit_bu1_b2b/suit_bu1_b2b201703271337_94551.html，最后访问日期：2023 年 3 月 4 日；《字节跳动隐私保护政策》，字节跳动，2020 年 1 月 2 日，https://privacy.bytedance.com/zh/policy，最后访问日期：2023 年 3 月 4 日；《哔哩哔哩隐私政策》，哔哩哔哩，2022 年 8 月 8 日，https://www.bilibili.com/blackboard/privacy-pc.html?spm_id_from=888.45317.b_4d484a766a325343323370.1，最后访问日期：2023 年 3 月 4 日；《新浪个人信息保护政策》，新浪，2022 年 3 月 3 日，https://weibo.com/signup/v5/privacy，最后访问日期：2023 年 3 月 4 日；《豆瓣个人信息保护政策》，豆瓣，2023 年 3 月 2 日，https://www.douban.com/about/privacy#privacy_content，最后访问日期：2023 年 3 月 4 日；《小红书用户隐私政策》，小红书，2023 年 2 月 24 日，https://www.xiaohongshu.com/crown/community/privacy，最后访问日期：2023 年 3 月 4 日；《个人信息保护指引》，知乎，2021 年 10 月 29 日，https://www.zhihu.com/term/privacy，最后访问日期：2023 年 3 月 4 日。

在政策的整体页面呈现形式上，本研究从媒介形态、排版设计和叙事方式三个方面对以上平台加以考察，单一平台的隐私或个人信息政策采用纯文字说明、线性排版格式和法律条文罗列的形式在页面呈现，这体现了一种以平台为中心的技术设计视角。而腾讯、百度、阿里巴巴和字节跳动这四大综合类平台设计了集成式网站，呈现图文结合、非线性导航栏跳转和口号式呼吁的不同特征，交互性和可读性的提升体现了为用户服务的设计理念。在此基础之上，国外的脸书加入了隐私动画视频①、谷歌在首页采用了卡片型分类导航②、推特选择了对话式文本③，这些设计都进一步凸显了用户的中心地位。

除了应用程序端，还可对比移动手机端的隐私策略，华为在隐私保护方面曾得到人民网的高度认可，评论称华为提供多层级的数据安全解决方案保证数据传输的安全可靠。华为在设计开发过程中把“不打扰、不追踪、不泄露”的隐私保护原则贯彻始终。④ 据可查资料，2017 年 1 月，华为首次发布《华为应用市场 2016 年度安全报告》，此后三年又持续发布了年度安全报告，直到 2020 年改为《华为应用市场 2020 年度安全隐私报告》，于 2021 年 3 月发布，与 2021 年施行的《中华人民共和国个人信息保护法》相契合。同年，华为应用市场正式推出“隐私标签功能”，改进隐私政策的呈现形式，让用户在下载支持隐私标签的应用前更清晰地了解应用如何使用个人信息。⑤ 应该说华为在隐私保护政策上紧跟形势，起步高调、举措规范。从华为创始人任正非、华为副董事长胡厚崑、华为全球网络安全与用户隐私保护办公室主任杨晓宁等人的公开表达中也能清楚地感受到这一点。⑥ 但这也多少使得华为在隐私保

① 《Meta 条款和政策》，Meta，https：//www. facebook. com/policies_ center，最后访问日期：2023 年 3 月 4 日。

② 《谷歌隐私权和条款》，谷歌，2022 年 12 月 15 日，https：//policies. google. com/? hl = zh-CN，最后访问日期：2023 年 3 月 4 日。

③ 《推特隐私中心》，推特，https：//privacy. twitter. com/en，最后访问日期：2023 年 3 月 4 日。

④ 《“软”实力铸就“硬”支撑！华为终端商用助推千行百业数字化转型》，“人民网”微信公众号，2022 年 12 月 31 日，https：//mp. weixin. qq. com/s/ukdBUIIkpjc40rgdj_ Q1NQ，最后访问日期：2023 年 1 月 30 日。

⑤ 《〈华为应用市场 2021 年度安全隐私报告〉发布》，“华为开发者联盟服务”微信公众号，2022 年 3 月 25 日，https：//mp. weixin. qq. com/s/YniCJGRXAHcylcKfwLUSAQ，最后访问日期：2023 年 1 月 30 日。

⑥ 《任正非罕见面对媒体回应华为的一切：美国、知识产权、隐私、创新》，“腾讯科技”微信公众号，2019 年 1 月 8 日，https：//mp. weixin. qq. com/s/pVoShVOY1nr4ggmpJeajjg，最后访问日期：2023 年 1 月 30 日；《华为首次发布隐私保护治理白皮书》，“环球时报”微信公众号，2022 年 11 月 8 日，https：//mp. weixin. qq. com/s/Z7xQANjE9I-RolEj3ovOgQ，最后访问日期：2023 年 1 月 30 日；《华为的新手机与新生态：正在模糊的边界与正在清晰的体验》，“观察者网”微信公众号，2022 年 4 月 8 日，https：//mp. weixin. qq. com/s/ViUuyKuMRzCI5-wezNYcpA，最后访问日期：2023 年 1 月 30 日。

护方面勉强周全却有失人性化。

相较而言，苹果隐私介绍界面设计精美，可读性强，包括从用户的生活体验角度出发特意制作的《个人数据的一天》线上文档。该文档用可视化的方式展示了各项隐私功能如何在具体情境中发挥引导作用，例如被格外强调的“App 跟踪透明度功能”，它要求 App 必须“先”获得用户的许可，才能在其他公司的 App 或网站中跟踪用户数据。而其他手机默认允许跨应用广告追踪，用户需前往广告设置中更改，绝大多数用户并不知晓。看似用户都有选择权，但先后之别，却带来迥异的隐私体验，显示出截然不同的伦理态度。

数字遗产的隐私顾虑源于复合社会情境的矛盾，隐私的边界并非固定，而是可渗透、可伸缩的。公私二元的、静态的隐私观已不适用于当下的复杂情境，“流动的空间，液态的隐私”更贴合当下隐私管理中数字生活与现实生活彼此交错、多个社交媒体复合使用、多个圈层相互重叠的境况。①

> 有些东西可能以前我在发送的时候并不觉得它算是我的个人隐私，但是有一些跟我不太熟的人，他可能会拿这个乱做文章。（陈先生，第三场焦点小组）
>
> 微信（朋友圈的内容）之前有删过，但是在设置三天可见这种功能出来以后好像就很少了，之后加上它现在又出台的那个新功能就是分组，你在发朋友圈以后还可以临时修改，就是不用把它删了然后再去改，也挺方便的，现在就不会删除了。（陈先生，第三场焦点小组）

模糊的隐私边界给用户隐私控制带来了挑战，平台和用户长期进行自我暴露与隐私保护的博弈。平台竭尽所能消除用户的隐私顾虑，让其主动披露个人信息，以此丰富内容、创造连接、促进社交；用户则在享受社交便利的同时，竭力控制隐私传播的边界。从朋友圈的功能设置（见表 4）可以看出，用户的信息披露总体经历了由多到少的过程。一开始，微信努力研发功能让用户共享更多的信息，从文字、照片到视频，在 5.2.1 版本中更是增加了“添加位置”的功能，进一步扩大了用户信息分享的范围，但这逐渐引发了用户对于个人隐私的担忧。因而朋友圈开始为用户提供可见程度的控制，2017 年，

① 江淑琳：《流动的空间，液态的隐私：再思考社交媒体的隐私意涵》，《传播研究与实践》2014 年第 1 期。

微信相继推出朋友圈“最近半年可见”和“最近三天可见”的功能，2021年就有超2亿名用户使用该功能。但即便有了“最近三天可见”，发朋友圈的用户却还是越来越少，因而微信8.0版本推出了“添加状态”的功能，以此降低用户的分享成本和缓解用户的社交压力，更加模糊的个人信息披露，却能让用户找到“同类”或者感受到朋友的心理，以此达到社交目的。

表4　微信朋友圈功能发展简史

发布时间	版本号	更新功能
2012年4月9日	4.0	发布朋友圈功能，支持把照片分享到朋友圈，对照片评论和点赞
2012年7月19日	4.2	朋友圈新增评论回复功能，发图能选择可见范围
2013年1月4日	4.3.3	对朋友圈及账号隐私的一些权限做了调整，可不看某人的朋友圈更新，并可把朋友圈上的私密照片设为公开
2014年3月21日	5.2.1	发朋友圈时，可以添加位置
2015年3月30日	6.1.4	可以在苹果手表上浏览朋友圈
2015年5月25日	6.2	朋友圈的内容可以翻译
2015年12月29日	6.3.9	朋友圈表盘：每次抬起手腕，可以看到朋友圈动态
2016年6月6日	6.3.19	发表朋友圈选择可见范围时，可以临时选人了
2017年2月	6.5.3	推出朋友圈“最近半年可见”的功能
2017年3月	6.5.6	推出朋友圈“最近三天可见”的功能
2019年5月5日	7.0.4	允许查看朋友圈范围增加“最近一个月”的选项
2021年1月21日	8.0	个人资料页可添加自己所处的状态，比如“心情想法”“工作学习”“活动”等，也可随时结束状态
2021年3月29日	8.0.3	隐私设置里增添统一权限管理，包括“不看谁的朋友圈”“不看谁点赞的视频”“不想分享运动步数”等
2022年5月19日	8.0.22	朋友圈自带的转发文字和图片功能被取消
2022年8月22日	8.0.27	朋友圈可见范围支持修改（分组管理时，增加或减少了人数，朋友圈可见范围也会自动调整）；微信状态显示名称
2022年11月14日	8.0.30	朋友圈评论的展示行变多；状态页面改版优化

资料来源：《微信版本更新日志分析》，知乎，https：//zhuanlan.zhihu.com/p/22361559，最后访问日期：2023年1月30日。

微博可见范围可在公开可见、仅粉丝可见、好友圈可见、仅V+会员可见、仅自己可见几种状态下自由切换，变更可见范围后，微博的转发、评论、点赞列表也将同步。作为公共对话平台，微博特意加上了“显示可见范围变更的记录”的功能，以免可见性的变更使观众迷惑。微博解释称，增加变更标识和记录，一方面，可以解决其他用户“前面一天为什么没看到过这条微博”的困惑；另一方面，比如在一场体育比赛赛前，某博主发布多条仅自己可见的微博，预测各种比赛结果，比赛结束后把猜对结果的微博设为公开就可能欺骗观众。①

国外主流社交媒体平台推特和脸书同样提供了类似的可见性选项。在2018 年美国参议院商务委员会召开的主题为“审查保护消费者数据隐私措施”的听证会上，时任推特数据保护官达米安·基兰（Damien Kieran）称，推特“构思和设计都基于成为一个公众对话的平台”，人们可以从推特外找到推特内容，例如从互联网搜索引擎上的搜索结果中，其“默认公共性质”是“吸引力和价值主张的主要组成部分”。② 尽管如此，推特同样提供了各式可见范围选项：类似微信朋友圈，用户可以设置推特圈子，并在发帖时选择仅某圈子可见③；类似微博，用户可以将自己的推文设置成“受保护的推文”，让推文仅对自己的粉丝可见④。脸书允许用户为旧帖设限，还提供访客视图、检查过去的动态等工具，帮助用户检查自己内容的可见性。⑤ 但这些都比不上密码保护更能体现数据主体的隐私保护意志。

根据 2019 年通过的《中华人民共和国密码法》，密码是指采用特定变换的方法对信息等进行加密保护、安全认证的技术、产品和服务。根据该定义，密码具有数据加密保护和用户身份鉴别两大功能。而身份鉴别的方式又可分为持有物（如各种证件）、所掌握的信息（如口令或密码）、生理或行为特征（如指纹、人脸、虹膜、签名等）三类。⑥ 生物密码使用便捷，且没有遗忘丢失的风险，是未来的一大发展趋势。但每次手机关机重启后，用户都不能直接通过刷脸或指纹进行解锁，这一技术设定既是厂商们出于对手机安全的保

① 《微博可见范围设置调整公告》，微博，2020 年 3 月 23 日，https://weibo.com/ttarticle/p/show?id=2309404485675293474819#_0，最后访问日期：2023 年 3 月 4 日。

② 《Twitter 数据保护官：隐私是一项基本权利而不是特权》，腾讯科技，2018 年 9 月 26 日，https://tech.qq.com/a/20180926/014792.htm，最后访问日期：2023 年 3 月 4 日。

③ “About Twitter Circle”，Twitter，https://help.twitter.com/en/using-twitter/twitter-circle，last accessed date by 4 Mar. 2023.

④ “About Public and Protected Tweets”，Twitter，https://help.twitter.com/en/safety-and-security/public-and-protected-tweets，last accessed date by 4 Mar. 2023.

⑤ 《隐私权政策》，Meta，2023 年 1 月 1 日，https://www.facebook.com/privacy/policy，最后访问日期：2023 年 3 月 4 日。

⑥ 游林：《生物特征密码技术综述》，《杭州电子科技大学学报》（自然科学版）2015 年第 3 期。

护，也隐含着密码的安全性高于生物特征的判断。有的手机不管开关机，每隔一段时间就会要求用户输入一次密码，以防用户遗忘。用户录入的指纹或面部数据会存在手机的一个特定安全模块中，而手机关机后，这个安全模块会被锁定，所以每次重启，用户需要手动输入密码激活安全模块。而当安全模块开启后，指纹识别只要实现 70% 的准确率就能解开手机，有时准确率甚至低至 30% 。[①] 该功能为追求方便快捷牺牲了一定的安全性。

在安全与便捷的坐标轴上，究竟“什么样的安全才算是足够安全?”[②] 2019 年一则关于比特币的新闻引发我们对安全阈值的思考。当年加拿大最大的比特币交易平台 Quadriga CX 冻结了用户账户中近 2 亿美元的数字加密货币，因为创始人兼 CEO 杰拉尔德·科顿（Gerald Cotten）于 2018 年 12 月去世了。在平台提交给法庭的文件中提到，该 CEO 是唯一知道取出这些资金所需的安全密钥和密码的人，且尽管“反复努力地搜索”，在任何地方都找不到写下来的密码或恢复键，致使该交易无法向客户偿还近 2 亿美元的资金。[③] 数字加密货币问世以来，就声称自己“绝对安全”，而“绝对安全”的前提即为密钥——只有拥有密钥的人才能取走数字加密货币，其他任何人或机构都不能取走，可这种“绝对安全”通过这一案件恰恰反映出其存在的重大安全隐患。提高安全性、排除不安全性和风险是技术始终如一的目标[④]，但我们也要清晰地意识到安全不是一个固定不变的数值，完全的安全是达不到的[⑤]，技术需要留有“忘记密码”的余地。从“安全的幻想”向“不安全的管理”过渡或许是更为合适的技术发展方向。[⑥]

如何平衡安全和便捷的关系呢？苹果给出的答案是 iCloud 钥匙串。从 iOS

---

① 《为什么手机重启后，必须要手动输密码，第一次解锁指纹刷脸都无效?》，“OPPO 云南”微信公众号，2018 年 9 月 6 日，https：//mp. weixin. qq. com/s/dZP766T8KHobg-aPisjgkw，最后访问日期：2023 年 3 月 4 日。

② 〔德〕格哈德·班泽：《安全》，载〔德〕阿明·格伦瓦尔德主编《技术伦理学手册》，吴宁译，社会科学文献出版社，2017，第 44 页。

③ 《比特币交易所创始人离奇死亡，用户近 2 亿美元“上锁”》，界面新闻，2019 年 2 月 9 日，https：//www. jiemian. com/article/2852650. html，最后访问日期：2023 年 3 月 4 日。

④ 〔德〕格哈德·班泽：《安全》，载〔德〕阿明·格伦瓦尔德主编《技术伦理学手册》，吴宁译，社会科学文献出版社，2017，第 41 页。

⑤ 〔德〕格哈德·班泽：《安全》，载〔德〕阿明·格伦瓦尔德主编《技术伦理学手册》，吴宁译，社会科学文献出版社，2017，第 39 页。

⑥ 〔德〕格哈德·班泽：《安全》，载〔德〕阿明·格伦瓦尔德主编《技术伦理学手册》，吴宁译，社会科学文献出版社，2017，第 45 页。

7 系统开始，iCloud 钥匙串就致力于帮助用户记录 Wi－Fi 密码、互联网账户、用户名和密码等信息①。当用户再次登录账号时，只要通过面部识别即可由苹果系统自动填充密码，快速方便。这一功能的推广不仅反映了平台对生物特征密码的支持，希望将口令密码隐于其后逐渐让用户忽视，也体现了用户密码观念的变化——从自己保管到上传平台托管，有的人认为钥匙串让渡了自己密码的安全性获得了便利性，也有的人将平台代理视为更加安全的保管手段。当然，因场合不同，安全与便捷的权衡会产生变化。

谷歌似乎以技术便捷为首要考量，其 Smart Lock 功能提供了三种让手机保持解锁状态的选项：随身携带时、处于可信地点时、连接到可信设备时。在随身携带时的选项下，解锁手机后，只要贴身检测功能检测到手机在用户身上，手机就会一直保持解锁状态。当用户将手机放下后，手机最多可能需要 1 分钟就会自动锁定。在部分手机上，贴身检测功能还会学习并记住用户的步行活动模式，若检测到模式与用户明显不同的步行活动，便会锁定手机。但该选项在用户搭乘交通工具时并不安全，如用户搭乘汽车、公交车、火车时，手机可能需要5～10分钟才会锁定；搭乘飞机或乘船时，手机可能无法自动锁定。在处于可信地点时的选项下，手机可在可信地点周边方圆 80 米内解锁，但位置信号可能会遭到复制或操纵，被用于解锁盗用手机。在连接到可信设备时的选项下，依靠蓝牙连接检测，而蓝牙连接范围受手机型号、蓝牙设备和当前环境等多种因素影响，有效范围最远可达 100 米，若手机在可信设备附近已被其解锁，就能被轻易盗用。②

华为在这个问题上并没有呈现某种“设计意向”。一方面，华为设想实现“无密码登录”，用新的身份验证方式，来取代现有密码验证体系。其 HMS Core 线上快速身份验证服务正是基于这个出发点，无密码的用户身份验证、提供本地生物特征认证和线上快速身份验证能力，可用于不同场景，同时，通过系统完整性检测和密钥校验机制，来保证验证结果安全可信。但另一方面，华为也提示，某些情况下（例如坐车睡着时），密码比其他解锁方式更安全。如“安全锁定模式”下，手机仅支持密码解锁，其他解锁方式会被暂时

① 《设置 iCloud 钥匙串》，苹果网站，https：//support. apple. com/zh-cn/HT204085，最后访问日期：2023 年 3 月 4 日。

② “Smart Lock-Google”，谷歌，https：//get. google. com/smartlock/index. html，最后访问日期：2023 年 3 月 4 日。

屏蔽。[①] 此外，当长时间（目前是 72 小时）未使用密码进入手机/平板隐私空间时，再次解锁将只能通过密码解锁，无法使用指纹解锁。[②]

类似的功能在苹果那里叫作“硬锁定”（hard-locking），Markdown 格式的发明者在不同场合反复强调这是苹果 iOS 系统“最重要的功能”。毕竟大多数人使用了面容 ID 或触控 ID，如果执法部门（或任何其他人）要拿走你的设备并强迫你以生物识别方式解锁它时该怎么办？已有法律先例表明，即警察可以强迫你这样做，但不能强迫你向他们提供密码或口令。这时你只需要同时按住手机电源和音量按钮持续两秒，然后什么都不用做就可以轻松硬锁定手机了，此时必须要密码才能解锁，指纹和面部识别都不再奏效。格鲁伯（John Gruber）提示，“不要只是记住它，而要内化它，这样你就可以在胁迫下不假思索地做这件事”，其背后隐含的信息是生物信息比密码更容易被夺取，每个人都应该学习如何保卫自己的数据。[③] 相较之下，华为更关注的是技术的进步与发展，苹果则更注重技术物化的道德意涵。

（二）“前瞻”责任：介入伦理视野下的责任思辨

1. 逝者账号的处理逻辑与保护办法

绝大多数平台并没有针对逝者账号管理的相关办法，按照效率原则，平台的普遍做法是对超过一定期限不活跃的用户账号予以回收，逝者账号在这一段时间处于无人管理状态，因而盗用账号的情况时常发生。微博一位名为“彳余二水”的博主于 2013 年去世，其母亲连续 7 年在他最后一条微博下评论寄托哀思，但该账号被灰色产业链盗取后删除了此前所有的博文，数字自传和数字传记的消失打断了生者对逝者的哀悼，更是引发了“二次失落”[④]（second loss）的伤害，让亲属在网络空间中又一次经历了亲人离世的悲痛。《半月谈》也曾批评此等现象是“人气虚火烧红部分互联网平台”，并呼吁互

① 《设置安全锁定》，华为网站，https：//consumer. huawei. com/cn/support/content/zh-cn15769034/，最后访问日期：2023 年 1 月 30 日。

② 《忘记隐私空间密码怎么办?》，华为网站，https：//consumer. huawei. com/cn/support/content/zh-cn15838941/，最后访问日期：2023 年 1 月 30 日。

③ Gruber, J. , “How to Temporarily Disable Face ID or Touch ID, and Require a Passcode to Unlock Your iPhone or iPad”, Daring Fireball, 27Jue. 2022, https: //daringfireball. net/2022/06/require_ a_ passcode_ to_ unlock_ your_ iphone, last accessed date by 30Jan. 2023.

④ Bassett, D. J. , “Ctrl + Alt + Delete: The Changing Landscape of the Uncanny Valley and the Fear of Second Loss, ”*Current Psychology* 2(2021).

联网平台有所作为。[①]

目前，已经有一些平台对逝者账号的处理做出了探索，管理办法主要分为用户生前筹谋规划和逝后保护冻结两个方面。前者包括要求平台在确认用户过世后删除账号和设置遗产代理人，典型代表如谷歌 2013 年推出的闲置账户管理员（Inactive Account Manager）功能[②]，可让用户选择在账号闲置一段时间后与某位联系人（最多 10 位）共享部分账号数据或向其发送通知，也可授权所选联系人访问部分数据。谷歌账号进入闲置状态后的 3 个月内具有访问权限。[③] 苹果在 2021 年也推出了遗产联系人（Legacy Contact）功能[④]，用户在账户中添加遗产联系人，离世后，遗产联系人可申请访问 iCloud 账号，并传输用户储存的数据。苹果此前对于数字遗产的态度是非常坚决的，为了贯彻个人隐私保护，其曾在相关条款中明确指出，用户账户不可转让，且 Apple ID 中所享有的任何权利将在用户被证明去世后删除。而如今，苹果公布的数字遗产计划，给用户带来的无疑是一个更加温情的形象，在用户主动添加遗产联系人的基础上，苹果承认了用户数字遗产的正当性，充满了人文关怀，彰显了企业的社会责任。2023 年初，苹果的应用商店还推出《如何管理数字遗产?》的 App Store 故事。但需指出的是，看似苹果给予了用户对自己数字遗产的处决权，但是在关于继承内容范围上，苹果几乎实行“一刀切”的政策，要么全有，要么皆无，用户并没有获得主动处置权。从苹果遗产联系人可访问的数据范围也可以看出苹果对数字遗产概念的界定范围，对涉及隐私争议的邮件，苹果并没有排除在继承范围外，但是对于部分涉及知识产权的数字资产，苹果予以了排除。

---

① 《人过世了，微博还在发？人气虚火烧红部分互联网平台》，“半月谈”微信公众号，2019 年 5 月 26 日，https：//mp. weixin. qq. com/s/D3pv-WknrIughk_ Hkb4z0Q，最后访问日期：2023 年 3 月 4 日。

② 《闲置账号管理员》，谷歌，https：//myaccount. google. com/inactive？ continue = https% 3A% 2F% 2Fmyaccount. google. com% 2Fdelete-services-or-account% 3Fcontinue% 3Dhttps% 3A% 2F% 2Fmyaccount. google. com% 2Fdashboard，最后访问日期：2023 年 3 月 4 日。

③ 《设置闲置账号方案》，谷歌，https：//myaccount. google. com/inactive？ continue = https% 3A% 2F% 2Fmyaccount. google. com% 2Fdelete-services-or-account% 3Fcontinue% 3Dhttps% 3A% 2F% 2Fmyaccount. google. com% 2Fdashboard，最后访问日期：2023 年 1 月 30 日。

④ 《如何为你的 Apple ID 添加遗产联系人》，苹果网站，2022 年 10 月 18 日，https：//support. apple. com/zh-cn/HT212360，最后访问日期：2023 年 3 月 4 日。

后者的典型代表是脸书的悼念账户功能[①]，它是供亲朋好友在某位用户过世后共同缅怀和分享其往事的地方。在悼念账户上，已故人士个人主页的姓名旁边将显示缅怀追思，已故人士分享的内容仍将保留在脸书上，好友可在悼念个人主页的时间线上分享回忆，个人主页不会出现在“可能认识”建议列表、广告或生日提醒中。除悼念账户功能外，逝后处置还包括逝者亲友的申请，谷歌[②]、脸书[③]、推特[④]、苹果[⑤]都允许逝者的家属（不允许线上好友）凭有效证明请求移除逝者账户。此外，谷歌还提到家属能凭借法院认证的遗嘱执行人授权证书申请接收逝者账户中的资金。若家属能取得法院判令，谷歌和苹果都允许访问逝者账户中的数据（指云相册等，并非设备上的数据，若设备受密码锁定保护，则不能在不抹掉设备数据的情况下协助家属解除设备的密码锁定）。

国内社交媒体现阶段多着力于逝后保护冻结，如微博、豆瓣和抖音的逝者账号纪念功能。微博逝者账号主要仰赖用户反馈，且站方将要求该反馈用户提供个人身份证明、与逝者之间关系证明、逝者死亡证明等材料，核实后，平台将对该账号设置保护状态，即不能登录、不能新发内容、不能删除内容、不能更改状态。[⑥] 相较于脸书的私密化哀悼，微博的功能设置让其哀悼更多呈现公开性和去等级化的特点[⑦]，任何人都可以在逝者的账号下进行留言评论，如李文亮医生的微博现已成为现象级的树洞，时至今日仍有源源不断的用户向其倾诉或表达哀思，但自发性的特点导致了对于逝者哀悼往往是零散的。同时可以看出，微博的逝者账号功能设置还是比较单一，并且微博的纪念账

---

① 《如果我过世了，我的 Facebook 账户会怎样》，脸书，https：//www. facebook. com/help/103897939701143，最后访问日期：2023 年 3 月 4 日。

② 《提交与已故用户账户相关的请求》，谷歌，https：//support. google. com/accounts/troubleshooter/6357590，最后访问日期：2023 年 3 月 4 日。

③ 《报告已故人士的 Facebook 账户或需要设为悼念账户的 Facebook 账户》，脸书，https：//www. facebook. com/help/150486848354038，最后访问日期：2023 年 3 月 4 日。

④ “How to Contact Twitter about a Deceased Family Member's Account”, Twitter, https: //help. twitter. com/en/rules-and-policies/contact-twitter-about-a-deceased-family-members-account, last accessed date by 4 Mar. , 2023.

⑤ 《如何请求访问已故家庭成员的 Apple 账户》，苹果网站，2022 年 4 月 12 日，https：//support. apple. com/zh-cn/HT208510，最后访问日期：2023 年 3 月 4 日。

⑥ 《#微博社区公告#关于保护“逝者账号”的公告》，新浪微博，2020 年 9 月 17 日，https：//weibo. com/1934183965/Jl0Ptca9U？pagetype = profilefeed，最后访问日期：2023 年 1 月 30 日。

⑦ 吴海荣、赵天照、伍艺涛：《媒介准入与象征哀悼：数字时代集体悼念的仪式与情感》，《青年记者》2022 年第 14 期。

号在页面设计上并未发生任何改变，与普通用户无异。

值得关注的是，国内外社交媒体对逝者账号的管理呈现了从逝后处置向生前、逝后二者兼可的谷歌模式演进的趋势。例如，脸书原先的政策是在收到有效申请后，就“一刀切”地将已故用户的账户设为悼念账户，但纪念页面的“哭墙”却可能为逝者家属带来伤害。BBC 报道称，巴西一位悲伤的母亲因为 Facebook 给她女儿创建了纪念页面而将其告上法庭。“这堵‘哭墙’让我太痛苦了，”这位母亲说，“在平安夜，她的 200 个朋友中有许多人贴出了他们和她一起拍的照片，回想他们的共同记忆。她很有魅力，很受欢迎。我哭了好几天。”① 2015 年，脸书上线的遗产代理人（Legacy Contact）功能弥补了这一僵硬化的缺陷。现在，用户在生前能选择指定遗产代理人打理悼念个人主页，或者在确认过世后让平台永久删除自己的账户。遗产代理人拥有在账户页面发表讣闻，并下载已故者数字遗产的权限，这也就意味着代理人实际上继承了逝者在平台的数字遗产（仍然无法登录到原账户、无法修改和删除内容）。国内的 B 站在 2022 年 6 月也更新了自己的纪念账号功能，尽管内容所有权仍在平台，但每位用户都可对账号进行提前设置，或保留账号全部信息，或清空弹幕、评论等互动内容，乃至注销账号。平台对数字遗产处置权的让渡给予了用户进行数据处置的选择，不仅有利于避免违背用户“合理隐私期待”的可能，还体现了对用户信息自决权的认可、对公民意识理性和行为自由的尊重，纳入了技术人文主义的考量。

而国内大型互联网公司腾讯目前对逝者账号并未做出保护，但在微信隐私条款中单列了逝者近亲属的权利，同时有不同主体通过微信小程序提供“微信遗嘱”功能，如“粤省事”微信小程序中上线了“云祭扫”服务，中华遗嘱库也开发了“幸福留言”小程序遗嘱，尽管这些留言“不作为法律意义遗嘱”②，但为逝者亲友提供了一丝慰藉，从中也能感受到腾讯更关注和维护生者权益的态度倾向。总体而言，腾讯是以提高企业效率和减少资源浪费为政策导向的，如腾讯有权根据实际情况自行决定单个用户在本软件及服务中数据的最长储存期限，并在服务器上为其分配数据最大存储空间等。对用

① 〔英〕伊莱恩·卡斯凯特：《网上遗产：被数字时代重新定义的死亡、记忆与爱》，张淼译，海峡文艺出版社，2020，第 61 页。

② 《“微信遗嘱”功能，近千人通过它订立遗嘱》，“科技狐”微信公众号，2020 年 4 月 5 日，https：//mp. weixin. qq. com/s/rAzWWCBJJkwXrK2-ykJLXQ，最后访问日期：2023 年 1 月 30 日。

户的存储时间和存储空间仅给出“根据实际情况”“自行决定”的模糊说明，并提醒用户自行备份数据。这些举措在一定程度上弱化了企业承担的责任，将风险转嫁给用户。

2. 用户数据的平台审查与管理规范

2021 年，腾讯因“PC 版 QQ 读取浏览记录”一事向广大用户致歉[①]，2022 年百度网盘深陷“图片人工审核”的争议[②]。这两起社会事件引发了公众对互联网平台数据收集和内容审查边界的讨论。随着各大平台功能的日益延伸，仅通过《微信隐私保护指引》[③] 列举的功能及所需收集的数据便可洞见当今社交媒体账号朝数字资产、数字档案、数字自传、数字传记和数字卷宗集合体发展的趋势。当平台对用户生活的渗透范围越来越大，收集的数据越来越多时，用户有权利，也有义务要求平台公开数据采集范围和处理过程，因为这是全社会民众面对累积性的和长期的技术后果所要共担的“后续责任”以及“共同责任”[④]。

2021 年，腾讯、华为等 20 余家重点 App 运营企业签署《深圳市 APP 个人信息保护自律承诺书》，向社会公开做出“不超范围采集信息、不强制索要用户授权、不利用大数据杀熟、不滥用人脸识别数据、不监听个人隐私”等承诺。[⑤] 这一举措既是企业对自己前瞻性责任的确认，也是企业对接受社会大众监督的公示。至于内容审查，这是企业应尽的义务，但也需要承担主体责任。根据《中华人民共和国网络安全法》等相关规定，百度网盘作为网络存储服务提供者须尽到保障信息安全和审核义务，对用户上传的内容进行审核，

---

① 《腾讯致歉 PC 版 QQ 读取浏览记录：只为判断是否恶意登录，数据不上传不储存》，21 世纪经济报道，2021 年 1 月 28 日，https：//m. 21jingji. com/article/20210118/herald/42973c6f64b37590731011f381c7af29. html，最后访问日期：2023 年 3 月 4 日。

② 《百度网盘否认图片人工审核！内容审核如何保护个人隐私?》，21 世纪经济报道，https：//mp. weixin. qq. com/s/IRzbqc0OmWZjRuOGCDK0yA，最后访问日期：2023 年 3 月 4 日。

③ 《微信隐私保护指引》，微信公共平台，2022 年 6 月 27 日，https：//weixin. qq. com/readtemplate?lang = zh_ CN&t = weixin_ agreement&s = privacy，最后访问日期：2023 年 1 月 30 日。

④ Lenk, H. , Maring, M. , *Natur-Umwelt-Ethik*, Münster, 2003, p. 67; Apel, K. , *Diskurs und Verantwortung: Das Problem des Übergangs zur postkonverntionellen Moral*, Frankfurt a. M. , 1988，转引自〔德〕米夏·H. 维尔纳：《责任》，载〔德〕阿明·格伦瓦尔德主编《技术伦理学手册》，吴宁译，社会科学文献出版社，2017，第 72 页。

⑤ 《保护个人信息安全 20 余家重点 APP 运营企业签署了这份承诺书!》，深圳市互联网违法和不良信息举报中心网站，2021 年 10 月 22 日，http：//szwljb. sz. gov. cn/gzdt/content/post_ 739199. html，最后访问日期：2023 年 3 月 4 日。

禁止传输法律、行政法规禁止发布或传输的内容。但是，针对私密内容和公开分享内容的审核，平台或许应当采用不同的方式。根据《百度网盘隐私政策》，百度会对员工进行数据安全的意识培养和安全能力的培训与考核，并对处理个人信息的员工进行身份认证及权限控制，以加强员工对于用户个人信息保护的认识。① 这些安全措施相比其他平台的用户条款已较为细致与完善了，但最关键的永远是平台实际运作过程中的落实。

谷歌为用户提供了能统一查看、管理、删除的个人数据管理中心②，用户能清晰一览最近使用过的 Google 服务以及产生的信息，包括 YouTube 上自己曾发表过的评论、地图上地点评价的记录等。谷歌③、脸书④、推特⑤和苹果⑥都提供了一站式的数据导出服务，用户可自行勾选想要导出的项目，这些项目既包括用户生产的内容，也包括活动日志。其中，谷歌在常规项目之外，还提供了搜索贡献（用户的评分、评价、评论以及用户对谷歌搜索的其他贡献）的导出；脸书的项目更是全面地涵盖了用户在平台上一切的活动，包括发布过的评论、赞过的帖子和评论、搜索记录、位置记录、创建和参与的投票与音乐推荐（脸书根据用户互动过的音乐类型所推荐的音乐）等。

相比它们，微软的个人数据管理并不算完善，数据控制项散布在各个产品和服务的设置中，也仅支持部分数据的自助管理，对于无法通过这些工具管理的个人数据，需要联系微软。而国内平台几乎没有类似的个人数据管理中心，更不提供数据统一导出的服务。但即使没有统一的数据导出功能，用户也能通过从网页上复制自己的博文等方式自行整理和导出数据，只不过这样的方式比较烦琐，且大量的后台数据和活动记录都无法导出，数据主体只能以访客的身份摘录、备份自己的数据，丧失了对自己数据的自主权。

---

① 《百度网盘隐私政策》，百度，https：//pan. baidu. com/disk/main#/protocol/privacy_ policy，最后访问日期：2023 年 3 月 4 日。

② 《Google 信息中心》，谷歌，https：//myaccount. google. com/dashboard？ utm_ source = pp&hl = zh_ CN，最后访问日期：2023 年 3 月 4 日。

③ 《如何下载您的 Google 数据》，谷歌，https：//support. google. com/accounts/answer/3024190？ hl = zh-Hans，最后访问日期：2023 年 3 月 4 日。

④ 《管理您的数据》，脸书，https：//www. facebook. com/help/contact/1994830130782319，最后访问日期：2023 年 3 月 4 日。

⑤ 《如何下载你的 Twitter 档案》，推特，https：//help. twitter. com/zh-cn/managing-your-account/how-to-download-your-twitter-archive，最后访问日期：2023 年 3 月 4 日。

⑥ 《如何备份您的 iPhone、iPad 和 iPod touch》，苹果网站，2021 年 7 月 16 日，https：//support. apple. com/zh-cn/HT203977，最后访问日期：2023 年 3 月 4 日。

平台应向用户提供删除数据、注销账号的方法，这是个人信息删除权和被遗忘权的重要保障。安卓要求开发者为用户提供删除请求机制；iOS 更详细地要求，若应用支持账户创建，则必须在应用内提供账户删除功能[①]；若用户构建了一个包含个人信息的社交媒体档案，则需要为他们提供一种删除这类数据（包括任何服务器副本）的方法[②]，还规定这项功能“应该很容易在应用程序中找到”。但这一权利的探索却面临重重困难。例如，若某一内容已被搜索引擎爬取得到，那么即使该内容被删除，从搜索结果中清除仍需要等待搜索引擎的新一轮更新（谷歌搜索中，用户可使用“过期内容移除”工具将过期内容告诉谷歌[③]）。此外，平台常常会与第三方分享数据，尽管为了实质性地保护权益，原则上运营商也应履行要求第三方删除相应个人信息的义务，但删除个人信息的诉求往往只能传达到平台而无法触达第三方，比如用户注销账号后，由于平台曾向第三方分享了用户的电话号码，用户可能仍会受电话推销的骚扰。另外，用户难以验证相关信息是否真的已被删除，还是仅仅对自己不可见。

例如，某女士在乘坐网约车途中跳车身亡，其去世后，网友们挖掘她的隐私、随意地猜测拼凑她的生平，对她进行舆论的道德审判。又如，被确诊为肺癌晚期的某网站用户为了记录人生为数不多的时间，开始在网站分享自己的抗癌生活，但网友质疑其真实性，最终发展成各个社交媒体平台的大型网络暴力。其实，一些用户也在去世前后遭遇过网络暴力。因而除了对网民提出要求，平台也需要负起相应的管理规范责任。

推特[④]、脸书[⑤]和 YouTube[⑥] 都在政策中明确提及了举报和移除侵犯隐私、欺凌和骚扰内容的方法。脸书禁止用户发布自己或他人的个人身份识别信息、个人联系信息、财务信息、居住信息、医疗信息、窃取的信息。YouTube 写道：

---

① 《在您的 App 中提供账户删除选项》，苹果网站，https：//developer. apple. com/cn/support/offering-account-deletion-in-your-app，最后访问日期：2023 年 3 月 4 日。

② 《App Store 审核指南》，苹果网站，2022 年 10 月 24 日，https：//developer. apple. com/cn/app-store/review/guidelines/#legal，最后访问日期：2023 年 3 月 4 日。

③ 《从 Google 搜索结果中移除信息》，谷歌，https：//support. google. com/websearch/troubleshooter/3111061？ hl = zh-Hans，最后访问日期：2023 年 3 月 4 日。

④ 《举报违规行为》，推特，https：//help. twitter. com/zh-cn/rules-and-policies/twitter-report-violation，最后访问日期：2023 年 3 月 4 日。

⑤ 《举报内容》，脸书，https：//zh-cn. facebook. com/help/263149623790594，最后访问日期：2023 年 3 月 4 日。

⑥ 《保护您的身份》，Youtube，https：//support. google. com/youtube/answer/2801895？ hl = zh-Hans，最后访问日期：2023 年 3 月 4 日。

“如果有人在您不知情的情况下发布了您的个人信息或上传了其中含有您的视频（包括涉及私密或敏感情形的视频），可以根据其隐私权准则请求移除相关内容，用户通过此流程寻求举报前需先确保内容能让他人明确识别出其身份。”

（三）“表现”公正：多群体的贡献型正义与社会正义

1. 用户群体的权限等级与贡献型正义

从用户主动的角度来说，狭义的数字遗产便是用户生前在数字平台上传的各种数据资料，数字遗产的数量和类型一方面取决于用户的个人意愿，另一方面受到平台功能的制约。国内绝大部分应用软件会以增值服务为重要的收入来源。以国内市场占有率最大的百度网盘为例，平台为会员用户提供了 5T 的空间容量、300G 大文件上传、自动备份手机视频和文件夹、手机视频上传等增值服务①，云空间容量大、上传便捷和传输数据类型多样成为其主打卖点。然而其过慢的上传和下载速度引发了普通用户的强烈不满，作为回应，百度网盘推出了百度网盘“青春版”，该版本普通会员的上传和下载速度大幅提升，但也有明显的限制——仅 10GB 的存储空间。对普通用户而言，上传和下载速度与存储空间容量似乎是无法兼得的“鱼”和“熊掌”。对于扩容、提速都要收费的疑问，百度曾回应，为普通版百度网盘提供免费空间已经是一笔不小的支出，而用户在上传和下载文件时，官方还要对带宽进行付费，如果再对下载速率不加限制、完全免费，成本顶不住。② 我们可能不仅要忧虑云存储内容质量和数量的差异是否会引起数字遗产分配的不公正，还要担心企业是否会如网易云相册一样，因高昂的运营成本和迫在眉睫的容量危机而最终放弃云存储业务。成本考量也极大影响了平台用户的账号归属政策。

由于目前并没有相关法律对网络账号的权利归属做出明确规定，因此在实践中，平台和账号的注册者一般通过线上协议来约定账号的权利归属。由表 5 可知，绝大多数平台在其用户服务协议中规定了社交媒体账号的所有权属于平台，不得被继承。平台掌握账号的所有权，因而也获得了长期闲置账号的处置权，

① 《百度网盘会员》，百度，https：//pan. baidu. com/buy/center？ errmsg = Auth% 20Login% 20Sucess &ssnerror = 0#/svip，最后访问日期：2023 年 3 月 4 日。

② 《百度网盘上线青春版：没了限速，也没了“大度”》，36Kr，2022 年 1 月 25 日，https：//36kr. com/p/1586050883440009，最后访问日期：2023 年 3 月 4 日。

大部分平台规定的回收期限为6个月，微博为了释放唯一昵称容量将该期限降为90天，而将最有可能投入资金的游戏账号期限延长为3年。以腾讯全平台的服务协议为例，只要使用了腾讯的产品，即视为同意协议，那么腾讯就可自行为用户推送广告或其他商业信息，但腾讯不会对提供的第三方服务和广告承担责任，需要用户自担风险。具体到微信，账号的所有权归腾讯公司所有，用户仅有使用权，不得转让或继承账号，且长期不使用的账号将被平台回收。但有学者基于社交媒体账号的价值是由用户的数据和劳动创造的，对此行为进行了批驳。① 2021年景宁办理了首例淘宝网店继承公证②，不仅肯定了淘宝店铺经营权属于网络虚拟财产，应当予以保护，而且说明了账号是允许继承的。究竟何种权力归属才是公正合理的，社会尚未形成共识。

表5　国内平台所有权条款和回收条款

平台	协议	所有权条款	回收条款
腾讯	《腾讯微信软件许可及服务协议》	7.1.2 微信账号的所有权归腾讯公司所有，用户完成申请注册手续后，仅获得微信账号的使用权，同时初始申请注册人不得赠予、借用、租用、转让或售卖微信账号或者以其他方式许可非初始申请注册人使用微信账号	7.1.6 用户注册或创建微信账号或功能账号后如果长期不登录该账号，腾讯有权回收该账号，以免造成资源浪费，由此带来的任何损失均由用户自行承担
	《QQ号码规则》	2.1 QQ号码是腾讯按照本规则授权注册用户用于登录、使用腾讯的软件或服务的数字标识，其所有权属于腾讯	3.1 若您注册的QQ号码长期没有登录或使用，腾讯有权将QQ号码进行回收处理，您将无法再继续使用相应号码
	《腾讯游戏许可及服务协议》	2.6 游戏账号是腾讯按照本协议授权您用于登录、使用腾讯游戏及相关服务的标识和凭证，其所有权属于腾讯，您仅享有游戏账号的使用权	2.5 您充分理解并同意，为高效利用服务器资源，如果您3年内未使用游戏账号登录腾讯游戏，腾讯有权在提前通知的情况下，对该账号及其账号下的游戏数据及相关信息采取删除等处置措施

① 刘晓月：《论社交性网络账号的继承》，《吉首大学学报》（社会科学版）2017年第2期。

② 《淘宝店也能继承！景宁办理首例淘宝网店继承公证》，“丽水发布”微信公众号，2021年2月23日，https：//mp. weixin. qq. com/s/DWHGUpbpwcecXtsl0Fmbig，最后访问日期：2023年3月4日。

续表

平台	协议	所有权条款	回收条款
百度	《百度用户协议》	2.44 百度账号（即百度用户 ID）的所有权归百度公司	2.11 为了防止资源占用，如您连续六个月未使用您的百度账号或未通过百度公司认可的其他方式登录过您的百度账户，百度公司有权对该账户进行回收，您将不能再通过该账号登录名登录本网站或使用相关服务
	《百度网盘服务协议》	2.2 百度网盘账号的所有权归度友公司所有，用户完成申请注册手续后，仅获得百度网盘账号的使用权。同时，初始申请注册人不得赠予、借用、租用、转让或售卖百度网盘账号或者以其他方式许可非初始申请注册人使用百度网盘账号	—
字节跳动	《“抖音”用户服务协议》	3.4 您在“抖音”中的注册账号仅限于您本人使用，未经公司书面同意，禁止以任何形式赠予、借用、出租、转让、售卖或以其他方式许可他人使用该账号	—
新浪	《微博服务使用协议》	1.3.1 微博运营方对微博内容（用户在微博上已发布的信息，例如文字、图片、视频、音频等）享有使用权	3.4 如用户在申请开通微博服务后在任何连续 90 日内未实际使用，则微博运营方有权在法律法规允许的范围内选择采取以下任何一种方式进行处理： 3.4.1 回收用户昵称； 3.4.2 回收用户账号； 3.4.3 停止为该用户提供微博服务
哔哩哔哩	《哔哩哔哩弹幕网用户使用协议》	2.3 您理解并同意，您仅享有账号及账号项下由哔哩哔哩提供的虚拟产品及服务的使用权，账号及该等虚拟产品及服务的所有权归哔哩哔哩所有（法律法规另有规定的除外）；未经哔哩哔哩书面同意，您不得以任何形式处置账号的使用权（包括但不限于赠予、出借、转让、销售、抵押、继承、许可他人使用）	—

续表

平台	协议	所有权条款	回收条款
阿里巴巴	《淘宝平台服务协议》	—	3.2【不活跃账户回收】如您的账户同时符合以下条件，则淘宝可回收您的账户，您的账户将不能再登录任一阿里平台，相应服务同时终止：连续六个月未用于登录任一阿里平台等
豆瓣	《豆瓣使用协议》	4.3 由于通过账号可获取到用户的个人信息，且账号的所有权归豆瓣所有，除法律明文规定外，未经豆瓣同意，用户不得将账号转让、出售或出借给他人使用	4.4 若你连续六个月未登录豆瓣平台，且不存在未到期的有效业务，豆瓣有权限制你对账号的使用，由此造成的不利后果由你自行承担
小红书	《小红书用户服务协议》	—	2.4 账号注销及回收 您理解并同意，为了充分使用账号资源，如您在注册后未及时进行初次登录使用或连续超过六个月未登录账号并使用，且不存在未到期或未履行完毕的持续性小红书平台服务的，小红书公司有权收回您的账号

资料来源：《腾讯微信软件许可及服务协议》，微信公众平台，https：//weixin. qq. com/cgi-bin/readtemplate？ t = weixin_ agreement&s = default&cc = CN，最后访问日期：2023 年 3 月 4 日；《QQ 号码规则》，腾讯网，https：//rule. tencent. com/rule/preview/46a15f24-e42c-4cb6-a308-2347139b1201，最后访问日期：2023 年 3 月 4 日；《腾讯游戏许可及服务协议》，腾讯游戏，https：//game. qq. com/contract. shtml，最后访问日期：2023 年 3 月 4 日；《百度用户协议》，百度，https：//passport. baidu. com/static/passpc-account/html/protocal. html，最后访问日期：2023 年 3 月 4 日；《百度网盘服务协议》，百度，https：//pan. baidu. com/disk/main#/protocol/duty_ mobi，最后访问日期：2023 年 3 月 4 日；《“抖音”用户服务协议》，字节跳动，https：//www. douyin. com/draft/douyin _ agreement/douyin _ agreement _ user. html？ ug _ source = sem_ baidu&id = 6773906068725565448，最后访问日期：2023 年 3 月 4 日；《微博服务使用协议》，新浪微博，https：//weibo. com/signup/v5/protocol，最后访问日期：2023 年 3 月 4 日；《哔哩哔哩弹幕网用户使用协议》，哔哩哔哩，https：//www. bilibili. com/protocal/licence. html；《淘宝平台服务协议》，阿里巴巴，https：//terms. alicdn. com/legal-agreement/terms/TD/TD201609 301342_ 19559. html，最后访问日期：2023 年 3 月 4 日；《豆瓣使用协议》，豆瓣，https：//www. douban. com/about/agreement，最后访问日期：2023 年 3 月 4 日；《小红书用户服务协议》，小红书，https：//www. xiaohongshu. com/crown/community/terms，最后访问日期：2023 年 3 月 4 日。

比起屡屡提及账号所有权的国内平台，国外平台更强调“内容”的所有权，而账号所有权鲜有提及。谷歌、苹果、推特、脸书、微软都在服务条款中强调，用户生产的内容归用户所有（见表 6）。将“内容”从“账号”中区别出来，意味着平台肯定了用户在内容创作上的贡献。所谓贡献型正义，指的是不同个体对群体的贡献是否获得了公正对待。① 至此我们看到了两种贡献，一种是个人向平台公司投入的会员增值服务成本，另一种是个人在平台上的内容生产成本。而二者相互交织，不同的用户身份与内容贡献价值具有相关关系。目前看来，平台运营的成本考量而非技术本身影响着上述贡献型正义。

表 6　国外平台所有权条款和回收条款

平台	所有权条款	回收条款
谷歌	发布的内容仍然归您所有	两年闲置或两年用量超配额都会让 Google 有可能清空数据、释放容量： a. 如果你在两年（24 个月）内没有使用其中一项或多项服务（指前文“适用的服务”），谷歌可能会删除你没有使用的产品中的内容 b. 同样，如果你存储量超出配额的时间（超过两年），谷歌可能会删除你在 Gmail、Drive 和 Photos 的内容
苹果	—	如装置未备份至 iCloud 已达 180 天，我们保留删除与该装置相关的任何备份的权利
推特	对您在服务上或通过服务提交、张贴或展示的任何内容保留您的权利；您的东西就是您的；您拥有您的内容（您纳入的音频、照片和视频被视为内容的一部分）	只要您的账户有效，我们就会保留您的数据
脸书	本条款的任何规定都不会剥夺您对自己内容拥有的权利	—

① 〔德〕迪特马尔·冯·德·普福尔登：《正义》，载〔德〕阿明·格伦瓦尔德主编《技术伦理学手册》，吴宁译，社会科学文献出版社，2017，第 317 页。

续表

平台	所有权条款	回收条款
微软	我们不会对您的内容主张所有权；您的内容仍归您所有，您自行对您的内容负责	Outlook. com 和 OneDrive 账户将在 1 年后被冻结，OneDrive 上存储的所有电子邮件和文件将在不久后被删除；Microsoft 账户在两年不活动后过期 关闭 Microsoft 账户后，您可以在 60 天内通过重新登录将其重新打开；我们在此期间保留您的数据，因此如果您改变主意，您不会丢失任何东西；但是，在这 60 天过去后，我们将永久删除该账户及其数据

资料来源：《服务条款》，谷歌，2022 年 1 月 5 日，https：//policies. google. com/terms？ hl = zh-CN，最后访问日期：2023 年 3 月 4 日；“An update to storage policies across your Google Account”，谷歌，2022 年 11 月 11 日，https：//blog. google/products/photos/storage-policy-update/，最后访问日期：2023 年 3 月 4 日；《iCloud（由云上贵州运营）条款与条件》，苹果网站，2023 年 1 月 23 日，https：//www. apple. com. cn/legal/internet-services/icloud/cn_ si/gcbd-terms. html，最后访问日期：2023 年 3 月 4 日；《服务条款》，推特，2022 年 6 月 10 日，https：//twitter. com/en/tos#update，最后访问日期：2023 年 3 月 4 日；“Twitter Privacy Policy”，推特，2022 年 6 月 10 日，https：//twitter. com/en/privacy，最后访问日期：2023 年 3 月 4 日；《服务条款》，脸书，2022 年 7 月 26 日，https：//www. facebook. com/legal/terms，最后访问日期：2023 年 3 月 4 日；《Microsoft 服务协议》，微软，2022 年 6 月 15 日，https：//www. microsoft. com/zh-cn/servicesagreement，最后访问日期：2023 年 3 月 4 日；“Accessing Outlook. com, OneDrive and other Microsoft Services When Someone has Died”，Microsoft, https: //support. microsoft. com/en-us/office/accessing-outlook-com-onedrive-and-other-microsoft-services-when-someone-has-died-ebbd2860-917e-4b39-9913-212362da6b2f, last accessed dateby 4Mar. 2023。

2. 数字生命的现实继承与社会正义

正义具有双重关系：一是人际关系，即个人只能对人表现正义，而不能对一件事或一种情况表现正义；二是指向关系，即面对他人时，正义必须始终针对某件具体事物。[①] 这种看似矛盾的情况在数字继承的问题上可以得到适切理解，即针对逝者虚拟现实关系如何平衡的问题。2012 年，德国一名 15 岁少女因地铁事故死亡。逝者的父母则希望通过她在脸书上的动态，了解女孩是否有自杀倾向。但在使用逝者此前与之共享的账号密码登录时，却发现账号已无法正常登录并进入了“纪念状态”，也就无法了解死者在社交应用上的动态。为此，他们向脸书申请恢复账号，但是，脸书以保护用户（包括逝者及其好友）隐私和避免违背逝者生前意志为由，拒绝了其父母继承和登录账号与提供内容数据的请求。该案一审判决脸书向原告开放死者账户；二审推

① 〔德〕迪特马尔·冯·德·普福尔登：《正义》，载〔德〕阿明·格伦瓦尔德主编《技术伦理学手册》，吴宁译，社会科学文献出版社，2017，第 314 页。

翻一审判决，基于通信秘密保护，驳回原告主张；终审又推翻了二审裁判，维持一审判决。这场历时近 3 年的曲折审判折射出多方利益的权衡和价值判断的分歧。不过从最终结果来看，德国法院还是承认了数字遗产的可继承性，并且认为死者人格利益保护和通信保密能协调。[①]

如果说上述案例是逝者未授意情况下引发的争议性继承，那么 Josh Grant 的案例则表明即便是逝者明示授意的继承仍可能存在纠纷。Josh Grant 获得了其母亲遗嘱中的一部 iPad，却因遗嘱中未交代 iPad 的 ID 和密码而无法使用它，获取密码的尝试因激活锁（Activation Lock）的防盗限制而失败，最终导致其与苹果公司的纠纷。[②] 苹果的这一技术功能原本是为了保护用户隐私和数据而设计的，而一种普遍逝者隐私管理的方式就是延续其生前的设置。在本案中，Josh Grant 的母亲已经对包括隐私在内的数据做出了处理，苹果僵硬地适用隐私保护政策反而是对逝者主观意愿的一种违背。但苹果在最新的帮助中心中表示，可以协助逝者亲属从逝者的原始 Apple ID 的设备上移除激活锁，只不过设备需要先恢复出厂设置，然后才能与其他 Apple ID 搭配使用。[③] 这一声明体现了苹果对逝者亲属帮助的改进。平台的角色实际上构成了较为微妙的第二级正义关系，相对于第一级关系中第三方与牵涉双方不在一个群体中，在这里平台上的生命经历既是“数字”遗产，又是“现实”内容，平台成了虚拟社群关系与真实亲友关系的相交点。在此意义上，便存在一个虚拟现实群体面对个别成员行为的社会正义问题。

平台条款的限制也是数字遗产继承的障碍和潜在风险。由于社交平台用户协议中账号所有权与使用权的区别规定，用户难以通过合法、得到认可的方式过继社交媒体账号。因此，实际操作中私下转交账号密码更为常见，已订立遗嘱的受访者提到，他具体的转交形式是将密码设置规律写在手机记事本上并交代身边人，这种方式不受法律保障，随时面临账号无法登录，甚至被注销、回收的风险。软件升级、账户密保功能更新，或系统监测到账号异

---

① 《个保法丨数字遗产继承：德国继承权与通信保密、人格及数据保护的冲突协调》，“清华大学智能法治研究院”微信公众号，2022 年 9 月 25 日，https://mp.weixin.qq.com/s/0NO9opQtTClvuSYZEOj3Rw，最后访问日期：2023 年 3 月 4 日。

② 杨勤法、季洁：《数字遗产的法秩序反思——以通信、社交账户的继承为视角》，《科技与法律》2019 年第 2 期。

③ 《如何请求访问已故家庭成员的 Apple 账户》，苹果网站，2022 年 4 月 12 日，https://support.apple.com/zh-cn/HT208510，最后访问日期：2023 年 3 月 4 日。

常使用，都可能使平台以账号安全为由要求用户验证身份，届时无法验明身份的继承人将无法登录账号，也缺乏向平台申诉的凭据，面临数字遗产丢失的风险。

焦点小组访谈中有嘉宾以逝者不再会受到真实伤害为由，认为不需要规划用户死后数字记忆的去留，也有嘉宾以维护自己死后尊严为由，认为应在生前谨慎地估价，有选择性地删除或保存。

> 删或者留，其实我个人觉得这都无所谓吧，因为不管好的还是坏的，其实都是我自己发在网上的。这个好与坏的评判标准可能（随着）社会啊、时代啊，什么都会变。我觉得人生才是呱呱落地来，然后轻轻地走，其实这是很正常的一件事情。再说死了之后也没什么感觉了。（郑先生，第三场焦点小组）
>
> 我想想我的数字遗产，比如说照片啊、视频啊，如果能留下来，现在应该也可以留下来，也是一个念想吧，这些嘛留给家人就可以了。（陈先生，第三场焦点小组）
>
> 删或留的话，我觉得应该也还是会有一些选择性吧，如果有些事情属于隐私，我不想让人知道的话，有可能我就会删除。就是会有选择性的，不会说把所有的都遗留下来。（李女士，第三场焦点小组）

而微博相关讨论中，大多数人支持保留亲友的社交媒体账号的数字记忆以供怀念，但关于自己的社交媒体账号数据，大多数人都希望在死前清空，他们不认为这些账号数据有留存的价值，更不想自己的隐私暴露于现实亲友面前，死前销号能“把隐私带进坟墓里”。平台、生者和逝者三方对于数字记忆的保存或删除常常呈现迥异的态度，当逝者和亲属意愿产生分歧时如何平衡，当平台利益和生者诉求存在矛盾时又该如何抉择，记忆和选择背后的权利和义务的分配有待进一步讨论，归根结底，问题在于平台如何公正对待虚拟社群与真实亲友，这在如下案例中更显冲突焦点。

与逝者关系的亲疏远近常常是遗产继承合法性的来源，但是趣缘主导的，扁平化、自由开放的虚拟社区，形成了与线下血缘、地缘主导的差序格局截然不同的关系网络，当线上线下的亲密关系被置于同一体系中进行评判时就产生了矛盾和冲突。本研究以法院2011年判决的“屠龙刀”案为刺激材料，让焦点小组访谈嘉宾探讨逝者在网络游戏中留下的顶级游戏装备应如何在现实妻子和游戏妻子之间进行分配。

> 因为我平时也没玩过什么网络游戏，但是说看这个题吧，我觉得应该是留给现实中的妻子。因为就是说网络（游戏中的）妻子是虚拟的，应该不会受到什么法律的保护。只要它是有价的财产，我觉得应该还是现实中的妻子有继承权。（任先生，第一场焦点小组）
>
> 我要支持现实中的妻子继承，因为网游中的这个妻子，其实存在一个身份的不确定，她能否作为法律上的一个主体，就是说是否有继承权的一个主体，我觉得这块儿是有问题的。所以从这个角度来说，我还是支持现实中的妻子继承。（吴先生，第一场焦点小组）
>
> 肯定是现实中的妻子继承全部吧，网游当中的虚拟的这一类人也会有这个继承权吗？既然到了法院的话，这个虚拟人肯定是没有继承权的吧。（朱女士，第一场焦点小组）
>
> 我可能比较倾向于现实中的妻子全部继承，毕竟我们还是要尊重现实中的民事婚姻关系。（李女士，第一场焦点小组）
>
> 我觉得应该是现实中的妻子全部继承会比较好。因为我感觉继承权跟责任应该也是对应的吧？但如果说从权利和责任来说的话，我感觉网游中的妻子跟他们网游中的其他小伙伴应该是差不多的同等关系，只是称呼不一样而已。（张先生，第一场焦点小组）

焦点小组访谈嘉宾一致认为网游财产应当由现实妻子继承，或是因为觉得虚拟主体身份不确定、无继承权，或是认为尊重现实婚姻关系、认为现实妻子才有责任与付出。数字世界虚幻不实的印象，让参与者普遍觉得更为坚实的现实亲缘关系才是遗产继承的正当依据。当然，社会正义的问题是群体面对个别成员的行为问题，旁观的嘉宾事实上更可能脱离平台用户群体的范畴，而以家庭伦理的角度来评估真实亲友的利益是否得到维护，这里的问题还在于平台用户群体，即虚拟社群各种成员之间的付出是否得到了公正及平等的对待，但本研究的材料中还缺乏平台方的视角。[①]

① 〔德〕迪特马尔·冯·德·普福尔登：《正义》，载〔德〕阿明·格伦瓦尔德主编《技术伦理学手册》，吴宁译，社会科学文献出版社，2017，第 317 ~ 318 页。

五 结论

本研究在收集整理国内外主要平台公司数字遗产政策相关资料的基础上，邀请不同世代群体参与讨论，尝试执行了所谓的“参与性的技术后果评估”。这样的评估方式没有客观的标准，对技术风险的判断主要依据人们的感知和可接受度。在线上线下访谈与焦点小组访谈中，我们亦采取“情境描述法”，其基本预设是有什么样的技术就有什么样的未来，而未来又取决于我们今天的期望。[①] 从安全的角度来看，适应技术发展的不确定性是数字生存的必备功课，不同平台的隐私保护政策文本同质化严重，但背后的设计逻辑仍有较大差异，洞悉各类功能的价值导向，灵活联结不同场景与平台特性，是走向相对安全的必经之路。从责任的角度来看，需要塑造对行为有指导意义的与理性的自然观、人文观和科学观，在面对我们该如何处理数字遗产的问题时，同时要考虑我们必须怎样思考，第三方的介入或将起到开启和引导思考的重要作用。从正义的角度来看，狭义层面的贡献型正义与社会正义是直接关切的两个方面，平台用户的数据行为要同时放在虚拟和现实生存的语境下予以观照，现实人际关系常为人所重视，数字生存的平台供给是否合理仍有论辩空间。

（一）安全的潜台词：默认与惯性选择的道德意涵

从前文分析可以看出，移动手机、社交媒体等平台公司对我们的数字生存有不同的政策设计。但涉及数字遗产我们最应关注那些默认设置与习惯性选择的后果。例如位置信息与生活习惯，点击、浏览行为与性格特质，账号申请与隐私出让，等等，不同平台在数据权限、保存时间等方面有不同规定，凡此种种皆可能在未经慎思的情况下被选择了。我们无意提出累赘的行为方案，例如建议所有人都仔细阅读各类隐私条款，但如前文所述，在数据的生成、管理、继承、延续等问题上的自觉性是必要的，这种自晓、自查、自明的态度并不要求一致的行为反应与价值观念。

① 王国豫等：《德国技术伦理的理论与作用机制》，科学出版社，2018，第145页。

（二）责任的介入：政府与公共机构的调解伦理

与遗嘱库和相关法律咨询工作人员的淡然态度不同，社会层面对数字遗产表现出莫大的兴趣与尊重。例如南京雨花台功德园推出数字化生命遗产库，南京市殡葬部门推出“宁思念”3.0 版，持续推广“云祭扫”。① 又如国家图书馆于 2019 年宣布与新浪互联网信息协同收录所有微博内容作为数字记忆和数字遗产进行保存。② 2020 年，国家图书馆又启动中国战“疫”记忆库建设项目等。③ 不难发现，这类数字遗产都具有明显的公共性和集体性，但从线上悼念的角度来看，仪式展演的意义远大于法律管理。根据我们线上线下访谈与焦点小组访谈的资料，这类新闻事件其实并没有给个人带来理解数字遗产各方面问题的明显触动和启发。这提示政府与公共机构介入数字遗产管理的过程中，除了开展宏观长远的数字化、智能化项目以外，也要调整相关工作人员的姿态，与传统遗产侧重记录传递遗嘱人的意愿不同，数字遗产“呼唤”一种主动维护和捍卫的职责，它至少体现在法律支持上要更积极帮助遗嘱人理解繁杂的平台条款，并科普宣传数字时代隐私保护的技术困境。

（三）正义的分摊：处置数字遗产职业伦理的社会化

透过平台公司的政策设计，不难了解某种统一的条款和规定已几乎不可能，在这个意义上我们应当具备面临多元数字生存的觉悟，如此，便无法再从传统工程师伦理学的角度提出建议。B 站就曾自陈其 2020 年推出纪念账号功能的过程，即 B 站产品运营小八突然萌生了做纪念账号的想法，从早期尝试、账号性质界定方法、账号表现形式以及到具体功能方面问题，B 站法务工作人员 Viki、运营阿牙、产品员工飞飞、UP 主“永远的 223 系”“JOJO”“老坛双汇酸腿面”等都参与了不同环节的讨论设计。④ 这是一个典型的数字媒介时代“工程师职业”社会化的案例，这种社会化体现在两个方面：就字面意

---

① 《智慧殡葬，传递绿色文明理念》，《南京日报》2022 年 4 月 1 日。

② 《国图 & 新浪互联网信息协同保存发布会》，微博政务，2019 年 4 月 19 日，https：//weibo. com/2053061043/Hqmpdz60r? pagetype = profilefeed，最后访问日期：2023 年 1 月 30 日。

③ 《中国战“疫”记忆库项目正式启动》，中国国家图书馆官网，2020 年 4 月 23 日，http：//www. nlc. cn/dsb_ zx/gtxw/202007/t20200717_ 192906. htm，最后访问日期：2023 年 1 月 30 日。

④ 《一个人去世后，他的 B 站账号会怎样?》，“哔哩哔哩”微信公众号，2021 年 6 月 28 日，https：//mp. weixin. qq. com/s/wlYZhy-nN7o67HF_ gCoR6w，最后访问日期：2023 年 1 月 30 日。

义而言，设计师与工程师本身也是平台/媒介的用户，且用户较以往有更多机会参与设计过程；就隐喻意义而言，数字时代的每个人理应为自己量身定做一种数字生存计划，不同人的选择与其对数字遗产的理解有直接关联。在多元数字生存的境况下，我们还会面临的是开放、开源、可编程、可导航的多元平台和系统，譬如许多时间管理类软件，乃至手机端应用商店也会设立专题介绍各类数字遗产管理软件。因此，生存媒介的数字境况不仅渗入了各种立场的平台管理，还渗入了去中心化的管理平台。

Contents

Abstract: Family is the first line of defense to prevent minors from being addicted to mobile online games. However, the family defense constructed by peasant

the methodology of coding analysis for qualitative data. It is found that Zhejiang's B&B pattern is an innovation of the land capitalization, which means"the use right of the homestead and the management right of agricultural land can be used as capital to obtain economic returns corresponding to expectations of its market value". This definition not only refers to the transfer of land rights, but also refers to the transfer with appropriate market prices. Based on the analysis of the research data, an Innovation Decision Process pattern in the dissemination of the concept of rural land capitalization is proposed: decision-making villagers will go through the successive stage, forming stage and externalization stage in turn, and gradually form and determine market value of the use right of the homestead and the management right of agricultural land.

Keywords: Innovation - Decision Process pattern; Rural Land System Reform; Homestay Mode

Influencing Factors of the Rural Residents' Participation in Digital Social Reading

—A Grounded Research Based on X Village in the North Henan Province

Deng Yuanbing, Liu Xin / 63

Abstract: Digital social reading based on mobile terminals gradually replaces paper reading and becomes the development trend of rural reading. Based on the grounded theory, this study examines the factors influencing rural residents' participation in digital social reading. The research finds that contemporary rural China presents the social cultural background and social character characteristics such as the acquaintance society without subject, the traditional survival culture model and the conservative social character. As a result, rural residents'participation in digital social reading needs to go through the triple test of' social driven forces', 'psychological empowerment', and 'weighted and calculated value'. The study further discusses the relationship-oriented rural digital social reading model of"online reading + offline social interaction", the rural reading dilemma constructed by urban centrism and the text reading crisis presented in the video environment, which provides inspiration for understanding the current situation of rural reading and promoting digital social reading.

Keywords: Digital Social Reading; Rural Communication; Grounded Theory; Acquaintance Society

· Economical Communication ·

Abstract: In the era of Internet economy, e-commerce to the rural area plays an significant role in promoting agricultural and rural modernization and accelerating the development of rural economy in China. The course of e-commerce platform enterprises embedding in rural society is also a process of modernizing and reconstructing the economic form of rural society. This research took root in the countryside and focused on the embedding mechanism of e-commerce to the countryside and the resulting changes in rural economy. The research found that the e-commerce platform enterprises to the countryside occupied a large of arable land to rebuild rural industry to activate the rural economy and increase the income of farmers. However, under the control of the platform market, the continuous expansion and growth of the rural e-commerce industry was also a process of its the reduction of planting area of grain crops, which potentially threatened the country's food security. Hence, local governments should consider the coordinated and balanced development of rural industries when supporting e-commerce industry projects to ensure the interests of farmers planting grain crops, to avoid the problem that large-scale expansion of e-commerce industry make the planting area of grain crops reduct under the control of the e-commerce platform market.

Keywords: E-commerce to the Countryside; The Changing of Rural Economy;

Food Security

Brand Communication Practice Logic of Short Video Platforms under AIVSA Mode

Abstract: In the era of social media, the short video platform represented by Tiktok and Kwai is accelerating the integration of different user scenarios and business forms, the depth of media technology enables individual consumers to become a consumer group with social capabilities, and the connotation and form of brand contact points are also constantly changing, so brand communicators can only start from consumer behavior and psychology to explore new brand communication logic. The proposal of the AIVSA consumer behavior model provides a basis for us to analyze the brand communication practice logic of brand owners on social media platforms. As a representative of social media, the brand communication practice logic of short video platforms mainly includes consumer insights based on big data, value identification based on interest and interaction, and brand value co creation based on multi-party collaboration. Among them, the content to enhance consumer value identification is divided into live streaming rooms connected by experience and topics centered on emotions.

Keywords: AIVSA Mode; Short Video Platform; Brand Promotion

· Health Communication ·

Public Willingness of Self-Protection against Public Health Emergency: Investigating the Role of Online Health Literacy, Risk Perception, and Demographics

Abstract: In the event of a public health emergency, public willingness of self-protection is important to interrupt the spread of the disease. Based on a survey of 413 online health community users from five central provinces, this study focuses on how the willingness of self-protection is explained by two dimensions of risk perception, two forms of online health literacy, and a variety of demographic characteristics. The study found that both subjective and objective online health literacy can positively predict self-protection willingness. Severity perception is both a direct determinant of the protective willingness and a mediator of the effects of susceptibility perception. Older users and women are more likely to be protective than younger users and men. Research shows that online health literacy education is important for both psychological confidence enhancement and practical ability development, but the essential difference between the two must be taken into account. When reporting on public health emergencies, mainstream media should take into account the two goals of knowledge popularization and emotional activation, and pay attention to audience heterogeneity.

Keywords: Online Health Literacy; Willingness of Self-Protection; Risk Perception; Public Health Emergency

· Media Memory ·

Abstract: This study takes the digital memory field constructed by the"Forty Years of Reform"video series on BiliBili as a space for exploration, and examines the image representations and digital memory practices of three types of enterprises, namely WanXiang, Huawei and Coca-Cola, based on Internet users' perceptions of different types of enterprises in the process of reform and development in the era of globalization. The study found that the video represent three types of enterprises with the historical themes of model rural business, representatives of science and innovation corporation, and the introduction of foreign capital; under the evocation of video images and pop-up texts, Internet users formed "proud" and "resistant" corporate memories based on their own life experiences, regional perceptions and the mainstream culture of reform and opening up. "The two types of Internet users" memories are not opposed to each other. Internet users retrace the history of corporate reform and development, examine the scale of corporate interactions in the era of globalization, and re-examine the dynamic relationship between "self" and "other" in a cross-cultural context, so as to realize in the intertwining and entanglement. This will enable the intertwining and entanglement of the identity and digital memory practices of Internet users in relation to the enterprise and the nation.

Keywords: Nationalism; Digital Memory; Cross-cultural; Globalization; Identification; Multinational Enterprises

The Impact of Digital Media on the Construction of People's Sense of Place and Spatial Practice

—A Case Study of Leshan, Sichuan

Liu Na, Yang Yulin / 154

Abstract: This paper draws on the theory of geographies of media and communication to explore three questions: first, how can digital media participate in representing places and producing place images? Second, how do digitalized place representations and place images influence people's digital sense of place? Third, how could people's digital sense of place change their offline spatial practice and cities' space planning? The theoretical focus of this study is to develop the conception of digital sense of place and its analytical framework. Taking the case of Leshan city at Sichuan province as an examplar, this paper proposes a three-dimensional analytical framework for the concept of digital sense of place, namely "media representation-sense of place-spatial practice", which are closely articulated and cyclically interconstructed. By employing methods of semi-structured interview, participant observation, and archival analysis, we examine how has Leshan's media representation been transformed from "fine scenery" to "fine food + fine scenery". Based on that, we further investigate how different groups of people balance between "eating" and "visiting" practices on site, and explore how "mediatized places" can be incorporated into the decision-making of local policy makers, promoting space planning and cultural renewal of the city. Therefore, digital media has become the focal field to constructe people's sense of place and their spatical practice, which articulate the dynamic reconstruction of meanings of place as well as renovation of city space. The logic of digital media has also become one of the internal logic of city development and revitalization in the digital era. In the meanwhile, we discuss the "expulsion of visibility" brought by the digital media logic, resulting in a large amount of "non-places", which to some extent alienates the rich connections that people establish with the world through places.

Keywords: Digital Sense of Place; Spatial Practice; Mediatized Place; Non-place; Leshan

Narrative between Self and the Other: Study on Yangtze River Narrative between Chinese and American from the Perspective of Space and Time

Abstract: Since ancient times, rivers have nourished the natural world and given birth to brilliant civilization. The important role of rivers in human history highlights the necessity of river narrative, which becomes an important part of telling the Chinese story and spreadsing Chinese voice. The enhancement of international communication capacity is extremely important for our country, but the river narrative and space-time narrative capabilities are insufficient at this stage. Based on this background, this study selects the Yangtze River documentary between Chinese and American as research objects, adopts Comparative Analysis and Textual Analysis to explore the functions of river narrative in time and space. Thus, the study aims to provide theoretical support and paths for Chinese narrative practice by comparing river documentaries from different countries. The study finds that there are commonalities in narrative representations but differences in narrative logic between Chinese and American documentaries in river narrative. The study also finds the factors which have influence the practice of river narrative, such as narrative starting points, modes of thinking, and conceptions of nature. Based on the above analysis, the study provides suggestions and references for the river narratives in Chinese international communication from three aspects: the renewal of narrative content, the construction of the underlying logic of river narratives, and the construction of a space-time narrative system.

Keywords: River Narrative; The Story of the the Yangtze River; Time Narrative and Space Narrative; Documentary of the Yangtze River; Yangtsze River Civilization

· Intelligent Communication ·

The Technical Ethics of Existential Media: An Investigation Centered on the Regulation Design Concerning "Digital Legacy" from Media Platforms

Luo Shicha, Zheng Yi and Chen Sifan / 198

Abstract: With the growing abundance of digital lives of new generations, a prudent life will also have to face the management and reckoning of Internet life. The emergence of digital legacy provides an opportunity to examine the understanding of the value of social interaction and life in the present and even in the future of the new era. However, the different ways of digital existence, the undefined boundaries of digital life, the unknown value of digital footprints, and the blurred norms of digital behavior are all conditions that remind us of the need to account for the ethical and moral context of digital legacy. Therefore, this study centers on the design of digital heritage policies of platform companies and combines case studies, in-depth interv-iews, and focus groups to explore how such socio-technical systems impact people's handling and understanding of digital legacy. The study argues that digital legacy as a communication mechanism draws attention to the multiple constraints on data generation, survival, and termination and the potential ethical implications of platform-related policy"design objects"regarding security, responsibility, and justice.

Keywords: Existential Media; Technical Ethics; Reguration Design; Digital Legacy

《传播创新研究》稿约

1.《传播创新研究》是由武汉大学媒体发展研究中心（教育部人文社会科学重点研究基地）主办的学术集刊，致力于创建多元对话的中国传播创新研究学术空间，每年出版 2 期。《传播创新研究》秉持学术宗旨，采用专家匿名审稿制度，评审标准仅以学术价值为依据，鼓励创新。

2.《传播创新研究》设“热点研究”“专题研究”“乡村传播研究”“智能传播研究”“书评”等栏目，刊登多种体裁的学术作品。

3. 根据国内外权威学术刊物的惯例，《传播创新研究》要求来稿必须符合学术规范，在理论上有所创新，或在资料的收集和分析上有所贡献；书评以评论为主，其中所涉及的著作内容简介不超过全文篇幅的四分之一，所选著作以近年出版的本领域重要著作为佳。

4. 来稿切勿一稿数投。因经费和人力有限，恕不退稿，投稿一个月内作者会收到评审意见。

5. 来稿须为作者本人的研究成果。作者应保证对其作品具有著作权并不侵犯其他个人或组织的著作权。译作者应保证译本未侵犯原作者或出版者的任何可能的权利，并在可能的损害产生时自行承担损害赔偿责任。

6.《传播创新研究》热忱欢迎国内外学者将已经出版的论著赠予本刊编辑部，备“书评”栏目之用，营造健康、前沿的学术研讨氛围。

7. 作者投稿时，电子稿件请发至：csmdreport@ 163. com。

8.《传播创新研究》鼓励学术创新、探讨和争鸣，所刊文章不代表本刊编辑部立场，未经授权，不得转载、翻译。

9. 本刊已被中国期刊网、中文科技期刊网、万方数据库、龙源期刊网等收录，为适应我国信息化建设的需要，实现刊物编辑和出版工作的网络化，扩大本刊与作者知识信息交流渠道，在本刊公开发表的作品，视同为作者同意通过本刊将其作品上传至上述网站。作者如不同意作品被收录，请在来稿时向本刊声明。本声明最终解释权归《传播创新研究》编辑部所有。

《传播创新研究》来稿体例

1. 各稿件类型内容和字数要求。

学术论文类稿件应是原创性学术研究，字数以 8000 ~ 20000 字为宜；案例报告类稿件应是描述与分析性案例报告，字数以 8000 ~ 15000 字为宜；研究参考类稿件包括对传播创新相关主题的研究现状和前沿介绍、文献综述、学术信息等，字数以 5000 ~ 15000 字为宜；书评类稿件评介重要的传播创新研究的相关著作，以 5000 ~ 10000 字为宜。

2. 稿件第一页应提供以下信息：（1）文章中、英文标题；（2）作者姓名、学历、单位、职务、职称、研究领域；（3）不超过 350 字的中文摘要及英文摘要；（4）3 ~ 5 个关键词。

3. 稿件正文内各级标题按“一”“（一）”“1.”“（1）”的层次设置，其中“1.”以下（不包括“1.”）层次标题不单占行，与正文连排。

4. 各类表、图等，均分别用阿拉伯数字连续编号，后加空格并注明图、表名称；图编号及名称置于图下端，表编号及名称置于表上端。如图表是引用，请注明引用来源，格式同第 5 条。

5. 本刊刊用的文稿，采用“脚注 - 编码制”方式，文后不再列出参考文献。

基本要求：文献引用和说明性注释均采用当页脚注形式。脚注序号用①，②，③……标识，每页单独排序。

中文文献引用格式

专著

作者：《书名》，出版社，出版年，页码。

侯欣一：《从司法为民到人民司法》，中国政法大学出版社，2007，第 19 页。

析出文献

作者：《文章名》，编者或作者，《书名》，出版社，出版年，页码。

冯晓、朱彦元：《德国经济与公共财政状况述评》，载郑春荣主编《德国发展报告（2017）》，社会科学文献出版社，2017，第 84 页。

期刊

作者：《文章名》，《期刊名》 × ×年第×期。

林建成：《试论陕甘宁边区的历史地位及其作用》，《民国档案》2007 年第3期。

报纸

作者:《文章名》,《报纸名》出版日期,第×版。

《“特金会”成果引各方不同解读》,《参考消息》2018年6月14日,第1版。

网络资料

作者:《文章名》,网站名,文章发布日期,网址。

《端午节起中国公民出入境通关排队不超过30分钟》,新华网,2018年6月14日,http://www.xinhuanet.com/legal/2018-06/14/c_1122986388.htm。

外文文献引用格式

专著

作者,书名,出版社,出版年,页码。注意:书名要斜体。

Stewart Banner, *How the Indians Lost Their Land: Law and Power on the Frontier* (Harvard University Press, 2005), p. 205.

期刊或报纸

期刊:作者,“文章名,”期刊名,期数,年份,页码。

报纸:作者,“文章名,”报纸名,日期,版数。注意:文章名为正体,期刊或报纸名要斜体。

Douglas D. Hackathon, “Collective Sanctions and Compliance Norms: A Formal Theory of Group Mediate Social Control,” *American Sociological Review*, 55 (1990): 370.

析出文献章、节或文集中的文章

作者,“文章名或章、节名,”编者或作者,书名,出版者,出版年,页码。注意:文章名或章、节名为正体,书名要斜体。

John D. Kelly, “Seeing Red: Mao Fetishism, Pax Americana, and the Moral Economy of War,” in John D. Kelly etc., ed., *Anthropology and Global Counter-insurgency* (University of Chicago Press, 2010), pp. 67-83.

外文网络材料

文章作者名(如果是采访或新闻稿,不需要记者名),“文章名,”网站名,发布日期,网址。注意:文章名与网站名均为正体;日期,可遵照习惯统一用英式或美式。

Euan McKirdy, "North Korean Media Praises Trump in 'Meeting of the Century'," CNN, June 13, 2018, https://edition.cnn.com/2018/06/13/asia/north-korea-state-media-summit-reporting-intl/index.html.

另外，外文各条文献的文章和书名（或期刊名）实词首字母统一大写，以专著为例，*How the Indians Lost Their Land*: *Law and Power on the Frontier*。

图书在版编目（CIP）数据

传播创新研究.2023年.第1辑：总第5辑/单波主编；吴世文，肖珺执行主编.--北京：社会科学文献出版社，2023.7

ISBN 978-7-5228-2385-0

Ⅰ.①传… Ⅱ.①单…②吴…③肖… Ⅲ.①传播学-研究-中国 Ⅳ.①G219.2

中国国家版本馆CIP数据核字（2023）第158236号

传播创新研究 2023年第1辑（总第5辑）

主　　编／单　波
执行主编／吴世文　肖　珺

出 版 人／冀祥德
组稿编辑／祝得彬
责任编辑／张　萍
文稿编辑／孙玉铖
责任印制／王京美

出　　版／社会科学文献出版社（010）59367004
　　　　　地址：北京市北三环中路甲29号院华龙大厦　邮编：100029
　　　　　网址：www.ssap.com.cn
发　　行／社会科学文献出版社（010）59367028
印　　装／三河市龙林印务有限公司

规　　格／开　本：787mm×1092mm　1/16
　　　　　印　张：16.25　字　数：272千字
版　　次／2023年7月第1版　2023年7月第1次印刷
书　　号／ISBN 978-7-5228-2385-0
定　　价／98.00元

读者服务电话：4008918866